한국연구재단 학술명저번역총서 동양편 342

열미초당필기 ❸

여시아문如是我聞 1-2

한국연구재단 학술명저번역총서
동양편 342

열미초당필기 ❸

여시아문如是我聞 1-2

초판 1쇄 인쇄 2025년 12월 15일
초판 1쇄 발행 2025년 12월 22일

저　　자 기윤
역 주 자 이민숙
펴 낸 이 이대현

편　　집 이태곤 권분옥 임애정 강윤경
디 자 인 안혜진 최선주 김다윤
기획/마케팅 박태훈

펴 낸 곳 도서출판 역락
주　　소 서울시 서초구 동광로46길 6-6 문창빌딩 2층(우06589)
전　　화 02-3409-2055(대표), 2058(영업), 2060(편집) FAX 02-3409-2059
이 메 일 youkrack@hanmail.net
홈페이지 www.youkrackbooks.com
등　　록 1999년 4월 19일 제303-2002-000014호

ISBN 979-11-7396-163-2 94820
ISBN 979-11-6742-443-3 94080(세트)

*정가는 뒤표지에 있습니다.
*잘못된 책은 바꿔 드립니다.

이 저서는 2021년 대한민국 교육부와 한국연구재단의 지원을 받아 수행된 연구임 (NRF-2021S1A5A7080010)

한국연구재단 학술명저번역총서 동양편 342

열미초당필기 3

여시아문如是我聞 1-2

기윤(紀昀) 저
이민숙 역주

역락

옮긴이의 말

1.

『열미초당필기』는 오늘날 기윤(紀昀)을 문인, 혹은 유머대사로 기억하게 만든 대표작품이다. 관리의 세계를 두루 경험한 그는 관직에서 물러난 뒤, 소동파(蘇東坡)의 황주귀설(黃州鬼說)에서 자신과 부합하는 정신 유형을 발견했다. 그리하여 '필기'라는 형식에 소설적 재미를 더하고자, 인류의 역사와 함께해 온 여우와 귀신의 이야기를 빌려 세상의 이치를 비판했다. 『열미초당필기』는 매 권이 탈고될 때마다 수많은 문인과 서점 상인들에 의해 필사되었으며, 모방 작품이 생겨날 정도로 큰 인기를 끌었다. 그 결과 이 책은 『홍루몽』, 『요재지이』와 함께 청대의 대표적인 베스트셀러로 평가되었고, 노신(魯迅)은 "그의 자리를 꿰찰 후인은 없을 것이다."라고 극찬했다.

이 책은 조선에도 비교적 이른 시기에 전래되었다. 현재 규장각, 국립중앙도서관, 성균관대, 고려대 등에 소장된 판본을 살펴보면, 『열미초당필기』는 1800년대 초·중반에 국내에 유입되어 일부 사대부층과 고서점 중심으로 읽힌 것으로 보인다. 기윤이 조선 문인에 대해 깊은 관심을 보였다는 사실은 이미 널리 알려져 있다. 그는 예부상서로 재식할 때 조선의 사신들과 활발히 교류했으며, 유득공, 박제가, 홍량호 등과 시문을 주고받기도 했다. 이러한 인연 덕분에 그의 이름은 조선의 사대부들에게 낯설지 않았고,

그의 시와 『열미초당필기』 또한 자연스럽게 조선 지식인 사회에 소개되어 일찍부터 독자층을 형성했다.

2.

기윤(1724~1805)은 청대의 대표적인 학자이자 유머대사이다. 호는 효람(曉嵐), 자는 춘범(春帆), 만년에는 석운(石雲), 관혁도인(觀奕道人), 고석노인(孤石老人), 다성(茶星), 기하간(紀河間)이라 불렸으며, 시호는 문달(文達)이다.

그는 옹정 2년(1724) 6월 15일 오후 직례성(直隷省) 하간부(河間府) 헌현(獻縣) 최이장(崔爾莊) 대운루(對雲樓)에서 태어났으며, 가경 10년(1805) 2월 14일 향년 82세의 나이로 세상을 떠났다.

기윤이 태어난 날 밤, 조부 기천신(紀天申)은 한 줄기 빛이 대운루 안으로 들어오는 꿈을 꾸었다고 전해지며, 민간에서는 배·대추·밤·과일을 수시로 들고 다니며 먹는 그의 식습관을 두고, "원숭이 요정(猴精)이 사람으로 태어났다"는 전설까지 돌았다. 실제로 그는 아홉 살에 동자시(童子試)에 응시하여 남다른 재능을 드러냈고, 건륭 21년(1756)에는 진사에 급제하여 한림원 편수관(編修官)으로 관직에 진출했다.

이후 귀주 도균부 지부(知府)를 거쳐 한림원 시독학사(侍讀學士)에 이르렀으며, 『사고전서』를 비롯해 『역대직관지(歷代職官志)』, 『하원기략(河源記略)』 등 국가 주도 편찬사업에 참여하여 당대 학술계의 거두로 자리매김했다.

기윤은 동시대의 다른 문인들에 비해 비교적 평탄한 삶을 살았다. 그러나 우루무치로의 단 한 차례 유배는 출세가도를 달리던 그의 삶에 적지 않은 불안감을 안겨주었다. 우루무치는 신강(新疆)의 성도로, 18세기 중반인 1755년 건륭제가 군사적으로 이 지역을 정복한 뒤 '서역'이라는 이름 대신 '새로운 강역'이라는 뜻의 '신강'이라는 명칭을 부여함으로써 점차 중국 영토에 편입되었다. 형식상으로는 중국의 땅이었지만, 청나라 초기까지만 해도 신강은 한인 관료나 지식인들에게는 낯설고 황량한 유배지였으며, 문명과는 거리가 먼 미개한 이들이 사는 곳으로 여겨졌다. 그들에게 신강으로의 유배는 곧 문명 세계를 떠나 관문 밖, 이른바 '야만의 땅'으로 내쳐지는 것을 의미했다.

건륭 33년(1768), 기윤의 사돈 노견증(盧見曾)이 국고를 유용한 사실이 발각되면서 가문 전체가 멸문지화의 위기에 처했다. 기윤은 자신의 딸과 집안을 보호하기 위해 노견증에게 이 사실을 사전에 알렸고, 결국 기밀 누설죄로 몰려 45세의 나이에 우루무치로 유배되었다.

건륭제는 기윤을 신뢰하고 아꼈으며, 지방 근무를 꺼려 도성에 잡아둘 만큼 그를 특별히 아꼈던 황제였다. 황제의 절대 권력을 생각하면, 신하들의 반대를 무시하고서라도 기윤을 도성에 남겨둘 수 있었을 것이다. 그럼에도 불구하고 굳이 그를 신강으로 유배 보낸 데에는 다른 이유가 있었던 것이다. 기윤은 이 점을 진지하게 고민하지 않을 수 없었다.

건륭제의 입장에서 볼 때, 아무리 고위 관리라도 죄를 지으면 1만 리 밖의 변방으로 유배될 수 있다는 점을 모든 관리들에게 각인시킬 필요가 있었다. 동시에 10년 넘게 추진해온 신강 정책의 성과를 점검하고, 현지의 사회, 경제적 상황을 한인 관료의 시각에서 정밀하게 파악할 필요도 있었던 것이다. 건륭제를 누구보다 잘 이해하고 있었던 기윤은, 자신이 단순한 처벌의 대상이 아니라 정치적 메시지와 정책 평가의 도구로 선택되었음을 직감했다.

이에 기윤은 당대의 유종원(柳宗元)에게서 자신이 처한 상황에서 취해야 할 자세와 역할을 찾고자 했다. 유종원은 영정혁신(永貞革新)의 실패로 영주(永州)에 좌천된 동안, 당나라 정부가 회서절도사(淮西節度使) 오원제(吳

元濟)의 반란을 평정한 사건을 접하게 된다. 직접 전투에 참여할 수 없었던 유종원은, 문사로서 나라의 은혜에 보답하는 유일한 길은 시문을 통해 이를 찬양하는 것이라 여겼고, 이에 「회이 평정의 시를 올리는 글(獻平淮夷雅表)」을 지어 올렸다. 기윤 역시 유종원의 이 태도를 본받고자 했다. 신강의 변방 도시였던 우루무치가 10여 년 만에 인구가 증가하고 산물이 풍부해진 지역으로 탈바꿈한 것은 전적으로 황제의 은혜라는 판단 아래, 그에 보답하는 길은 시문으로 표현하는 일이라 여긴 것이다.

이에 기윤은 유배자의 신분을 넘어 신강의 생존 기술과 자연 환경에 대한 깊은 이해를 갖춘 인물로 자신을 새롭게 정의할 필요성을 느꼈다. 그는 건륭 36년(1771), 도성으로 돌아오는 길에 『우루무치잡시(烏魯木齊雜詩)』 163수를 지어 세상에 내놓았다.

그러나 북경으로 돌아온 기윤은 절망을 금할 수 없었다. 자신이 집을 비운 사이, 장남 기여길(紀汝佶, 1744~1769)이 잘못된 학문의 길에 빠져 요절하고 만 것이다. 『난양속록』에 따르면, 기여길은 건륭 30년(1765) 향시에 합격하여 거인(擧人)이 된 뒤 비로소 시와 고문을 익히기 시작했으나, 아직 확고한 학문적 방향을 잡지 못한 상태였다. 그 무렵 그는 포송령(蒲松齡)의 『요재지이(聊齋志異)』 초고를 접하고 깊이 빠져들었으며, 결국 그 세계에서 빠져나오지 못한 채 젊은 생을 마감했다.

이 비극 앞에서 기윤은 자신의 삶을 되돌아보며 중요한 선택을 내려야 했다. 산수 전원의 조용한 삶으로 돌아가는 대신, 그는 다시 조정에 남아 관료로서의 길을 걷기로 결심했다. 조정으로 복귀했을 당시 그는 개가하는 아녀자의 심정이었으며, 또한 자신의 신세가 책 사이에 낀 좀 벌레 같다고 느꼈다. 그러나 좌절에만 머물러 있을 수는 없었다.

그의 폭넓은 지식은 가만히 있어도 세상으로 나아가게 했고, 요절한 아들과 같은 젊은 세대를 위해 무언가 해야 한다는 사명감도 그를 일으켜 세웠다.

기윤은 황제의 명에 따라 『사고전서』 편찬에 참여하였고, 그간의 학문과 경험을 바탕으로 『열미초당필기』를 집필했다. 그는 이 책을 통해 사회의 비리를 고발하는 동시에, 나이든 문인학자로서 한순간의 열정이나 감정보다, 인생을 살아가는 데 필요한 근본적인 도리와 통찰을 설파하고자 했다.

3.

『열미초당필기』는 기윤이 만년에 저술한, 편폭이 일정하지 않은 필기체 소설이다. 그의 문인 성시언(盛時彦)이 쓴 『열미초당필기』 원서(原序)에 따르면, 건륭 54년(1789) 여름, 기윤은 난양(灤陽, 열하)으로 비서(秘書)의 교감과 정리를 위해 파견되었다. 그러나 작업은 이미 오래전에 완료된 상태였고, 그는 선장본에 제목을 써 붙이는 일을 감독하는 것 외에는 특별한 일이 없었다.

긴 여름날 시간이 남아돌자, 그는 예전에 보고 들었던 이야기를 떠올려 여섯 권 분량의 패설(稗說)을 짓고, 이를 『난양소하록(灤陽消夏錄)』이라 이름 붙였다. 이후 2년 뒤에는 『여시아문(如是我聞)』 4권을, 이듬해에는 『괴서잡지(槐西雜志)』 4권을, 또 다음 해에는 『고망청지(姑妄聽之)』 4권을 완성하였다. 그리고 마지막으로 가경 3년(1798) 여름, 다시 열하를 찾아가 『난양속록(灤陽續錄)』을 집필하였다. 이렇게 쓰인 다섯 편의 필기체 소설은, 2년 뒤인 가경 5년(1800)에 제자 성시언이 합간하고, 기윤이 북경에 있을 때 머물렀던 서재의 이름을 따서 『열미초당필기오종(閱微草堂筆記五種)』이라 이름 붙였다.

중국의 역대 문인들은 '소설'을 대개 '자기 한 몸을 건사하는 데 필요한 정신적 양분' 정도로 여겼다. 그래서 소설 창작은 삶의 여유가 생기는 만년에나 즐길 수 있는 소일거리로 간주되었고, 기윤 역시 이러한 인식에서 크게 벗어나지 않았다.

『사고전서』 편찬 이후, 기윤은 『열미초당필기』를 집필하면서 자신의 심정을 담아낼 새로운 문체를 찾게 되었고, 그것을 이전 문인들도 자주 활용했던 '귀신 이야기'에서 발견하였다. 그러나 장남 기여길이 재야 문인 포송령의 『요재지이』에 깊이 빠진 끝에 요절했다는 사실을 알게 된 기윤은, 자신의 글이 그런 '별 볼일 없는 문인들'의 작품과 비교되길 원치 않았다. 이에 그는 새로운 형식, 즉 잡설(雜說)에서 발전한 필기(筆記)를 택하였다. 필기는 수필 형식으로 문체가 단아하고, 다양한 내용을 품을 수 있는 고상한 장르였다. 또한 기윤은 독자의 흥미를 끌기 위해 '사실'에 어긋나는 '허구'가 불가피하다는 점도 인식하였다. 그래서 그는 인정(人情)에 어긋나지 않고 권계(勸戒)의 뜻이 담긴 제한된 허구를 주장해 작품을 출판하기에 이르렀다.

『열미초당필기』에는 약 1,250편의 이야기가 수록되어 있다. 명말부터 청초에 이르는 강희, 옹정, 건륭, 가경 4대에 걸친 정치·경제·문화·군사·민속 등 다방면의 내용을 담고 있다. 그중에서도 여우와 귀신이 등장하는 이야기가 전체의 절반 이상을 차지하고 있다.

기윤은 이러한 여우와 귀신의 형상을 통해 자신의 세계관과 현실 인식을 드러냈다. 그는 이들의 몸을 빌려 당시 관료 사회의 부정부패와 뇌물 수수, 재물 앞에서 비굴해지는 인간의 탐욕, 봉건 예교 아래 희생되어 가는 노비와 여성들의 고통을 고발했다. 또한, 극심한 가난 속에서 가족을 팔아야만 했던 백성들의 비참한 삶, 겉으로는 도덕과 학문을 말하면서 뒤로는 과부의 재산을 노리는 위선적인 유학자들, 죽음이 오가는 현장에서조차 탁상공론에 빠진 지식인들의 모순된 모습을 낱낱이 폭로한다.

특히 『열미초당필기』에는 창길(昌吉)에서의 반란, 중가르 칸국의 멸망 등 역사적으로 굵직한 사건들도 함께 실려 있어, 청나라가 주변 국가를 어떻게 정복하고 영토로 편입했는지를 생생히 보여준다. 더불어 과거급제자의 선발 방식과 지역 균형 선발 등의 제도를 상세히 서술하며, 오늘날의 대학입시 제도를 떠올리게 하는 흥미로운 유사성도 제시하고 있다.

그 외에도 관리들의 주요 금기와 건강을 위한 보양식, 예언과 놀이문화로서의 부계점(扶乩), 유배지 우루무치의 정치·경제 변화와 풍속 등 다양한 주제를 폭넓게 다루고 있어, 『열미초당필기』는 단순한 귀신 이야기집을 넘어 당대 사회의 백과사전적 기록이라 할 수 있다.

『열미초당필기』에 이처럼 다양한 사회 현상이 담길 수 있었던 것은, 기윤이 폭넓은 인물 군으로부터 이야기의 소재를 수집했기 때문이다. 그는 자신의 직접적인 경험뿐 아니라, 부형(父兄), 조카, 친구, 스승, 동료, 부하, 하인, 하녀는 물론이고, 날품팔이꾼에 이르기까지 다양한 계층의 인물들에게서 이야기를 들었다. 특히 하층민들의 사상과 감정, 욕망과 이상을 여과없이 있는 그대로 담아내고자 노력하였다.

그러나 『열미초당필기』는 광범위한 제재와 다양한 인물 군상을 담고 있는 만큼, 이야기의 길이가 일정하지 않고 전체적으로 다소 산만한 인상을 줄 수 있었다. 이에 기윤은 서술 방식에 변화를 주어, 이야기의 기록자인 자신과 이야기를 전달하는 강술자, 그리고 이야기 주인공의 시각을 유기적으로 뒤섞어 새로운 심미 세계를 창조해냈다. 또한 그는 심리 묘사보다는 외부 행동과 언행의 묘사에 집중함으로써, 송·명대 이학(理學)에 심취한 강학가(講學家)들의 위선적 언행과 숨은 속셈을 교묘하게 드러냈다. 이를 통해 기윤은 단순한 이야기꾼을 넘어, 자신의 문학적 가치와 비판 의식을 한층 더 높일 수 있었다.

4.

『열미초당필기』 역주 작업은 한국연구재단 명저 번역 사업의 일환으로 진행되었다. 본 번역은 2년에 걸쳐 초역을 완료한 뒤, 지속적인 윤독과 꼼꼼한 교정을 거쳐 출판에 이르렀다. 본 번역은 초각본인 가경(嘉慶) 5년(1800)본을 저본으로, 소산(蕭山) 사람 사선(謝璿)·육종위(陸鍾渭)의 상주(詳註)와 소흥(紹興) 사람 탕수명(湯壽銘) 교정의 『상주열미초당필기(詳註閱微草堂筆記)』(1918)와 『열미초당필기』 관련 여러 판본을 참고하고 교감하여 진행하였다.

『열미초당필기』는 대학자 기윤의 폭넓은 지식을 바탕으로 명말에서 청초에 이르는 정치, 경제, 문화, 민속, 종교, 의학, 서역 등 다양한 내용을 상세히 기록하여 당시 사회상을 엿볼 수 있다. 특히 청나라 신강(新疆)에 대한 시각은 오늘날 중국의 소수민족 및 소수민족 정책에 대한 이해에도 중요한 단초를 제공한다. 이에 본 번역은 전문 연구자는 물론, 중국의 흥미로운 옛이야기에 관심 있는 독자에게도 유익하고 흥미로운 책이 될 것이다.

『열미초당필기』 역주 작업은 결코 만만치 않았다. 채원배 선생이 지적했듯, 이 책은 손가는 대로 쓴 수필 형태로 당시 노인들도 쉽게 이해할 수 있었으나, 각 글자마다 깊은 내력이 있어 전고(典故)나 사자성어를 꼼꼼히 살피지 않으면 본뜻을 제대로 파악하기 어려운 경우가 많았다. 이에 많은 시간과 노력을 기울였음에도 불구하고, 오타나 해석상의 오류가 있을 수 있음을 너그러이 양해해 주시고, 독자 여러분의 따뜻한 질책을 부탁드린다.

차례

여시아문如是我聞 — 2

일러두기

1. 본 번역은 초각본인 가경(嘉慶) 5년(1800)본을 저본으로, 소산(蕭山) 사람 사선(謝璿)·육종위(陸鍾渭)의 상주(詳註)와 소흥(紹興) 사람 탕수명(湯壽銘) 교정의 『상주열미초당필기(詳註閱微草堂筆記)』(1918)와 『열미초당필기』 관련 여러 판본을 참고, 교감하여 진행했다.

2. 『열미초당필기』는 다음 원칙에 준해 번역한다.

① 본 번역은 가능한 한 직역을 위주로 하고 직역으로 문맥이 통하지 않을 경우에는 본뜻이 벗어나지 않는 범위 내에서 의역하며, 문맥의 이해를 돕기 위해 필요시 [ ] 부분을 삽입해 번역한다.

예 또 삼 년에 한 번 벼슬아치들의 고과를 평가하는 것은 무엇 때문이겠는가? [관직에 몸담고 있으면서도] 공이 없다면 그것이 바로 죄를 짓는 것이 아니고 무엇이겠는가!

② 고유명사는 처음에만 ( ) 안에 한자를 넣어주고, 그 뒤로는 생략한다.

③ 중국을 제외한 외국의 국명, 지명, 인명, 서명의 경우, 외래어 표기법에 의거하여 해당 국가의 현대식 표기법을 따르고, 조목마다 처음에만 ( ) 안에 해당 지역 언어를 병기한다. 그리고 나머지 필요한 상황은 주석으로 처리한다.

예 페르디난트 페르비스트(Ferdinand Verbiest)[1]

1 페르디난트 페르비스트(Ferdinand Verbiest): 원문은 '남회인(南懷仁)'으로, 벨기에 출신의 예수회 선교사이다. 1659년 중국에 온 페르비스트(1623~1688)는 서양의 천문학과 수학에 통달해 처음에는 예수회 수사 아담 샬(Adam Schall)을 도와 흠천감(국립천문대)에서 근무했다. 강희 원년(1662)에 양광선(楊光先)을 중심으로 하는 보수파의 반대 운동에 부딪혀 아담 샬과 함께 북경 감옥에 갇혔다. 이어 보수파가 실각하자 다시 흠천감의 일을 맡게 되었으며, 궁정의 분수 등을 만들어 강희제의 신임을 받아 공부시랑(工部侍郞)의 직위를 하사받았다. 또한 서양풍의 천문기기를 주조하고 그것을 해설한 『영태의상지(靈台儀像志)』(1674) 16권을 출판했으며, 같은 해에 『곤여도설(坤輿圖說)』이라는 세계 지도를 펴냈다.

④ 각주에서는 표제어를 제시한다. 각주의 내용이 길 경우 "…"를 이용해 어디부터 어디까지에 관련된 주석인지를 밝힌다.

예 입으로만…않았다: 『예기(禮記)』에 보면, "입으로만 은혜를 베풀고 실제로 이루어지지 않으면 원망으로 인한 재앙이 몸에 미친다(口惠而實不至, 怨菑及其身)."라는 문장이 있다.

⑤ 원주는 번역문과 원문에 그대로 노출시킨다. 다만 본문과의 차이를 구분하기 위해 글자 포인트(9)를 줄이고 색깔을 입혀 처리한다.

예 원주: 남회인(南懷仁)은 서양인으로 흠천감(欽天監) 감정(監正)을 지냈다.

원주: 다음과 같이 적혀 있다. 증서를 발급합니다. 아무 곳의 누구누구는 나이가 몇 살인데, 모년 모월 모일에 이곳에서 병사했습니다. 오늘 친척들이 관을 본적으로 가져가려 함에 특별히 통행증을 발급합니다. 중요 길목을 지키고 있는 귀신은 이 패를 보면 바로 혼을 확인하고 통과시켜 주시오. 구실을 대며 지체하거나 일을 어렵게 해서는 안 됩니다.

⑥ 주석 번호는 권별로 시작한다.

『열미초당필기(閱微草堂筆記)』 원서(原序)

성시언(盛時彦)

유학자라면 누구나 문이재도(文以載道)에 대해 한마디씩은 한다. 도(道)는 어찌하여 불가의 심인(心印)이나 도가의 구결(口訣)처럼 심오하여 그 깊이를 헤아릴 수 없고 비밀스럽게 전해지지 않는가! 만사의 당연한 이치가 담겨 있는 것이 바로 도이다. 그러므로 도는 천지간에서 수은처럼 땅에 흘러 알알이 둥글고, 달이 물에 비치듯 도처에서 볼 수 있다. 크게는 나라를 다스리고 천하를 평안하게 할 수 있으며, 작게는 일 한 가지, 물건 하나, 행동 하나, 말 한마디에도 도가 존재한다. 그 가운데 문(文)은 도가 표현된 한 단면이다. 문 가운데 큰 것은 『육경(六經)』이 되었는데, 그 속에 도가 들어가 있다. 도는 전해 내려오면서부터 각 왕조의 역사가 되고, 여러 제자서가 되었으며, 세상 사람들의 문집(文集) 속에 들어가 있게 되었으니, 이것이 바로 도가 문 가운데에 표현된 한 측면으로, 자연 그 속에 담긴 말은 충분히 도를 밝힐 수 있다. 다시 시대를 거치면서 패관소설(稗官小說)이 되었는데, 패관소설은 언뜻 도와는 무관해 보인다. 그러나 『한서(漢書)』「예문지(藝文志)」의 한 일가로 나열되면서부터 역대의 서목(書目)에도 기록되었다. 황당하고 도리에 어긋나는 것은 수를 셀 수 없을 만큼 많지만, 그 가운데 정도(正道)에 가까운 것은 사람의 마음이나 세상을 다스리는 데 있어 보탬이 되지 않은 바가 없었다.

하간(河間) 선생은 학문과 문장으로 천하의 명망을 얻고 있지만, 천성이

고지식해 탁상공론이나 서로의 문호를 치켜세우는 것을 좋아하지 않았다. 또한 재주 있는 사람이 방탕하게 놀고 시사(詩社)니 주사(酒社)니 하면서 명사풍류(名士風流)로 자처하는 것도 좋아하지 않았다. 그리하여 식사를 하고 난 나머지 시간에는 전적만을 끼고 살았고, 나이가 들어서는 자료검토나 고증이 내키지 않아서 이문(異聞)을 수집하고 때로는 붓 가는 대로 글을 써서 본인이 하고 싶은 말을 기탁했다. 이렇게 해서 『난양소하록(灤陽消夏錄)』 등 다섯 권의 책에 기이하고 이상한 내용의 글이 실리게 되었고, 방자한 내용의 글이 적히게 되었다. 그러나 큰 뜻은 대개 순박하고 정도로 귀결되어 있어 사람들에게 권선징악을 알게 하는 데 있었다. 그런 까닭에 재자가인(才子佳人)을 내세운 음란서적의 경우 한순간에 지가는 올릴 수 있었지만, 결국에는 묻히고 말았다. 그러나 선생님의 책은 서판에 새겨서 오래도록 읽어도 싫증이 나지 않으니, 이것이 바로 수식이 많은 글들과 다르다는 명확한 증거이다. 돌이켜 보건대, 판각하는 사람들이 많아지면서 곡해하는 부분도 많아졌고, 또 명(明)나라 사람이 쓴 『냉재야화(冷齋夜話)』처럼 작품의 표제를 함부로 고치는 경우도 생겨났으니, 이 또한 독자들의 허물이다.

나 성시언(盛時彦)은 일찍부터 선생님을 좇아 선생님의 『고망청지(姑妄聽之)』를 새기고 책 말미에 발문(跋文)을 썼는데, [이를 보신] 선생님께서는 내가 책의 내용을 잘 이해한다고 생각하셨다. 근자에 와서 여러 판목의 글자가 더욱 희미해져 글씨를 알아볼 수 없게 되었기에 선생님께 청해서 다섯 권의 책을 합쳐서 하나로 엮고, 각각의 원본은 그대로 보존하기로 했다. 그래서 대바구니 안에 불을 켜놓고[1] 손수 교정보면서 감히 힘든 것을 꺼리

1 대바구니 안에 불을 켜놓고: 원문은 '구등(篝燈)'이다. 『송사(宋史)』「진팽년전(陳彭年傳)」에

지 않았고, 또한 선생님께 청하여 검사를 한번 받은 후에 인쇄했다. 선생님의 책이 굳이 이 판각본으로 전해져야 할 필요는 없지만, '어(魚)'가 '노(魯)'가 되는 표기상의 오류를 조금이라도 줄여 세상을 가르치려는 선생님의 뜻에 작은 보탬이 되고자 할 따름이다.

가경(嘉慶) 5년(1800) 경신년 8월 문인 성시언이
북평(北平)에서 삼가 이 글을 쓰다.

文以載道, 儒者無不能言之. 夫道豈深隱莫測, 秘密不傳, 如佛家之心印, 道家之口訣哉! 萬事當然之理, 是卽道矣. 故道在天地, 如汞瀉地, 顆顆皆圓, 如月映水, 處處皆見. 大至於治國平天下, 小至於一事一物一動一言, 無乎不在焉. 文, 其中之一端也. 文之大者爲『六經』, 固道所寄矣. 降而爲列朝之史, 降而爲諸子之書, 降而爲百氏之集, 是又文中之一端, 其言皆足以明道. 再降而稗官小說, 似無與於道矣. 然『漢書』「藝文志」列爲一家, 歷代書目亦皆著錄. 豈非以荒誕悖妄者雖不足數, 其近於正者, 於人心世道亦未嘗無所裨歟.

河間先生以學問文章負天下重望, 而天性孤直, 不喜以心性空談, 標榜門戶. 亦不喜才人放誕, 詩社酒社, 誇名士風流. 是以退食之餘, 惟耽懷典籍, 老而嬾於考索, 乃採掇異聞, 時作筆記, 以寄所欲言.『灤陽消夏錄』等五書, 俶詭奇譎, 無所不載, 洸洋恣肆, 無所不言. 而大旨要歸於醇正, 欲使人知所勸懲. 故誨淫導欲之書, 以佳人才子相矜者, 雖紙貴一時, 終漸歸湮沒. 而先生之書, 則梨棗屢鐫,

---

보면, 진팽년은 어려서 공부를 좋아했다고 한다. 그의 모친이 그를 아껴 밤늦도록 글 읽는 것을 금하자, 진팽년은 등을 몰래 대바구니 안에 넣고 밀실에서 책을 보면서 모친이 모르게 했다고 한다.

久而不厭, 是則華實不同之明驗矣. 顧翻刻者衆, 訛誤實繁, 且有妄爲標目, 如明人之刻『冷齋夜話』者, 讀者病焉.

時彦夙從先生游, 嘗刻先生『姑妄聽之』, 附跋書尾, 先生頗以爲知言. 邇來諸板益漫漶, 乃請於先生, 合五書爲一編, 而仍各存其原第. 篝燈手校, 不敢憚勞, 又請先生檢視一過, 然後摹印. 雖先生之著作不必藉此刻以傳, 然魚魯之舛差稀, 於先生敎世之本志, 或亦不無小補云爾.

嘉慶庚申八月, 門人北平盛時彦謹序

『열미초당필기(閱微草堂筆記)』 서(序)

정개희(鄭開禧)

하간(河間) 기문달(紀文達) 공은 오랫동안 한림원에 계시면서 대문장과 거작을 남기셨으니, 한 시대의 대문호라 할 수 있다. 어떤 사람은 선생님께서 익살스러운 이야기를 좋아하셔서 풍자와 꾸짖음으로 문장을 쓰셨다고 말하는데, 오늘 내가 그 필기를 살펴보니 뜻이 진실되고 온화하며 체제가 매우 엄격했다. 또한 종지는 대체로 권선징악으로 귀결되고 있어서 옳고 그름이 성인의 뜻에서 어긋나지 않았고, 소설이기는 하지만 정사(正史)와 다름없었다. 기문달공은 직접 이렇게 말씀하셨다.

"『열미초당필기』는 『벽운하(碧雲騢)』처럼 시비를 전도하지 않았고, 『주진행기(周秦行紀)』처럼 은혜와 원한을 가슴에 품게 하지 않았으며, 『회진기(會眞記)』처럼 재자와 가인을 묘사하지 않았고, 『비신(祕辛)』처럼 잡스럽게 묘사하지 않았으니, 군자들에게 내쳐지지 않기만을 바랄 뿐이다."

아마도 이 말은 기문달공의 겸손에서 나온 것 같다. 공의 손자 기수복(紀樹馥)이 영남(嶺南)의 관리로 왔을 때, 그를 따라다니면서 이 책을 달라고 하는 이가 많아 다시 판각하게 되었다. 기수복은 사람됨이 순박하면서도 학식도 갖추고 있어 능히 관직을 수행할 수 있었고, 집안의 가풍을 떨어뜨리지도 않았다고 한다.

도광(道光) 15년(1835) 을미년 봄날 용계(龍溪) 사람 정개희 쓰다.

河間紀文達公, 久在館閣, 鴻文鉅製, 稱一代手筆. 或言公喜詼諧, 嬉笑怒罵, 皆成文章, 今觀公所著筆記, 詞意忠厚, 體例謹嚴. 而大旨悉歸勸懲, 殆所謂是非不謬於聖人者歟, 雖小說, 猶正史也. 公自云: "不顚倒是非如『碧雲騢』, 不懷挾恩怨如『周秦行紀』, 不描摹才子佳人如『會眞記』, 不繪畵橫陳如『祕辛』, 冀不見擯於君子." 蓋猶公之謙詞耳. 公之孫樹馥, 來宦嶺南, 從索是書者衆, 因重鋟板. 樹馥醇謹有學識, 能其官, 不墮其家風云.

道光十五年乙未春日, 龍溪鄭開禧識

『상주열미초당필기(詳註閱微草堂筆記)』 서(序)

채원배(蔡元培)

청대(清代) 소설 가운데 가장 유행한 세 작품이 있는데, 『석두기』·『요재지이』·『열미초당필기』가 그것이다. 『석두기』는 전체가 백화(白話)로 쓰인 장회체(章回體) 평본(評本)으로 주석이 필요 없다. 『요재지이』는 당대(唐代) 단편소설을 정교하게 모방해서 쓴 작품으로, 독자들이 인용문의 내용을 잘 이해하지 못했기에 일찍부터 상주본(詳註本)이 나왔다. 반면 『열미초당필기』는 손가는 대로 쓴 수필형태의 글이라 노인들도 모두 이해할 수 있었다. 그래서 옛날부터 주(註)를 다는 사람이 없었다. 그러나 기효람(紀曉嵐)은 박학다식하여 아무 뜻 없이 글을 썼지만 글자마다 모두 내력이 있어, 글자의 의미를 찾아 밝히지 않으면 자칫 독자들이 진의를 파악하기 힘들다. 이와 같은 점에 착안하여 회문당주인(會文堂主人)은 특별히 상주(詳註)를 달고 찍어냄으로써 『석두기평본』·『요재지이주본』과 더불어 장차 기씨(紀氏: 紀昀)의 책이 더욱 더 사람들에게 환영받길 바랐다.

중화민국(中華民國) 7년(1918) 11월 18일 채원배 쓰다.

清代小說最流行者有三, 『石頭記』·『聊齋志異』及『閱微草堂筆記』是也. 『石頭記』爲全用白話之章回體評本至多而無待於註. 『聊齋誌異』倣唐代短篇小說刻意求工, 其所徵引間爲普通人所不解, 故早有詳本. 『閱微草堂筆記』則用隨筆體信手拈來, 頗有老嫗都解之槪. 故自昔無作註者. 然紀曉嵐氏博極群書, 雖無意爲文而字字皆有來歷, 不爲證明, 讀者或不免失其眞意. 會文堂主人有鑒於此, 特詳註而重印之, 以與『石頭記評本』·『聊齋誌異註本』相將從此紀氏之書將益受普通人歡迎矣.

中華民國七年十一月十八日 蔡元培識

여시아문

如是我聞

1

관혁도인(觀奕道人) 찬(撰)

지난번에 쓴 『난양소하록(灤陽消夏錄)』은 원고를 완성도 하기 전에[1] 서상들이 몰래 간행했는데, 이는 내가 원하던 바가 아니었다. 그러나 학식이 깊고 고아한 군자들 중에는 그것을 잘못[2]이라 여기지 않고, 오히려 새로운 이야기가 있으면 계속 이어 써 보라고 권하는 이도 있었다. 그리하여 옛날에 들었던 이야기들을 더하고 보태어, 다시 4권으로 완성하게 되었다. 구양공(歐陽公)이 "사물은 항상 그것을 좋아하는 사람이 있는 곳에 모이기 마련이다."[3]라고 한 적이 있는데, 어찌 믿지 않겠는가! 이로 보건대 사람이 어디 하나에 마음이 꽂히면 자제하지 못하고 몰입하게 된다는 것을 알 수 있다. 천하의 일이란 대개 이와 같으니 역시 심사숙고해야 한다.

건륭 56년(1791) 신해년 7월 21일에 쓰다.

---

1 원고를 완성도 하기 전에: 원문은 '속초미정(屬草未定)'이다. 『사기(史記)』「굴원전(屈原傳)」에 보면, "회왕(懷王)이 굴원을 시켜 법령을 만들게 했으나, 아직 초안을 완성하지 못했다(懷王使屈原造爲憲令, 屈平屬草稿未定)."라는 문장이 있는데, 속(屬)은 글을 엮다, 완성하다의 의미이다.

2 잘못: 원문은 '비무(紕繆)'이다. 『수서(隋書)』「경적지(經籍志)」에 보면, "성인이 살던 시대에서 멀어지면서 경적이 흩어지고 간찰이 뒤섞이고, 이야기에 착오가 생겼다(去聖既遠, 經籍散逸, 簡札錯亂, 傳說紕繆)."라는 문장이 있다.

3 사물은…모이기 마련이다: 구양수(歐陽修)의 「집고록목서(集古錄目序)」에 보면, "사물은 항상 그것을 좋아하는 사람이 있는 곳에 모이기 마련이다(物常聚於所好)."라는 문장이 있다.

曩撰『灤陽消夏錄』, 屬草未定, 遽爲書肆所竊刊, 非所願也. 然博雅君子, 或不以爲紕繆, 且有以新事續告者. 因補綴舊聞, 又成四卷. 歐陽公曰: "物常聚於所好." 豈不信哉! 緣是知一有偏嗜, 必有浸淫而不自已者. 天下事往往如斯, 亦可以深長思也.

辛亥七月二十一日題.

1.

계선 손공

태원(太原)의 서생 절우란(折遇蘭)이 해준 이야기이다.

그의 고향에 부계점을 치는 이가 있었는데, 어느 날 계선이 내려와 큰 글씨로 다음과 같은 시를 썼다고 한다.

> 한 시대의 영웅이 죽자,
> 큰 기상 부질없이 노(魯)나라 양공(陽公)의 창을 잡고 있네.[4]
> 사당에는 군사를 부르는 급서 놓여 있고,
> 천지는 무심한 듯 시신만 쌓여 가네.
> 옛 성터 봄기운 무르익어 초목에 새싹 나는데,
> 떠도는 혼은 밤에 옛 산하를 바라보네.
> 진도(陳濤), 10군의 양가집 자제의 피로 물들자,

---

4 노(魯)나라 양공(陽公)의 창을 잡고 있네: 원문은 '노양과(魯陽戈)'이다. 『회남자(淮南子)』「남명훈(覽冥訓)」에 보면, "노나라 양공이 한(韓)나라와 한창 싸울 때 날이 저물었다. 양공이 창을 끌어당겨 휘두르자, 해가 그를 위해 거꾸로 세 번 더 돌았다(魯陽公與韓構難, 戰酣日暮. 援戈而撝之, 日爲之反三舍)."라는 문장이 있다. 하늘의 적도를 따라 28구역으로 나누어 놓은 별자리를 이십팔수, 각 별자리간의 거리를 일사(一舍)라고 하는데, 일사는 10도이다. 따라서 삼사는 30도로, 해가 거꾸로 30도를 돌아간다는 것은 해가 넘어가다가 다시 그 전으로 되돌아감을 의미한다.

두보는 비통해하며 이를 어찌할거나 읊조리네.[5]

시를 다 쓰고 나서 계선은 시원(柿園)의 패장(敗將)[6]이라 서명했다. 모두들 그가 백곡(白谷)의 손공(孫公)[7]임을 알아보고는 모골이 송연해졌다. 시원 전쟁은 황제의 재촉으로 인한 패전이지, 손공의 잘못이 아니었다. 이 시는 당대 방관(房琯)의 차전(車戰)과 비교하며 책임을 스스로에게 돌리고 있다. 정인군자의 마음 씀씀이는 수레를 무너뜨리고 나라를 망치며 온갖 수단으

---

5 진도(陳濤) …읊조리네: 당(唐)나라 숙종(肅宗) 지덕(至德) 원년(756)에 초토절도사(招討節度使) 방관이 진도사(陳濤斜)에서 적장 안수충(安守忠)과 전쟁을 벌였으나 패전했다. 처음에 방관은 춘추(春秋) 때의 전략을 사용해 수레 스무 대를 묶고 기병과 보병이 협공했다. 전쟁이 시작되자 적군이 바람을 틈타 시끄럽게 떠들어 대는 소리에 소들이 모두 떨었다. 이때 적군이 꼴을 던지며 불을 놓았다. 사람과 소가 불에 타, 사상자만 수만이 넘었다. 두보는 시 「비진도(悲陳陶)」에서, "초겨울 뽑아 보낸 10군의 양가집 자제들, 진도의 강물 피로 물들였나니(孟冬十郡良家子, 血作陳濤澤中水)."라고 읊었다.

6 시원(柿園)의 패장(敗將): 명(明)나라 숭정(崇禎) 15년(1642) 비적 이자성(李自成)이 개봉(開封)을 포위했다. 그때 손전정은 관중(關中)에서 군사를 통솔하고 있었는데, 황제가 개봉이 위급하다며 얼른 동관(潼關)으로 오라고 했다. 손전정이 진병(秦兵)을 새로 모집해도 감히 손쓸 수 없다고 말했지만, 황제는 듣지 않았다. 손전정은 부득이 군대를 이끌고 동관으로 갔지만, 개봉은 이미 함락된 상태였다. 이에 급히 남양(南陽)에서 적을 공격해 그들을 물리쳤다. 30리를 추격해 겹현(郟縣) 삼총두(三塚頭)에 이르렀을 때, 적군이 길에 갑옷을 버리고 군수물자를 버리자, 관군이 이를 주우려고 몰려들었다. 적군이 이 틈을 타 관군을 패배시키는 바람에 손전정은 동관으로 들어갔는데, 바로 이 싸움을 말한다. 하늘에서 폭우가 내리고 식량이 제때에 도착하지 않자 군사들은 익지도 않은 푸른 감(青柿)을 따서 먹으며 얼어 죽고 굶어 죽었다. 그리하여 하남 사람들은 손전정을 시원의 패장이라 불렀다.

7 손공(孫公): 손전정(孫傳庭)이다. 손전정(1593~1643)은 이름은 전정이고 자는 백아(百雅)로, 명대 대주(代州) 진무위(振武衛) 사람이다. 진사출신으로 섬서총독(陝西總督)을 지냈다. 병부상서가 되었다가 독사(督師: 황제를 제외한 최고의 군통수자)가 되었다. 숭정16년(1643) 이자성이 동관을 함락시키자 홀로 저항하다가 적진에서 죽었다.

로 남에게 책임을 떠넘기는 왕화정(王化貞)[8]의 무리와는 정말이지 하늘[9]과 땅 차이이다.

대동(大同) 사람 두의자(杜宜滋) 또한 이 시를 기록해두었다. '공악(空握)'을 '고부(辜負)'로, '춘자(春滋)'를 '춘첨(春添)'으로, '의약하(意若何)'를 '경약하(竟若何)'로 적었는데, 모두 네 글자만 다를 뿐이다. 아마도 시를 전사하는 과정에서 생긴 차이일 뿐, 그 큰 뜻에는 별다른 차이가 없다.

太原折生遇蘭言. 其鄉有扶乩者, 降壇大書一詩曰: "一代英雄付逝波, 壯懷空握魯陽戈. 廟堂有策軍書急, 天地無情戰骨多. 故壘春滋草木浮, 游魂夜覽舊山河. 陳濤十郡良家子, 杜老酸吟意若何." 署名曰柿園敗將. 皆悚然知爲白谷孫公也. 柿園之役, 敗於中旨之促戰, 罪不在公. 詩乃以房琯車戰自比, 引爲己過. 正人君子用心, 視王化貞輩僨轅誤國, 猶百計卸責於人者, 眞三光之於九泉矣. 大同杜生宜滋, 亦錄有此詩. '空握'作'辜負', '春滋'作'春添', '意若何'作'竟若何', 凡四字不同. 蓋傳寫偶異, 大旨則無殊也.

---

8 왕화정(王化貞): 명나라 제성(諸城) 사람이다. 천계(天啓: 1621~1627) 때에 광녕순무(廣寧巡撫)가 되었으나 경략 웅정필(熊廷弼)과 의견이 맞지 않았다. 웅정필은 왕화정에게 진중할 것을 당부했지만, 왕화정은 상소를 올려 군사 6만을 데리고 일거에 청나라 군대를 소탕할 것을 청했다. 조정에서 그를 지지하자, 황제는 신하들에게 두 사람의 생각에 대해 토론케 했다. 그러나 결론을 내리기도 전에 청나라 군대가 요하를 건너와 서평보(西平堡)를 공격하는 바람에 왕화정은 대패했다. 이에 광녕을 버리고 웅정필과 함께 달아나 산해관으로 들어갔다.

9 하늘: 원문은 '삼광(三光)'이다. 『백호통(白虎通)』에 보면, "하늘에는 삼광 즉 일월성신이 있다(天有三光日月星)."라는 문장이 있다. 원래는 일월성신과 구천의 차이라는 뜻이나, 여기서는 하늘과 땅의 차이로 번역한다.

2.

절부의 호소

허남금(許南金) 선생이 해준 이야기이다.

그가 강희(康熙) 54년(1715) 을미년에 부성(阜城)의 만하(漫河)[10]를 건너게 되었다고 한다. 여름비에 길은 진흙탕이 되었고 말은 지쳐 더 이상 앞으로 나아가지 못했다. 하는 수 없이 길가 나무 아래에 앉아 쉬다가 그만 잠이 들었다. 정신이 몽롱한 가운데, 한 여자가 절을 하며 이렇게 말했다.

"저는 황보녕(黃保寧)의 처 탕씨(湯氏)입니다. 이곳에서 도적에게 겁박을 당해 목숨을 걸고 맞서 싸우다, 결국 칼에 찔려 죽었습니다. 관에서 도적을 잡아 죽이긴 했지만, 저는 이미 욕을 당한 몸이라 세상에 드러내어 표창할 수 없었습니다. 저승 관리가 저의 정절을 가엾게 여겨, 이곳에 살게 하면서 횡사한 귀신들의 우두머리로 삼았는데, 벌써 40여 년이 되었습니다. 또 이웃 마을의 여자 거지가 혼자 이곳을 지나던 중, 건장한 사내 셋을 만났습니다. 그들은 그녀를 나무에 묶은 채 마음대로 간음했습니다. 그녀는 그들을 욕하며 죽음을 재촉하는 길 외에 다른 방법이 없었습니다. 끝내 이를 깨물

10 만하(漫河): 물 이름이다. 수원은 직례성(直隸省) 고성현(故城縣) 서쪽에서 시작된다. 북쪽 물줄기는 옛날 장하(漳河)를 지나 북쪽 독류진(獨流鎮: 천진시에 위치함)에 이르러 자아하(子牙河)로 들어간다.

고 치욕을 삼켰지만, 이는 힘이 모자랐기 때문이지 정절이 부족해 그런 것은 아닙니다. 그러나 사건을 맡은 관리들은 꾸짖기만 하니, 어찌 억울하지 않겠습니까? 공의 모습을 뵈니, 사리를 분명히 따질 줄 아는 유생이신 듯합니다. 부디 그녀의 억울함을 밝혀 주십시오."

꿈속에서 그녀가 살던 곳을 물어보려던 찰나, 화들짝 깨어났다. 이후 부성의 사대부에게 물어보았지만, 그 일을 아는 이는 없었다. 마을의 나이 든 하급 관리에게 물어봐도 역시 그런 사건은 들을 수가 없었다. 아마도 당시 사람들이 그녀를 열녀로 생각하지 않았기에, 오래전에 묻힌 듯하다.

許南金先生言. 康熙乙未, 過阜城之漫河. 夏雨泥濘, 馬疲不進. 息路旁樹下, 坐而假寐. 恍惚見女子拜言曰: "妾黃保甯妻湯氏也. 在此爲强暴所逼, 以死捍拒, 卒被數刃而死. 官雖捕賊駢誅, 然以妾已被汚, 竟不旌表. 冥官哀其貞烈, 俾居此地, 爲横死諸魂長, 今四十餘年矣. 夫異鄉丐婦, 踽踽獨行, 猝遇三健男子. 執縛於樹, 肆行淫毒. 除罵賊求死, 別無他術. 其齧齒受玷, 由力不敵, 非節之不固也. 司讞者苛責無已, 不亦寃乎? 公狀貌似儒者當必明理. 乞爲白之." 夢中猶詢其里居, 霍然已醒. 後問阜城士大夫無知其事者. 問諸老吏亦不得其案牘. 蓋當時不以爲烈婦, 湮沒久矣.

3.

도관의 여우

도성의 어느 도관(道觀)에 오래전부터 여우가 살고 있었다. 도사는 단을 만들어 놓고 기도하며[11] 많은 돈을 추렴했다. 일이 끝난[12] 뒤에 제자들과 함께 신좌(神座) 앞 등불 아래서 수입을 결산하는데, 돈 몇 냥이 비었다. 도사는 제자들이 몰래 감췄다고 다그쳤고, 제자들은 도사가 계산을 잘못했다며 삼경이 되도록 주판알 튕기는 소리가 그치지 않았다. 갑자기 들보 위에서 누군가 이렇게 말했다.

"초가을 바람이 시원해 잠을 좀 자려 하였거늘, 너희들은 하필 이 자리에서 시끄럽게 떠드는 것이냐? 비어 있는 이 돈 몇 냥은 네가 미약을 사려 품속에 넣어두지 않았더냐? 또 뒷골목 유이저(劉二姐)의 집을 지나던 중 유이저가 금가락지를 요구하자, 네가 술김에 꺼내서 건네지 않았더냐? 어찌 이 모든 일을 잊은 것이냐?"

11 단을 만들어 놓고 기도하며: 원문은 '초(醮)'로, 스님이나 도사가 단을 만들어 놓고 기도하는 것을 말한다.

12 일이 끝난: 원문은 '천(蕆)'이다. 『좌전(左傳)』「문공(文公)」 17년에 보면, "우리 임금이 진나라의 일을 처리하기 위해 찾아뵐 것입니다(寡君又朝以蕆陳事)."라는 문장이 있는데, 천(蕆)은 처리하다, 완성하다의 뜻이다.

제자들은 고개를 돌리며 입을 막고 웃었고, 도사는 말없이 장부를 들고 나왔다. 때마침 이발사 위복(魏福)이 그곳 도관에 머물고 있었는데, 이 이야기를 직접 들었다. 그 소리는 징징대는[13] 어린 여자아이의 목소리 같았다고 한다.

京師某觀故有狐. 道士建醮, 醵多金. 蕆事後, 與其徒在神座燈前, 會計出入尙闕數金. 師謂徒乾沒, 徒謂師誤算, 盤珠格格至三鼓未休. 忽梁上語曰: “新秋涼爽, 我倦欲眠, 汝何必在此相聒? 此數金, 非汝欲買媚藥, 置懷中? 過後巷劉二姐家, 二姐索金指鐶, 汝乘醉探付彼耶? 何竟忘也?” 徒轉面掩口, 道士乃默然斂簿出. 剃工魏福, 時寓觀內, 親聞之. 言其聲咿咿呦呦, 如小兒女云.

13 징징대는: 원문은 ‘이이유유(咿咿呦呦)’이다.

4.

한발(旱魃)

한발의 해는 「운한(雲漢)」[14]시에 보이는데, 이 일이 경전에도 나와 있음을 의미한다. 『산해경(山海經)』에도 여발(女魃)에 대한 기록이 있으나,[15] 『시경(詩經)』의 구절을 억지로 끌어다 붙인 느낌이다. 그러나 이 기록에 따르면 한발은 그저 하나의 요사스런 신(妖神)에 지나지 않는다.

요즘 세상에서 말하는 '한발'은 대개 강시를 가리킨다. 무덤을 파서 강시를 불태우면 종종 비가 내리곤 한다. 무릇 비란 천지의 기운이 서로 만나 하나가 되어[16] 내리는 것인데, 강시 한구의 기염이 천지를 막아 통하지 못

---

14 「운한(雲漢)」: 『시경』「대아(大雅)」의 편명이다. 한발은 『모전(毛傳)』에는 한신(旱神)이라 되어 있다. 『신이경(神異經)』에 보면, 남방에 어떤 사람이 있는데 키가 2~3자이고, 옷을 걸치지 않았으며, 머리 위에 눈이 달려 있다고 한다. 바람처럼 빨리 달리는데, 이름은 발이다. 한발이 나타난 나라는 큰 가뭄이 들고, 천 리 땅에 초목이 나지 않는다. 일명 한모(旱母)라고도 한다. 한발을 만난 사람이 잡아서 뒷간에 던지면 곧 죽고 가뭄도 없어진다고 한다.

15 『산해경(山海經)』에도 … 있으나: 『산해경』「대황북경(大荒北經)」에 따르면, 계곤산(係昆山) 인근에 공공(共工)의 누대가 있다고 한다. 활을 쏘는 사람은 공공의 혼령이 무서워 감히 북쪽으로는 활을 쏘지 못했다. 또 그곳에 푸른 옷을 입은 사람이 있는데, 황제의 딸 발이라고 한다.

16 천지의 기운이 서로 만나 하나가 되어: 원문은 '흔합(訢合)'이다. 『예기(禮記)』「악기(樂記)」에 보면, "천지가 합해지고, 음양이 만나(天地訢合, 陰陽相得)."라는 구절이 있다. "흔(訢)은 천지가 감동하여 두 기운을 움직이게 하는 것이다."라고 주 달려 있다.

하게 할 수 있단 말인가? 누군가는 비 역시 용이 움직여 내리는 것이라 하는데, 강시의 힘으로 신물(神物)을 쫓고 두려움을 주어 전진하지 못하게 할 수 있을까? 대체 이를 어떻게 설명할 것인가?

또 여우가 벼락을 피할 수 있다는 말은 송대 이래의 잡설 속에서 한두 번 나오는 일이 아니다. 무릇 여우가 죄가 없는데도 정해진 시각에 벼락이 떨어져 그를 친다면 이는 음형(淫刑)[17]에 해당되는데, 천도가 있다면 그리 되지는 않을 것이다. 설령 여우에게 죄가 있다하더라도 아무 때고 죽일 수는 없고, 반드시 날짜와 시간을 정해 피할 수 있도록 미리 알려야 한다. 설령 순간적으로 그 화를 면했다 하더라도 아무 때나 죽일 수는 없고, 또 지정된 시간을 넘겼다면 더는 추궁하거나 벌해서는 안 되는데, 이는 일벌(佚罰)[18]에 해당된다. 천도가 있다면 역시 그리 되지는 않을 것이다. 또 이 일은 어떻게 설명할 것인가?

우연히 최근 사람이 지은 『야담총록(夜談叢錄)』을 읽게 되었는데, 그 안에 한발을 태운 이야기 하나, 여우가 벼락을 피한 이야기 둘이 실려 있었다. 이에 의문이 생겨 이와 같이 적어 두니, 사물의 이치를 따지는 이들이 이를 자세히 밝혀주기를 바란다.

旱魃爲虐, 見「雲漢」之詩, 是事出經典矣. 『山海經』實以女魃似因『詩』語而

17 음형(淫刑): 『좌전』에 보면, "형을 남발해 집행하면, 누가 죄가 없겠는가(淫刑以逞, 誰則無罪)?"라는 문장이 있다.

18 일벌(佚罰): 마땅히 처리해야 할 죄를 벌하지 않은 것을 말한다. 『서경(書經)』「반경(盤庚)」에 보면, "오직 나 한 사람만이 마땅히 처리해야 할 죄를 벌하지 않았다(惟予一人有佚罰)."라는 문장이 있다.

附會. 然據其所言, 特一妖神耳.

近世所云旱魃, 則皆僵尸. 掘而焚之, 亦往往致雨. 夫雨爲天地之訢合, 一僵尸之氣焰, 竟能彌塞乾坤, 使隔絶不通乎? 雨亦有龍所作者, 一僵尸之伎倆, 竟能驅逐神佛, 使畏避不前乎? 是何說以解之?

又狐避雷劫, 自宋以來, 見於雜說者不一. 夫狐無罪歟, 雷霆尅期而擊之, 是淫刑也, 天道不如是也. 狐有罪歟, 何時不可以誅, 而必限以某日某刻, 使先知早避. 卽一時暫免, 又何時不可以誅, 乃過此一時, 竟不復追, 理是佚罰也. 天道亦不如是也. 是又何說以解之? 偶閱近人『夜談叢錄』, 見所載焚旱魃一事, 狐避劫二事. 因存記所疑, 俟格物窮理者詳之.

5.

신기한 우물

호방교(虎坊橋)의 서쪽에 한 집이 있었는데, 바로 남피(南皮) 사람 장자외(張子畏)의 옛 집이다. 그러나 지금은 좌부(左副) 도어사(都御史)[19] 유운방(劉雲房)[20]이 살고 있다. 집안에 우물 하나가 있는데, 자시와 오시에 물을 퍼 올리면 그 맛이 달았고, 그 외의 시간에는 그렇지 않았는데, 그 까닭을 알 수 없었다. 어떤 사람이 "음기는 정오에 생겨나고, 양기는 자정에 생겨나는데, 이 음양의 기운이 땅의 기운과 서로 감응하여 이런 현상이 일어나는 것입니다."라고 했다. 넘치는 원기가 천지간에 가득한데, 어찌하여 다른 우물은 땅의 기운에 반응하지 않고, 오직 이 우물만 그러한가? 서방에서는 격물학(格物學)을 매우 중히 여긴다. 『직방외기』[21]에 보면, 그 땅에는 하루에

---

19 좌부(左副) 도어사(都御史): 원문은 '부헌(副憲)'으로, 청대 도찰원(都察院)의 장관을 가리킨다.

20 유운방(劉雲房): 유권지(劉權之)이다. 유권지(1739~1818)는 자가 덕여(德輿)이고, 호는 운방이다. 호남 장사(長沙) 사람으로 건륭 때의 진사이다. 일찍이 좌부도어사, 체인각대학사(體仁閣大學士)를 지냈다. 시호는 문각(文恪)이다.

21 『직방외기(職方外記)』: 줄리오 알레니(Giulio Aleni)가 중국어로 저술한 세계지리도지(世界地理圖志)이다. 알레니(1582~1649)는 마테오리치의 『만국도지(萬國圖志)』를 바탕으로 아시아, 유럽, 아프리카, 아메리카 및 해양에 관한 내용을 증보했다. 『주례(周禮)』에 기록된 관제 중에 직방씨(職方氏)가 있는데, 천하의 땅을 관장하기 위해 지도를 맡아 관리했다. 이에 따르면 천하는 중국과 주위의 사이(四夷), 팔만(八蠻), 칠민(七閩), 구맥(九貉), 오융(五戎), 육적

열두 차례 물이 차오르는 우물이 있는데, 그 시각이 시계[22]와 한 치도 어긋나지 않는다. 어떤 사람이 그 이치를 연구하려고 우물 근처에 오두막집을 짓고 밤낮으로 관측했으나, 끝내 그 원인을 밝혀내지 못하자 화가 나서 스스로 우물에 몸을 던져 죽었다. 이 우물 또한 그와 같은 류이다.

虎坊橋西一宅, 南皮張公子畏故居也. 今劉雲房副憲居之. 中有一井, 子午二時汲則甘, 餘時則否, 其理莫明. 或曰: "陰起午中, 陽生子半, 與地氣應也." 然元氣昆侖, 充滿天地, 何他井不與地氣應, 此井獨應乎? 西士最講格物學. 『職方外記』載其地有水, 一旦十二潮, 與晷漏不差杪忽. 有欲窮其理者, 搆廬水側, 晝夜測之, 迄不能喩至, 恚而自沉. 此井抑亦是類耳.

(六狄)으로 구성되어 있다. 이에 알레니는 중국 사람들에게 천하에는 이들 이외에 중국에 조공하지 않는 많은 나라가 있음을 이 책을 통해 알려주려고 했다.

22 시계: 원문은 '귀루(晷漏)'이다. 해 그림자로 시간을 측정하는 기구인 귀와 일정한 속도로 흐르는 물을 이용해 시간을 측정하는 장치인 루로, 고대의 시간을 측정하는 기구이다.

6.

살신(煞神)

장독(張讀)의 『선실지(宣室志)』[23]에 보면 다음 이야기가 있다.

"전해오는 말에 따르면 사람이 죽은 지 며칠이 지나면 반드시 관에서 새 한 마리가 나오는데 이를 '살(煞)'이라고 한다. 태화(太和: 827~835) 때에 정생(鄭生)이라는 사람이 있었는데, 그의 그물에 커다란 새 한 마리가 걸려들었다. 그 새는 푸른색이었고 크기는 다섯 자쯤 되었는데, 순식간에 사라지고 없었다. 그가 마을로 가 사람들에게 물어보니, 한 사람이 이렇게 대답했다. '마을에 어떤 사람이 죽었는데, 며칠이 지나자 점쟁이가 오늘 살이 떠날 것입니다.'라고 했습니다. 그 집 사람이 관을 지키고 있었는데, 푸르고 큰 새가 관에서 나왔다고 합니다. 당신이 잡은 새가 그것이 아니오?'"

이것은 오늘날 말하는 살신(煞神)이다.

서현(徐鉉)의 『계신록(稽神錄)』[24]에는 다음 이야기가 실려 있다.

"팽호자(彭虎子)는 젊고 건강하며, 힘이 센 사람이었다. 그는 예전에는

---

23 『선실지(宣室志)』: 『선실지』 10권과 『보유(補遺)』 1권은 당나라 장독이 지었다. 장독(833~889)은 자가 성붕(聖朋)이고, 심주(深州) 육택(陸澤) 사람이다.

24 『계신록(稽神錄)』: 송나라 서현의 저서이다. 서현(916~991)은 자가 정신(鼎臣)이고 광릉(廣陵) 사람이다.

귀신이 없다고 했다. 그의 어머니가 돌아가시자 무당이 그를 타이르며 '모일에 앙살(殃煞)이 돌아와 사람들을 마구 죽일 것이니 반드시 집을 나가 이를 피하시오.'라고 했다. 그 말에 부녀자와 아이 등 집안사람들은 모두 집을 나와 숨어 있었고, 팽호자만 집에 남아 있었다. 그날 밤, 누군가 문을 열고 안으로 들어오자, 팽호자는 놀라 어찌할 바를 몰랐다. 마침 집 안에 있던 독이 보여 그 속으로 몸을 숨기고, 판자를 덮어 머리를 가렸는데, 어머니가 판자 위에 앉아 있는 듯했다. 그때 누군가가 판자 아래에 사람이 있냐고 묻자, 어머니는 아무도 없다고 했다."

이것 역시 오늘날 말하는 '회살(回煞)'이다.

전해오는 말에 따르면, 이가 나기 전에 죽은 아이는 죽어서도 살이 없지만, 이가 난 아이는 살이 따른다고 한다. 무격(巫覡)[25]은 살이 돌아오는 날을 계산해낼 수 있다. 하인 손문거(孫文擧)와 송문(宋文)은 모두 이 기술에 정통했다. 나도 예전에 그 책을 빌려 보았는데, 단지 연월일시간지로 추산할 뿐 그다지 신기한 것은 없었다. 아무 일에 흉살(凶煞)을 만나면 부적을 써서 제사를 지내야 풀린다고 하지만, 실상은 거짓말로 사람을 속여 돈을 갈취하려는 것에 불과하다. 만약 집이 좁아 살을 피해 숨을 만한 공간이 없다면, 무당은 이른바 '압제법(壓制法)'이라는 것을 써서 살이 나오지 못하게 막는다. 이를 '참앙(斬殃)'이라 부르는데, 더욱 황당무계하다. 그러나 하인 송우(宋遇)의 아내가 죽었을 때 무당에게 참앙을 청한 일이 있는데, 지금까지도 그 집에서는 밤마다 이상한 소리가 나고, 아이들이 살의 형상을 보았다고 한다. 이로 보아 모두 다 거짓은 아닌 것 같다. 이 넓은 천지에 없는

25 무격(巫覡): 격(覡)은 남자 무당을 말한다.

것이 뭐가 있겠는가? 이승과 저승의 이치는 모두 다 알 수 없다. 그러니 굳이 억지로 말을 꾸밀 필요도 없고, 그렇다고 애써 비난할 필요도 없다.

張讀『宣室志』曰: “俗傳人死數日, 當有禽自柩中出曰煞. 太和中有鄭生者, 網得一巨鳥. 色蒼, 高五尺餘, 忽無所見. 訪里中民訊之, 有對者曰: ‘里中有人死, 且數日, 卜者言今日煞當去.’ 其家伺而視之, 有巨鳥色蒼, 自柩中出. 君所獲果是乎?” 此卽今所謂煞神也.

徐鉉『稽神錄』曰: “彭虎子少壯, 有膂力. 嘗謂無鬼神. 母死俗巫誡之曰: ‘某日殃煞當還, 重有所殺, 宜出避之.’ 合家細弱, 悉出逃隱, 虎子獨留不去. 夜中有人推門入, 虎子皇遽無計. 先有一甕, 便入其中, 以板蓋頭, 覺母在板上. 有人問板下無人耶, 母曰無.” 此卽今所謂回煞也.

俗云殤子未生齒者, 死無煞, 有齒者卽有煞. 巫覡能預尅其期. 家奴孫文舉宋文, 皆通是術. 余嘗索視其書, 特以年月日時干支推算, 別無奇奧. 其某日逢某凶煞, 當用某符禳解, 則詭詞取財而已. 或有室廬逼仄無地避煞者, 又有壓制之法, 使伏而不出. 謂之‘斬殃’, 尤爲荒誕. 然家奴宋遇婦死, 遇召巫斬殃, 迄今所居室中, 夜恒作響, 小兒女亦多見其形. 似又不盡誣矣. 天地之大, 何所不有? 幽明之理, 莫得而窮. 不必曲爲之詞, 亦不必力攻其說.

7.

귀신과 신선

사람이 죽으면 그 혼은 저승의 명부에 귀속된다. 그런데 지구는 둘레가 구만리이고, 직경이 삼만 리로, 각국의 영토는 헤아릴 수 없을 정도로 방대하다. 지구의 인구는 중국의 백배에 달하니, 귀신의 수 역시 중국의 백배가 되어야 한다. 그런데 어째서 여기저기 다니는 저승의 관리가 본 귀신들은 모두 중국의 귀신으로, 중국 이외 나라의 귀신은 한 명도 없단 말인가? 그렇다면 설마 나라별로 염라대왕이 따로 있단 말인가? 낭중 고덕무(顧德懋)는 저승의 관리를 겸하고 있어[26] 일찍이 이 문제에 대해 물어보았지만, 대답하지 못했다. 사람 가운데 죽지 않은 자는 선적(仙籍)에 이름을 올리는데, 적송자(赤松子),[27] 광성자(廣成子)[28]는 모두 상고시대에 이름을 떨친 신선들이다. 그런데 어찌하여 후대에 만난 신선은 모두 근래의 인물들뿐인가? 유향

---

26 낭중 고덕무(顧德懋)는…겸하고 있어: 『난양소하록』(2)』「저승의 판결원칙」에 나와 있다.

27 적송자(赤松子): 『사기』「유후세가(留侯世家)」에 따르면, "인간세상의 일을 버리고 적송자를 따라 노닐고 싶다(願棄人間事, 欲從赤松子遊耳)."라는 구절이 있다. 『열선전』에 따르면, 적송자는 신농(神農) 때의 우사(雨士)라고 한다.

28 광성자(廣成子): 『신선전(神仙傳)』에 따르면, 광성자는 옛날의 선인(仙人)으로, 공동산(崆峒山)의 석실 안에서 살고 있었는데, 황제 헌원(軒轅)이 소문을 듣고 가서 지도(至道)의 요체에 대해 물었다고 한다.

(劉向)[29] 이후의 사람들이 기록해 놓은 신선들은 모두 자취조차 없는 것인가? 설마 신선들이 모두 사라졌다면 주자(朱子)가 논한 위백양(魏伯陽)[30]은 무엇인가? 진인 누근원(婁近垣)[31]은 도교의 영수로 알려진 인물로, 일찍이 이 문제에 대해 물어보았지만, 역시 대답하지 못했다.

人死者, 魂隷冥籍矣. 然地球圓九萬里, 徑三萬里, 國土不可以數計. 其人當百倍中土, 鬼亦當百倍中土. 何游冥司者, 所見皆中土之鬼, 無一徼外之鬼耶? 其在在各有閻邏王耶? 顧郎中德懋, 攝陰官者也, 嘗以問之, 弗能答. 人不死者, 名列仙籍矣, 然赤松廣成, 聞於上古. 何後代所遇之仙, 皆出近世? 劉向以下之所記, 悉無聞耶? 豈終歸於盡, 如朱子之論魏伯陽耶? 婁眞人近垣領道教者也, 嘗以問之, 亦弗能答.

29 유향(劉向): 한(漢)나라 때의 인물로, 자가 자정(子政)이며, 『열선전』 2권을 지었다.

30 위백양(魏伯陽): 『신선전』에 따르면, 동한시대 위백양(151~221)은 『주역참동계(周易參同契)』·『오행상류(五行相類)』 등 3권을 지었는데, 단약 제조의 의의에 대해 논하고 있다.

31 누근원(婁近垣): 누근원(1689~1776)은 자가 삼신(三臣), 호는 낭재(朗齋) 또는 상청외사(上淸外史)로, 청대 정일파(正一派) 도사이다.

8.

숨은 선행

마을 사람 염훈(閻勳)은 아내가 외사촌 동생과 사통한다고 의심하다가, 결국 총을 들고 가 외사촌 동생을 죽였다. 그는 다시 집으로 돌아와 아내를 죽이려고 가슴을 칼로 찔렀지만, 마치 가슴 안에 쇠와 돌이 있는 듯한 소리가 나 결국 죽이지 못했다. 이를 본 어떤 사람이 "아마도 귀신이 그녀의 억울한 죽음을 가엾게 여겨 몰래 도운 것이야!"라고 하였다. 억울하게 죽은 사람이 많은데도, 귀신은 어째서 모두를 이처럼 음으로 돕지 않는가? 분명 그녀에게는 다른 선행이 있었기 때문에 귀신이 조용히 그녀를 도우며 보호한 것이다.

里人閻勳, 疑其妻與表弟通, 遂攜銃擊殺其表弟. 復歸而殺妻, 剚刀於胸, 格格然如中鐵石, 迄不能傷. 或曰: "是鬼神愍其枉死, 陰相之也." 然枉死者多, 鬼神何不盡陰相歟? 當由別有善行, 故默邀護佑耳.

9.

보시

경주(景州) 사람 신학곤(申學坤)은 겸거(謙居) 선생의 아들이다. 성정이 순박하고 침착하여 집안의 가풍을 무너뜨리지 않았으며, 도학(道學)을 독실하게 믿었다. 그는 일찍이 사촌형 기무원(紀懋園)[32]에게 이렇게 말했다.

"예전에 어느 절에서 스님이 복전(福田)[33]을 빙자해 재물을 갈취하고 그 돈으로 술과 고기를 사 먹는 것을 보고는, 사람들에게 보시하지 말라고 권하는 글을 썼습니다. 그날 밤 꿈에 불교에서 말하는 가람신(伽藍神)[34] 같은 존재를 만났는데, 그 신이 제게 차분에게 말했습니다.

'그러지 마십시오. 불법에서는 자비를 널리 베풀고, 만물을 평등하게 대하라고 하셨습니다. 저들 스님과 비구니도 만물 중 하나가 아니겠습니

---

32 기무원(紀懋園): 기윤의 종형 기소(紀昭)이다. 기소(1717~1770)는 자가 무원이고 호는 이헌(怡軒)이며, 기용아(紀容雅)의 장자이다. 기윤과 함께 제생(諸生)이 되었으며, 건륭 22년(1757)에 진사가 되어 중서사인(中書舍人)을 지낸 뒤 귀향했다. 저서로는 『모시광의(毛詩廣義)』 5권이 있다.

33 복전(福田): 『법원주림(法苑珠林)』에 보면, "불교에서 말하기를, '세상에는 세 가지의 복전이 있는데, 보은전(報恩田)·공덕전(功德田)·빈궁전(貧窮田)이 그것이다(世間福田凡有三種, 一報恩田, 二功德田, 三貧窮田).'"라고 되어 있다.

34 가람신(伽藍神): 불교의 수호신이다. 법현(法顯)의 『불국기(佛國記)』에 따르면, 가람 스님은 이름이 구마제(瞿摩帝)라고 한다.

까? 그들은 시주받은 음식으로 새에게 먹이를 주고, 벌레와 쥐까지도 아끼며, 그 생명을 살리고자 합니다. 이들 스님들은 보시에 기대어 살아가고 있는데, 그대는 그들을 굶겨 죽이려고 하고 있으니, 혹 그들을 새와 벌레, 쥐만도 못하다고 여기시는 겁니까? 물론 스님들 가운데 계율(戒律)[35]을 파괴하고 스스로 지옥에 빠지는 자들도 도처에 있습니다. 하지만 어미를 잡아먹는 효조(梟鳥)[36]가 있다고 해서 모든 새를 죽이고, 아비를 잡아먹는 파경(破獍)[37]이 있다고 해서 짐승을 다 잡아 죽이면, 이것은 무슨 이치입니까? 속세의 법으로 말하자면 전답이 부족해 나누어 줄 수 없으면 백성들은 스스로 살길을 모색해야만 합니다. 스님과 비구니도 결국 백성 중 하나일 뿐이며, 보시를 구하는 것도 그들 나름의 삶을 이어가기 위한 방편인 것입니다. 밭 갈고 베를 짜지 않는다고 해서 나라를 좀먹고 백성을 어지럽힌다고 단정짓는다면, 밭 갈고 베를 짜지 않아 나라와 백성에게 해를 끼치는 사람들이 비단 스님과 비구니뿐이겠습니까? 그렇다면 어째서 그대는 다른 이들에 대해서는 일일이 문장을 써서 제지하지 않습니까? 또한 이 넓은 세상에 그런 사람들이 어찌 수십만 명뿐이겠습니까? 만약 하루아침에 그들의 생계 수단을 없애버린다면 늙고 약한 사람들은 도랑에 나뒹굴 것은 말할 것도 없고, 교활한 사람들은 험지로 뛰어들 것입니다.[38] 그 뒤의 혼란을 그대

---

35 계율(戒律): 『운급칠첨(雲笈七籤)』에 보면, "계율이라는 것은 육정십악(六情十惡)이다."라고 되어 있다.

36 효조(梟鳥): 올빼미를 가리키는데, 자라면 어미 새를 잡아먹는다고 알려져 있다.

37 파경(破獍): 짐승 이름으로 범과 비슷하다. 자라면 돌아와서 아비를 잡아먹는다고 한다.

38 험지로 뛰어들 것입니다: 원문은 '정이주험(鋌而走險)'이다. 『좌전』「문공」 17년에 보면, "다급한 나머지 험지로 뛰어들고 있으니, 급박한데 어찌 이것저것 가릴 수 있겠습니까(鋌而走險, 急何能擇)?"라는 문장이 있는데, 정(鋌)은 급히 내달리는 모양을 말한다.

는 어떻게 수습하려 하오? 한유(韓愈)[39]조차 불교를 배척하면서도 홀아비·과부·고아·불구자 같은 이들은 마땅히 돌봐야 한다고 했습니다. 그런데 그대는 백성을 살릴 방도도 없이 그들의 삶을 착취하고[40] 있으니, 이는 불교의 뜻이 아님은 물론이고 공자와 맹자의 도리도 아닙니다. 한번 입 밖으로 내뱉은 말은 네 마리의 말이 이끄는 수레로도 되돌릴 수 없다는 것을,[41] 부디 명심하십시오.'

내가 꿈속에서 강변하려는 순간, 갑자기 잠에서 깨어났는데, 그 말이 너무나 또렷해서 지금도 생생히 기억하고 있습니다. 공께서는 그 논리에 대해 어떻게 생각하십니까?"

기무원은 한참동안 깊이 생각하다가 이렇게 말했다.

"그대의 말도 이치에 맞고 옳은 생각이지만, 그 신의 견해는 참으로 넓고 심원합니다. 그런데 세상의 인심이라는 게 지금만 그런 것도 아니고,[42] 어찌 그대의 논리만으로 그것을 다 막을 수 있겠습니까? 이 신이 무어라 많이 떠들고 있기는 하지만,[43] 결국 따지고 보면 다 이 한 가지 쟁점에 불과

---

39 한유(韓愈): 한유(768~824)는 자가 퇴지(退之)이고, 본적은 창려(昌黎)이다. 사후 송나라 원풍(元豊: 1078~1085) 때에 창려백(昌黎伯)에 봉해졌다. 그리하여 세상에서 그를 한창려라 불렀다. 「원도(原道)」 등의 문장을 지어 불교와 도교를 배척했다.

40 착취하고: 원문은 '최(朘)'로, 다하다(滅)의 뜻이다.

41 한번…없다는 것을: 『논어(論語)』「안연(顏淵)」에 나오는 말이다. 네 마리 말이 끄는 수레도 사람의 혀에는 미치지 못한다. 즉 한번 내뱉은 말은 되돌릴 수 없으므로 신중하게 말을 해야 함을 의미한다.

42 지금만 그런 것도 아니고: 원문은 '비금사금(匪今斯今)'이다. 『시경』「주송(周頌)·재삼(載芟)」에 보면, "지금만 이러한 것이 아니라, 옛날부터 이러했다네(匪今斯今, 振古如玆)."라는 시구가 있다.

43 많이 떠들고 있기는 하지만: 원문은 '자자불휴(刺刺不休)'이다. 한유의 『송은원외서(送殷員外序)』에 보면, "말이 많아 그칠 수 없다(語刺刺不能休)."라는 문장이 있다.

합니다.”

景州申君學坤, 謙居先生子也. 純厚朴拙, 不墮家風, 信道學甚篤. 嘗謂從兄懋園曰: “曩在某寺, 見僧以福田誘財物, 供酒肉資, 因著一論, 戒勿施舍. 夜夢一神, 似彼教所謂伽藍者, 與余侃侃爭曰: ‘君勿爾也. 以佛法論, 廣大慈悲, 萬物平等. 彼僧尼非萬物之一耶? 施食及於鳥鳶, 愛惜及於蟲鼠, 欲其生也. 此輩藉施捨以生, 君必使之飢而死, 曾視之不若鳥鳶蟲鼠耶? 其間破壞戒律自墮泥犁者, 誠比比皆是. 然因有梟鳥而盡戕羽族, 因有破獍而盡戕獸類, 有是理耶? 以世法論, 田不足授, 不能不使百姓自謀食. 彼僧尼亦百姓之一種, 彼募化亦謀食之一道. 必以其不耕不織爲蠹國耗民, 彼不耕不織而蠹國耗民者, 獨僧尼耶? 君何不一一著論禁之也? 且天地之大, 此輩豈止數十萬? 一旦絶其衣食之源, 羸弱者轉乎溝壑, 姑勿具論, 桀黠者鋌而走險. 君何以善其後耶? 昌黎闢佛, 尙曰鰥寡孤獨廢疾者有養. 君無策以養而徒朘其生, 豈但非佛意, 恐亦非孔孟意也. 駟不及舌, 君其圖之. 余夢中欲與辯, 忽然已覺, 其語歷歷可憶. 公以所論何如?” 懋園沉思良久曰: “君所持者正, 彼所見者大. 然人情所向, 匪今始今, 豈君一論所能遏? 此神剌剌不休, 殊多此一爭耳.”

10.

질투의 기술

진사 급제 동기생인 김문고(金文高)는 오현(吳縣) 사람이다. 예전에 회하(淮河)와 양자강(揚子江) 사이에서 배를 정박하던 어느 날 밤, 언덕 위에서 두 노인이 만나 물가의 초정(草亭)에 나란히 앉는 모습을 보았다고 한다.

한 노인이 "최근에 무슨 일이 있었는가?"라고 묻자 다른 노인이 말했다.

"주인 어르신이 원림으로 피서를 떠나신 덕에 나도 날마다 물가의 정자에 가서 살아있는 『비희도(秘戲圖)』[44]를 감상했네. 온갖 아름다운 자태들이 펼쳐져, 참으로 볼만했지. 그중에서도 다섯 번째 계집이 특히 요염했네. 그녀는 주인 어르신께 머리카락을 잘라 주며, 연자루(燕子樓)의 관반반(關盼盼)[45]

---

44 『비희도(秘戲圖)』: 춘궁(春宮)이라고도 한다. 송대 화원(畫苑)에는 『춘궁비희도(春宮秘戲圖)』가 있다.

45 관반반(關盼盼): 『여정집(麗情集)』에 따르면, 당나라 원화(元和: 806~820) 때에 장건봉(張建封)은 무녕(武寧)을 다스리고 있었다고 한다. 관반반은 서주 지방의 미색으로, 장건봉은 그녀를 위해 후원에 연자루를 짓고 그녀를 받아들였다. 공이 죽었을 때 관반반은 그가 베푼 은혜에 감격하여 더 이상 시집가지 않겠다고 맹세했다. 백낙천이 그녀를 위해 시를 지었다. "돈 아끼지 않고 미인을 사서, 꽃 같은 기녀 서너 명 뽑았네. 심력 다해 춤과 노래 가르쳤건만, 하루아침에 남편 죽어도 따라 못 죽네(黃金不惜買蛾眉, 揀得如花四五枝. 歌舞教成心力盡, 一朝身去不相隨)." 관반반은 이 시를 보고 "당신은 제가 함께 죽지 않았다고 꾸짖고 계시는

처럼 절개를 지키고, 옥소(玉簫)처럼 다시 태어나 위고(韋皐)[46]를 섬기듯 모시겠다고 약속하더군. 주인 어르신은 그 말에 감격해 눈물을 흘리셨지. 하지만 나중에 우연히 그 계집이 기생 어미와 속삭이는 말을 들었는데, '주인 어르신이 늙으셨으니 얼른 비단과 금을 챙겨서 재가하는[47] 것이 어떠냐?' 라며 계획을 짜더군. 자네라면 그런 이들의 말을 믿을 수 있겠는가?"

두 사람은 한참 동안 탄식했다. 한 노인이 말했다.

"주인 어르신의 본처가 아주 현명한 사람이라던데, 그게 정말인가?"

그러자 다른 노인이 고개를 저으며 말했다.

"천하에서 투기가 심한 사람을, 어찌 현명하다고 하겠는가? 무릇 질투 때문에 다투고 소란을 피우는 것은, 마치 연못에서 물고기를 쫓아내는 것과 같은 일이네. 마님께서는 새로 첩이 들어오면 약한 자에게는 은혜를 베

군요."라고 하며 한을 품고 죽었다고 한다.

46 위고(韋皐): 『운계우의(雲谿友議)』에 따르면, 위고가 젊은 시절 강하(江夏)의 강사군(姜使君)의 집에 놀러갔다고 한다. 그곳에 '옥소(玉簫)'라는 계집종이 있었는데, 그녀에게 위고를 모시게 했다. 얼마 뒤에 두 사람은 정이 싹텄다. 후에 위고는 집으로 돌아가면서 짧으면 5년, 길면 7년 뒤에 와서 데려가겠다고 약속했다. 그로부터 8년째 되던 해 봄 옥소는 곡기를 끊고 죽었다. 후에 위고는 촉지방의 절도사로 갔다가 그 소문을 듣게 되었다. 그래서 불경을 쓰고 불상을 만듦으로써 옥소의 일편단심에 보답했다. 조산인(祖山人)이라는 사람은 법술을 부려 죽은 이를 불러내는 이소옹(李少翁)의 법술을 가지고 있었다. 그는 위고에게 이레 동안 목욕재계하게 했다. 바람 한 점 없는 밤에 옥소가 와서 감사를 표하며 말했다. "복야께서 불경을 쓰시고 불상을 만들어 주신 덕분에 열흘 후면 다시 다른 몸을 빌어 환생하게 되었습니다. 13년 뒤에 다시 시첩이 되어 베풀어주신 은혜를 갚을 것입니다." 후에 동천(東川)의 노팔좌(盧八座: 육부상서와 좌우복야左右僕射를 합해 팔좌八座라 했음)가 가희를 보내왔는데, 역시 옥소라 불리었다. 직접 만나보니 정말 강씨(姜氏)의 집에서 본 그 옥소였다고 한다.

47 재가하는: 원문은 '비파별포(琵琶別抱)'이다. 백거이(白居易)의 『비파행(琵琶行)』에서 그 의미를 가져왔다.

풀고 마음대로 놀게 내버려두면서 특별히 간섭하지 않으시네. 그 첩이 지나치게 음탕하게 굴면 주인 어르신께서 스스로 부끄러워하며 그들을 내치셨네. 강한 자에게는 예를 갖춰 대하되, 겉으로는 자신과 동등한 듯 예우하고, 뒤로는 남편에게 대들게끔 부추겨 교만하게 만들지. 그러면 주인 어르신은 그 교만함을 참지 못하고 그 첩을 내쫓으셨네. 이 두 방법이 통하지 않으면, 몰래 두 사람 사이를 이간질해 마음에 상처를 입히는 수를 쓰는데, 주로 이 방식을 썼네. 운 좋게 상처를 입지 않더라도, 집안엔 항상 꾸짖는 소리가 끊이지 않네. 주인 어르신께서 첩의 방에 들어가면 원망과 근심으로 가득 찬 얼굴을 보게 되고, 본처의 방에 들어가면 부드러운 말투와 즐거운 기색으로 맞아주시니, 묻지 않아도 어르신은 어디로 향해야 할지를 스스로 알게 되지. 마님은 천하에서 투기가 심하신 분인데, 그런 분을 어찌 현명하다고 할 수 있겠는가?"

김문고는 두 노인의 말을 몰래 엿들으며, 그 말 속에 담긴 이치에는 감탄했으나, 그 노인이 날마다 물가의 정자에 간다는 말은 도무지 이해할 수 없었다. 한창 골똘히 생각에 잠겨 있을 때, 관선(官船)이 징을 울리며 돛을 걷고 정박하려는 기척이 들려왔다. 그 순간 두 노인은 순식간에 사라지고 없었다. 김문고는 그제야 그들이 사람이 아님을 깨달았다.

同年金門高, 吳縣人. 嘗夜泊淮揚之間, 見岸上二叟相遇, 就坐水次草亭上. 一叟曰: "君近何事?" 一叟曰: "主人避暑園林, 吾日日入其水閣, 觀活『秘戲圖』. 百媚橫生, 亦殊可玩. 其第五姬尤妖艶. 見其與主人剪髮爲誓約, 他年燕子樓中作關盼盼, 又約似玉簫再世重侍韋皐. 主人爲之感泣. 然偶聞其與母竊議, 則謂主人已老, 宜早儲金帛, 爲別抱琵琶計也. 君謂此輩可信乎?" 相與太息久之. 一叟又曰: "聞其嫡甚賢, 信乎?" 一叟掉頭曰: "天下之善妒人也, 何賢之云? 夫妒而囂爭, 是爲淵驅魚者也. 此婦於妾媵之來, 弱者撫之以恩, 縱其出入冶游, 不復防制. 使流於淫佚, 其夫自愧而去之. 强者待之以禮, 陽尊之與己匹, 而陰道之與夫抗, 使養成驕悍. 其夫不堪而去之. 有二術所不能餌者, 則密相煽構, 務使參商兩敗者, 又多有之. 幸不即敗, 而一門之内, 誻誶時聞. 使其夫入妾之室, 則怨語愁顔, 入妻之室, 乃柔聲怡色, 其去就不問而知矣. 此天下之善妒人也, 何賢之云?" 門高竊聽所言, 服其中理, 而不解其日入水閣語. 方凝思間, 有官舫鳴鉦來, 收帆欲泊. 二叟轉瞬已不見. 乃悟其非人也.

11.

여우의 비법

죽은 형 기청호(紀晴湖)[48]가 "노즙(滷汁)을 마시면 피가 응고되어 죽는데, 치료약이 없다."라고 하며 해준 이야기이다.

어느 날 마을의 한 부인이 노즙을 마시고 당황하여 어찌할 바를 모르고 있을 때, 갑자기 한 노파가 문지방을 넘으며 들어와 말했다.

"어서 담 너머에 사는 두부 장수 집에서 만든 두장(豆醬)을 가져와 드시오. 노즙이 두장을 만나면 두장은 응고되어 썩지만, 피는 엉기지 않는다오. 나는 앞마을에 사는 늙은 여우인데, 예전에 선인들이 이 처방을 이야기하는 걸 들은 적이 있소."

노파는 말을 마치자 온데간데없이 사라졌다. 여우의 말대로 해 보니 과연 부인이 정신을 차렸다. 유연자(劉涓子)가 귀신이 남긴 비법을 가지고 있다고 하더니,[49] 이것은 여우가 남긴 비법이라 할 수 있다.

---

48 기청호(紀晴湖): 기윤의 이복형 기탁(紀晫)이다. 기탁(1706~1777)은 자가 청호로, 기용서의 맏아들이다. 부공생(附貢生)을 지냈다.

49 유연자(劉涓子)가…하더니: 공경선(龔慶宣)의 『귀유방(鬼遺方)』 서문에 보면, 단양(丹陽) 사람 유연자는 활쏘기시합을 하다가 2길 정도 되는 괴물을 보고 활을 쏘아 명중시켰다고 한다. 괴물은 비바람 소리를 내며 우레처럼 빨리 달아났는데, 밤이 되어 더 이상 쫓지 못했다. 다음날 괴물의 흔적을 찾다가 한 어린 아이를 만났는데, 이렇게 말했다. "우리 주인이 유

先兄晴湖曰: "飮滷汁者血凝而死, 無藥可醫." 里有婦人飮此者, 方張皇莫措, 忽一媪排闥入曰: "可急取隔壁賣腐家所磨豆漿灌之. 滷得豆漿, 則凝漿爲腐, 而不凝血. 我是前村老狐, 曾聞仙人言此方也." 語訖不見. 試之果見蘇. 劉涓子有鬼遺方, 此可稱狐遺方也.

연자가 쏜 화살을 맞고 물을 길러 상처를 씻고 있소." 주인이 누구냐고 묻자 황보귀(黃父鬼)라고 했다. 소년을 따라 가는데 약 찧는 소리가 들렸다. 저 멀리로 세 사람이 보였다. 한 사람은 누워있고, 한 사람은 책을 보고 있고, 나머지 한 사람은 약을 찧고 있었다. 소 울음소리가 갑자기 들리자 세 사람은 옹저방(癰疽方)과 백약(白藥)을 그대로 둔 채 달아났다. 유연자는 이 모두를 가지고 돌아왔다. 송 무제의 북벌정벌을 따라 갔다가 상처가 난 사람이 있으면 그 약을 발라 주었는데, 바로 치유되었다. 이를 풀이하여 10권으로 만들고 『귀유방』이라 이름 지었다고 한다.

12.

구걸하는 귀신

품팔이꾼 진이엄(秦爾嚴)은 예전에 수레를 끌고 이가와(李家窪)에서 회진(淮鎭)[50]으로 간 적이 있었다. 가는 도중 총으로 까치를 잡던 사람과 부딪쳤는데, 말이 놀라 펄쩍 뛰었다. 그 바람에 진이엄도 수레 아래로 떨어져 바퀴 사이에 깔리고 말았다. 속으로 '이제 죽었구나!' 하고 생각했는데, 말이 갑자기 꼼짝도 하지 않았다. [그 덕분에 겨우 살아남아] 해가 저물 무렵 집으로 돌아올 수 있었다. 술을 팔아 자축하며 친구들에게 불빛 아래에서 이상한 일도 다 있었다며 그 이야기를 들려주고 있었다. 그때 창밖에서 낮은 목소리가 들려왔다.

"그대는 말이 스스로 멈추었다고 생각하는가? 우리 두 사람이 말고삐를 당기고 있었기 때문일세."

문을 열고 나가보았지만, 밖에는 아무도 없었다. 이튿날 진이엄은 술과 고기를 챙겨 자신이 떨어졌던 그 자리에 가서 제사를 지냈다. 그 이야기를 들으신 아버지께서 이렇게 말씀하셨다.

"이런 식으로 음식을 구한다면 귀신을 미워할 이유가 뭐가 있겠느냐?"

---

50 회진(淮鎭): 지명으로, 직례성(直隸省) 헌현의 동쪽에 위치한다.

客作秦爾嚴, 嘗御車自李家窪, 往淮鎭. 遇持銃擊鵲者, 馬皆驚逸. 爾嚴倉皇墮下車, 橫臥轍中. 自分無生理, 而馬忽不行. 抵暮歸家. 沽酒自慶, 燈下與儕輩話其異. 聞窗外人語曰: "爾謂馬自不行耶? 是我二人掣其轡也." 開戶出視, 寂無人迹. 明日因賫酒脯至墮處祭之. 先姚安公聞之曰: "鬼如此求食, 亦何惡於鬼?"

13.

여우의 가르침

마을 사람 왕오현(王五賢) 원주: 어렸을 때 사람들이 그 사람을 '오현' 두 글자로 부르는 걸 들었는데, 그게 맞는지는 잘 모르겠다. 은 나이 많은 훈장이었다. 어느 날 밤, 그는 오래된 묘지를 지나가다가 매질하는 소리와 함께 누군가 꾸짖는 듯한 소리를 들었다.

"네가 글을 읽고 글자를 깨우치지 못하면, 도리를 이해하지 못해 장래에 아무 일도 할 수 없을 것이다. 하늘의 법을 어기고 나서 후회하면 이미 늦다."

왕오현은 '이 늦은 시각에, 황폐한 들녘에서 누가 이렇게 제자들을 가르치고 있을까?'라는 생각이 들었다. 자세히 귀를 기울여 보니, 그 소리는 여우 굴속에서 나는 것이었다. 왕오현은 탄식하며 말했다.

"뜻밖에도 이런 말을 이런 데서 듣게 될 줄이야!"

里人王五賢, 原註: 幼時聞呼其字是此二音, 不知卽此二字否也. 老塾師也. 嘗夜過古墓, 聞鞭扑聲, 併聞責數曰: "爾不讀書識字, 不能明理, 將來何事不可爲. 上干天律時, 爾悔遲矣." 謂深更曠野, 誰人在此教子弟? 諦聽乃出狐窟中. 五賢喟然曰: "不圖此語, 聞之此間!"

14.

여우의 장난

돌아가신 숙부 의남공(儀南公)[51]은 서성(西城)[52]에서 전당포를 운영하셨다. 품팔이꾼 진충(陳忠)이 야채를 사는 일을 맡아했다. 동료들은 그가 최근에 많은 이윤을 남겼다며, 사람들에게 잔치를 열어 한턱내야 한다고 했지만, 진충은 이를 피하며 돈이 없다고 했다.

다음날 진충은 돈 상자를 자물쇠로 잠그고 열지도 않았는데, 몇 천 냥의 돈 가운데 9백 냥 밖에 없음을 발견했다. 옛날부터 누각 위에 여우가 살고 있었는데, 늘 창문 너머로 사람들과 이야기를 나누곤 했다. 진충은 그가 한 짓이라 생각하고, 한번 가서 문을 두드렸다. 여우는 낭랑한 목소리로 이렇게 대답했다.

"9백 냥은 자네가 일한 품삯으로, 자네의 몫이 마땅하기에 내 감히 손대

---

51 의남공(儀南公): 기윤의 종숙 기용아(紀容雅)이다. 기용아(1698~1758)는 기윤의 셋째 숙부로, 후선동지(候選同知)를 지냈다.

52 서성(西城): 서성은 선무문(宣武門) 밖으로, 풍광이 좋아 청나라 황제의 아들이나 형제들이 거주하던 친왕부가 이곳에 밀집되어 있었다. 또한 오부육부(五府六部), 칠사삼원(七司三院)이 모두 정양문(正陽門) 안쪽에 위치해 있어, 도성의 관료들이 정양문에서 멀지 않은 선무문 밖에 많이 거주했다.

지 않았네. 나머지 돈은 모두 자네가 날마다 남의 돈을 꿀꺽한 것이니[53] 애초부터 자네 돈이 아니었네. 오늘이 단오절이라 내 자네를 위해 쫑즈 약간, 술 약간 병, 고기 조금, 닭고기와 생선, 나물과 과일 약간씩을 사두었네. 웅황주(雄黃酒)도 함께 사서 누각 아래 빈방에 술상을 차려 놓았네.[54] 자네는 얼른 가서 삶고 굽게. 날이 더우니 조금이라도 늦으면 음식이 상할 것이야."

진충이 문을 열고 가 보니, 정말로 음식이 산더미처럼 차려져 있었다. 혼자서는 도저히 다 먹을 수 없어 결국 사람들을 불러 함께 나누어 먹었다. 이 여우가 짓궂은 장난을 친 것 맞지만, 덕분에 모두가 아주 즐거웠다.

先叔儀南公, 有質庫在西城. 客作陳忠主買菜蔬. 儕輩皆謂其近多餘潤, 宜饗食, 忠諱無有. 次日篋鑰不啓, 而所蓄錢數千, 惟存九百. 樓上故有狐, 恆壁窗與人語. 疑所爲, 試往扣之. 果朗然應曰: "九百錢是汝雇値, 分所應得, 吾不敢取. 其餘皆日日所乾沒, 原非爾物. 今日端陽, 已爲汝買糉若干, 買酒若干, 買肉若干, 買雞魚及瓜菜果實各若干. 併泛酒雄黃, 亦爲買得, 皆在樓下空屋中. 汝宜早烹炮. 遲則天暑, 恐腐敗." 啓戶視之, 纍纍具在. 無可消納, 竟與衆共餐. 此狐可謂惡作劇, 然亦頗快意人也.

---

53 꿀꺽한 것이니: 원문은 '건몰(乾沒)'로, 재물을 꿀꺽 삼키는 것을 말한다. 『사기』「장탕전(張湯傳)」 주에 보인다.

54 술상을 차려 놓았네: 원문은 '범주(泛酒)'이다. 고대에는 삼월 삼짇날에 물가에서 잔치를 열고 술잔을 물에 띄워 술잔이 멈추는 곳의 사람이 술을 마셔 봄을 맞이했는데, 이를 범주라고 했다. 후에는 중양절이나 단오절에 잔치를 열 때 창포나 국화 등을 띄운 술을 마시는 것을 의미했는데, 여기서는 술상을 차린다는 뜻으로 보았다.

15.

문자점

해(亥)자는 이(二)자의 머리에 육(六)자의 몸이 붙은 꼴이니,[55] 이것이 바로 문자점의 시초[56]이다. 한대(漢代)의 도참(圖讖)[57]은 글자의 점과 획이 떨어져 있거나 붙은 경우가 많다. 송대에 와서야 사석(謝石)[58] 등이 이 술법을 전

---

55 해(亥)자는…꼴이니: 『좌전』「양공(襄公)」 30년에 보면, "태사 사조(史趙)가 '해(亥)자는 이(二)자의 머리에 육(六)자의 몸이 붙은 꼴이다(亥有二首六身).'라는 구절이 있고, "해(亥)자는 이(二)가 위에 있고, 세 사람이 함께 몸을 이루고 있어 따져 보면 육(六)자와 같다."라는 주석이 달려 있다.

56 시초: 원문은 '권여(權輿)'이다. 저울을 만들면서부터 저울추가 생겨났고, 수레를 만들면서 마부가 생겨났기 때문에 시작을 권여(權輿)라 했다. 『시경』「진풍(秦風)·권여(權輿)」에 보면, "아아! 처음과는 달라지셨구나(于嗟乎! 不成權輿)!"라는 시구가 있다.

57 도참(圖讖): 『후한서』「광무기(光武紀)」에 보면, "완(宛) 땅 사람 이통(李通)이 도참으로 광무제를 설득했다."라는 구절아래 "도(圖)는 하도(河圖)이다. 참(讖)은 예언의 기록, 조짐이다. 왕된 자가 하늘의 조짐을 받는 것을 말한다."라는 주가 달려 있다. 고정림(顧亭林)의 『일지록(日知錄)』에 보면, "참기(讖記)는 진(秦)나라 사람들로부터 시작되어 서경(西京: 전한의 수도 장안) 말(즉 전한 말기)에 성행했다(讖記之興讖, 實始於秦人, 而盛於西京之末也)."라는 기록이 있다. 청대에 전하는 『추배도(推背圖)』나 『소병가(燒餠歌)』 등이 도참에 해당된다. 『추배도』와 『소병가』는 중국의 예언에 관한 기록으로, 전자는 당나라 태종 이세민이 당나라의 국운을 추산해 당시의 천문가였던 이순풍(李淳風)과 원천강(袁天綱)에게 편찬하게 한 책인 반면, 후자는 명나라의 재상 유기(劉基)가 주원장과 함께 명나라의 명운에 대한 대담을 기록한 예언이다.

58 사석(謝石): 『춘저기문(春渚記聞)』에 보면, 사석은 자가 간부(潤夫)이고, 성도(成都) 사람이라고 한다. 글자를 살펴 사람의 길흉화복을 알아 맞혔다. 점치기를 원하는 사람에게 아무 글

문적으로 사용하였으며, 종종 기이한 효험을 보였다.

건륭 19년(1754) 갑술년에 나는 전시를 치른 뒤 급제자 방이 붙기[59] 전에 동문각 선생 댁에서 우연히 문자점을 칠 줄 아는 한 절강 사람을 만났다. 내가 묵(墨)자를 쓰자, 그 사람이 말했다.

"장원[60]으로 급제하지는 못하겠습니다. 이(里)자를 나누면 이갑(二甲)이 되고, 아래는 네 개의 점으로 이루어져 있으니, 아마도 이갑의 네 번째 일 것입니다. 그러나 한림원에는 틀림없이 들어가게 될 것 같습니다. 네 개의 점은 서(庶)자의 발이고, 사(士)자는 길(吉)자의 머리이니, 서길사(庶吉士)가 되겠습니다."

후에 과연 그렇게 되었다.

또 건륭 33년(1768) 무자년 가을 내가 기밀을 누설하여 죄를 얻었는데,[61]

자나 한 글자 쓰게 하고는 그 글자를 쪼개 말하는데, 기이하게도 맞아 떨어지는 경우가 많았다고 한다.

59 급제자 방이 붙기: 원문은 '전려(傳臚)'이다. 청나라 과거 제도에 따르면, 진사는 방이 붙은 뒤 보화전(保和殿)에서 다시 시험 보게 했는데, 이를 전시(殿試)라고 했다. 시험이 끝난 뒤 갑과(甲科)를 제정하는데, 일갑(一甲)·이갑(二甲)·삼갑(三甲)으로 순위를 정했으며, 우등으로 급제하는 것을 전려라고 했다. 여기서는 넓은 의미로 해석한다.

60 장원: 원문은 '용두(龍頭)'이다. 송나라 양호(梁顥)가 82세에 과거에 급제한 뒤 "젊어서 과거에 합격하는 것이 좋다는 것은 알지만, 장원은 일가를 이룬 사람에게서 나오는 것을 어찌하랴(也知年少登科好, 爭奈龍頭屬老成)!"라는 감사의 시를 올렸다고 한다.

61 건륭 33년…죄를 얻었는데: 건륭 33년(1768), 기윤의 사돈 노견증(盧見曾)은 공금횡령죄로 고소를 당했다. 노견증은 당시 문단의 어른으로, 재주 있는 사람을 좋아했으며, 천하의 명사들도 그와 사귀기를 좋아했다. 그가 양회염운사(兩淮鹽運使)로 재직할 때 홍교(虹橋)에서 제사를 지내며 문인들과 시를 주고받았다. 그가 칠언율시 네 수를 짓자, 이에 대한 화답시를 쓴 사람이 7천여 명에 달했다. 많은 사람들을 먹이고 대접하다 보니 그의 녹봉으로는 부족해 결국 공금에 손을 대었던 것이다. 기윤은 자신의 딸과 집안을 위해, 사전에 이 사실을 노견증에게 누설함으로써 기밀누설죄를 받았다. 여기서는 이 일을 말한다.

그 죄상이 심하여 날마다 군관이 나를 지켰다. 그 군관은 동씨(董氏)로, 문자점을 칠 줄 안다고 해서, 나는 동(董)자를 쓰고는 문자점을 쳐 보라고 했다. 동 군관이 "공께서는 천 리, 만 리 떨어진 곳으로 유배될 것입니다."라고 하기에, 내가 다시 명(名)자를 써 보였다. 그러자 동 군관이 말했다.

"아래에는 '구(口)'자가 있고, 위에는 외(外)자의 편방이니, 곧 구외(口外)입니다. 해가 서쪽에 있으면 저녁이니, 아마도 서역인 듯합니다."

"후에 돌아올 수 있겠는가?"

"자형(字形)이 군(君)자와도 비슷하고, 소(召)자와도 닮았으니, 틀림없이 사면되어 돌아오실[62] 것입니다."

"그러면 언제쯤 돌아올 수 있겠는가?"

"구(口)자는 넉 사(四)자의 울타리이고, 가운데에 두 획이 없으니, 4년은 되지 않을 것 같습니다. 올해가 무자년이니, 4년 뒤는 건륭 36년(1771) 신묘년이 됩니다. 석(夕)자는 묘(卯)자의 편방이니, 이 또한 맞아 떨어집니다."

과연 우루무치로 종군 갔다가, 신묘년 6월에 경사로 돌아왔다.

대개 정신이 움직이면 귀신과 통하게 되고, 기가 움직이기 시작하면 형상으로 그 조짐이 먼저 나타난다. 이는 시초를 세고 거북 껍질을 불살라 길흉을 점치는[63] 것과 같은 이치이다. 신비로운 듯하면서도, 신비롭지 않다.

---

62 사면되어 돌아오실: 원문은 '사환(賜環)'이다. 호안국(胡安國)의 『춘추전(春秋傳)』에 따르면, 옛날에 대부가 죄를 지으면, 변방에서 삼 년 있다가 임금이 환(環)을 내리면 돌아오고, 결(玦)을 내리면 떠나갔다고 한다.

63 점치는: 원문은 '설(揲)'로, 셈을 하다의 뜻이다. 『주역』「계사(繫辭)」에 보면, "설(揲)은 사(四)로서 사시를 본뜬 것이고, 작귀(灼龜)는 거북 껍질에 불을 쬐여 그 징조를 보고 점치는 것이다."라고 되어 있다.

亥有二首六身, 是拆字之權輿矣. 漢代圖讖, 多離合點畫. 至宋謝石輩, 始以是術專門, 然亦往往有奇驗. 乾隆甲戌, 余殿試後, 尙未傳臚在董文恪公家, 偶遇一浙士能測字. 余書一墨字, 浙士曰: "龍頭竟不能屬君矣. 里字拆之, 爲二甲, 下作四點, 其二甲第四乎. 然必入翰林. 四點庶字脚, 吉字頭, 是庶吉士矣." 後果然.

又戊子秋, 余以漏言獲譴, 獄頗急, 日以一軍官伴守. 一董姓軍官云能拆字, 余書董字使拆. 董曰: "公遠戍矣, 是千里萬里也." 余又書名字. 董曰: "下爲口字, 上爲外字偏旁, 是口外矣. 日在西爲夕, 其西域乎." 問將來得歸否, 曰: "字形類君, 亦類召, 必賜環也." 問在何年, 曰: "口爲四字之外圍, 而中缺兩筆, 其不足四年乎. 今年戊子, 四年至爲辛卯. 夕字卯之偏旁, 亦相合也." 果從軍烏魯木齊, 以辛卯六月還京. 蓋精神所動, 鬼神通之, 氣機所萌, 形象兆之. 與揲蓍灼龜, 事同一理. 似神異而非神異也.

16.

의원 호궁산

의원 호궁산(胡宮山)은 어디 사람인지 알 수 없다. 누군가가 "본래 성씨는 김씨(金氏)로, 오삼계(吳三桂)[64]의 간첩이었다고 합니다. 오삼계가 패하자 바로 성과 이름을 바꾸었습니다."라고 했으나, 정확한 증거가 없어 자세히는 알 수 없었다.

나는 예닐곱 살 때 그를 본 적이 있는데, 그때 이미 여든이 넘긴 나이였음에도 불구하고 원숭이처럼 민첩하고 격검에도 능했다. 한 번은 배를 타고 가던 중 밤에 도적을 만난 적이 있었는데, 손에 작은 칼 하나 없이 달랑 담뱃대 하나만 들고 있었다. 담뱃대를 바람처럼 휘두르자, 예닐곱 명이 한꺼번에 코를 맞고 기절했다.

그런데 그는 귀신을 가장 무서워해 일평생 혼자 잠을 자지 못했다. 젊은 시절 강시와 마주친 적이 있었다고 한다. 주먹으로 강시를 쳤으나, 마치

---

64 오삼계(吳三桂): 오삼계(1612~1678)는 명나라 고우(高郵) 사람으로, 자는 장백(長白)이다. 숭정제(崇禎帝) 때의 총병(總兵)으로 산해관(山海關)을 지켰다. 이자성이 북경을 함락시키자, 숭정제는 매산(媒山)에서 자살했다. 이에 오삼계는 청나라에 투항하고, 청병을 이끌고 입관했으며, 후에 평서왕(平西王)에 임명되어 운남을 지켰다. 강희(康熙) 12년(1673) 스스로 철번(撤藩)하고 기의했다. 오삼계는 반란을 일으키고 주(周)를 세운 뒤 스스로 황제라 불렀다.

목석을 때리는 듯했다. 하마터면 강시에 붙잡힐 뻔했지만, 간신히 높은 나무 위로 뛰어올라 갔다. 강시는 나무 주위를 빙빙 돌며 뛰어오르려 하다가, 날이 밝아오자 나무를 껴안은 채 더는 움직이지 않았다. 대상들이 방울 소리를 내며 지나가자, 그는 그제야 나무에서 내려와 강시를 살펴봤다. 강시의 온 몸은 흰 털로 덮여 있었고, 눈은 단사(丹砂)처럼 붉었으며, 손가락은 갈고리처럼 휘어 있었고, 칼날처럼 날카로운 이가 입술 밖으로 드러나 있었다. 섬뜩한 모습에, 그는 기절할 뻔하였다.

또 한 번은 산속 객잔에 묵은 적이 있었는데, 밤에 이불 속에서 무언가 꿈틀거려 뱀이나 쥐인가 했다. 그런데 물체가 갑자기 팽팽하게 버티며 점점 커지더니, 어느 새 벌거벗은 여인이 되어 한 베개에 누워 있는 것이었다. 여인이 두 팔로 껴안는데 마치 커다란 동아줄에 온 몸이 묶인 듯했다. 그녀가 입술을 맞추고 기를 불어넣자, 피비린내가 코를 스치면서 그대로 기절하고 말았다. 다음날 물을 마시고 나서야 정신을 차렸다. 그 날 이후로 호궁산은 담이 작아져 해가 저문 뒤로는 바람소리가 들리고 달그림자만 봐도 겁을 먹고 뒷걸음질 쳤다고 한다.

醫者胡宮山, 不知何許人. 或曰: “本姓金, 實吳三桂之間諜. 三桂敗乃變易姓名.” 事無左證, 莫之詳也. 余六七歲時及見之, 年八十餘矣, 輕捷如猿猱, 技擊絶倫. 嘗舟行, 夜遇盜, 手無寸刃, 惟倒持一煙筒. 揮霍如風, 七八人並刺中鼻孔仆.

然最畏鬼, 一生不敢獨睡. 言少年嘗遇一僵尸. 揮拳擊之, 如中木石. 幾爲所搏, 幸躍上高樹之頂. 尸繞樹踊距, 至曉乃抱木不動. 有鈴馱群過, 始敢下視. 白毛遍體, 目赤如丹砂, 指如曲鉤, 齒露唇外如利刃. 怖幾失魂.

又嘗宿山店, 夜覺被中蠕蠕動, 疑爲蛇鼠. 俄枝梧撑住, 漸長漸巨, 突出並枕,乃一裸婦人. 雙臂抱住, 如巨絚束縛. 接吻噓氣, 血腥貫鼻, 不覺暈絶. 次日得灌救乃蘇. 自是膽裂, 黃昏以後, 遇風聲月影, 卽惴惴却步云.

17.

현령 거횡

남피(南皮) 현령 거횡(居鋐)은 주와 현에서 막료 생활만 20년을 해 관아의 공문서에 익숙했고, 해마다 공물도 갖다 바쳤다. 그사이 제법 많은 재산을 모아 전례에 따라 돈을 주고 벼슬을 샀다. 그는 자신이 가벼운 수레를 타고 익숙한 길을 가는 것처럼 업무에도 능숙해 전혀 막힘이 없을 것이라 생각했다.[65] 그런데 막상 부임해서 업무를 보기시작하자, 그는 오히려 나무로 만든 닭[66]처럼 멍청한 모습을 보였다. 양쪽에서 소송을 제기하면 번번이

---

65 가벼운 수레를 타고…생각했다: 한유의 「석처사를 보내는 글(送石處士序)」에 보면, "네 필의 말이 끄는 가벼운 수레를 몰고 익숙한 길을 가는데, 왕량과 조보가 앞뒤에서 몰고 밀어주는 것만 같습니다(若駟車駕輕車就熟路, 而王良良·造父爲之先後也)."라는 구절이 있다. 여기서는 가벼운 수레를 타고 익숙한 길을 간다는 뜻으로, 어떤 일에 익숙함을 비유한 말이다.

66 나무로 만든 닭: 원문은 '목계(木雞)'이다. 『장자(莊子)』「달생(達生)」에 보면, 기성자(紀渻子)가 왕을 위해 싸움닭을 길렀다고 한다. 열흘 뒤에 왕이 닭이 싸울 수 있겠는가라고 묻자, "아닙니다. 아직 멀었습니다. 닭이 강하긴 하나 교만하여 아직 자신이 최고인 줄 알고 있습니다."라고 했다. 열흘이 지나 다시 왕이 묻자, "아직 멀었습니다. 상대방의 소리와 그림자에 너무 쉽게 반응합니다."라고 했다. 다시 열흘이 지나서 왕이 묻자, "아직 멀었습니다. 아직도 상대를 노려보며 기가 넘칩니다."라고 했다. 왕은 또 열흘을 기다렸다가 물었다. 그제야 그는 만족한 표정으로, "이제 된 것 같습니다. 이제 상대 닭이 울어도 아무 반응을 하지 않는 것이 나무로 만든 목계 같습니다. 이제 마음의 평정을 갖췄습니다. 다른 닭들은 감히 덤벼들지 못하고 보기만 해도 달아날 것입니다."라고 말했다고 한다.

얼굴이 붉어지고 말을 더듬으며 한마디도 제대로 하지 못했고, 상관을 만나도 두서없이 응대하며, 모두가 뒤죽박죽이었다. 결국 1년 남짓 지난 뒤, 능력 부족을 이유로 탄핵당했다. 관직에서 물러나던 날 꿈에, 얼굴에 때가 묻은 어떤 사람이 머리를 헤쳐 풀고 길게 읍하며 말했다.

"그대가 관직에서 물러나셨으니, 저도 이제 그대를 떠나겠습니다."

화들짝 놀라 깨어났는데, 마치 가슴이 확 트이는 듯한 기분이 들었다. 가난해서 집으로 돌아갈 방법이 없어 다시 옛일을 맡게 되었는데, 이번에는 일을 아주 정확하고 과단성 있게 처리했으며, 또한 흐르는 물처럼 막힘없이 판결했다. 꿈에서 보았던 그 사람은 묵은 원한 때문이었을까? 아니면 한창려(韓昌黎)가 보낸 곤궁한 귀신이었을까?[67]

南皮令居公鋐, 在州縣幕二十年, 練習案牘, 聘幣無虛. 歲擁貲厚, 旣乃援例得官. 以爲駕輕車就熟路也. 比蒞任, 乃憒憒如木雞. 兩造爭辯, 輒面頳語澀, 不能出一字, 見上官進退應對, 無不顚倒. 越歲餘遂以才力不及劾. 解組之日, 夢蓬首垢面人, 長揖曰: "君已罷官, 吾從此別矣." 霍然驚醒, 覺心境頓開. 貧無歸計, 復理舊業, 則精明果決, 又判斷如流矣. 所見者其夙寃耶? 抑亦昌黎所送之窮鬼耶?

---

67 한창려가…귀신이었을까?: 한유의 「곤궁하게 하는 귀신을 보내며(送窮文)」에 보면, 가난을 가져오는 다섯 귀신 즉 지궁(智窮), 학궁(學窮), 문궁(文窮), 명궁(命窮), 교궁(交窮)이 있다고 한다. 냉철하게 따지면서 남을 해치지는 못하는 지혜의 궁귀(智窮), 먹고살기 어려워도 근본을 파고드는 공부의 궁귀(學窮), 세상에서 돈은 안 되지만 혼자 절묘한 표현을 즐기는 문학의 궁귀(文窮), 잇속은 못 챙기면서 남 좋은 일만 하는 사명감의 궁귀(命窮), 벗에게 간 쓸개 다 내주고 늘 뒤통수 맞는 사귐의 궁귀(交窮)가 그것이다. 이 다섯 가지가 한유를 헐벗음, 굶주림, 오해, 비난, 혼란 등 다섯 근심에 시달리게 했다고 한다. 이 글은 유희의 문장이다.

18.

특이한 귀신

구문달(裘文達)[68]공이 해준 이야기이다.

그가 첨사부(詹事府)[69]에서 첨사로 있을 때의 일이라고 한다. 어느 숙직하던 날 밤 오경 무렵에, 그는 원명원(圓明園)[70]으로 갔다. 가는 길에 길가의 큰 버드나무 아래에 등불이 둘러져 있는 것을 보았는데, 무슨 특별한 이유가 있는 것 같았다. 가까이 가보니 한 호군(護軍)이 나무에 목을 매단 채 있었고, 사람들은 그를 살려내기 위해 끈을 풀고 있는 중이었다. 한참이 지나 호군이 의식을 되찾고는 이렇게 말했다.

"이곳을 지나가다가 잠시 쉬고 있는데, 길가의 작은 집에 불이 밝혀져 있는 게 보였습니다. 둥근 창 안에 앉아있던 젊은 부인이 저를 부르기에 다

---

68 구문달(裘文達): 구왈수(裘曰修)이다. 구왈수(1712~1773)는 자가 숙도(叔度)이며, 청강(淸江) 서신건(西新建) 사람으로, 공부상서랑(工部尙書郞)을 지냈으며, 시호는 문달이다. 앞서 출판된 『열미초당필기』❶의 260쪽 주석 147번, 313쪽 주석 22번, 『열미초당필기』❷의 418쪽 주석 191번에서 구문달의 이름을 구수(裘修)로 표기하였는데, 이는 구왈수의 오기임을 밝히는 바이다.

69 첨사부(詹事府): 태자나 황후의 일을 맡아 보는 관서이다.

70 원명원(圓明園): 북경 서직문(西直門) 밖에 있다. 청 세종이 번왕으로 있을 때 받은 정원이다. 옹정 이후 매년 여름 이곳으로 행차해 더위를 피하며 정무를 돌보았다. 함풍(咸豐) 10년(1860) 영불 연합군에 의해 무너졌다. 지금의 청화대학교에 그 유적지가 일부 남아있다.

가갔습니다. 창문을 통해 들어가려 고개를 숙였는데, 그 순간 이미 제 목이 줄에 걸려 있었습니다."

아마도 목을 매고 죽은 귀신이 모습을 바꾸어 자신을 대신할 사람을 구하려고 벌인 짓인 듯하다. 이런 일은 곳곳에서 종종 일어나는 일이다. 하지만 이 귀신은 집을 바꾸고 새끼줄을 설치할 수 있었다는 것이 기이하다.

또 선농단(先農壇)[71] 서북쪽에 있는 문창각(文昌閣) 원주: 문창각은 속칭 고묘(高廟)라고 한다. 의 남쪽에 물이 고여 있는 웅덩이가 있는데, 그곳에서는 물에 빠져 죽은 귀신이 자주 사람을 유혹한다고 한다. 내가 열 서넛 살 때, 어떤 사람이 아무 이유 없이 그 물에 들어가 몸이 반쯤 잠긴 것을 본 적이 있다. 사람들이 소리를 지르고 말리며, 가까스로 그를 물 밖으로 끌어냈다. 그는 한동안 멍하니 앉아 있다가 정신이 돌아온 듯해, 누군가 물었다.

"무슨 괴로운 일이 있어서 물에 뛰어들었습니까?"

"사실 아무 고민도 없었습니다. 그저 갈증이 몹시 났는데, 찻집이 보이기에 급히 가서 차 한 잔 마시고 싶었어요. 문 위에 현판이 걸려 있었는데, 분칠한 널판에 푸른 글씨로 '대영관(對瀛館)'이라 적혀 있었습니다."

이름이 제법 고상한데, 누가 그런 이름을 지었단 말인가? 누가 그 현판의 글씨를 썼단 말인가? 이 귀신은 더욱 기이하다.

裘文達公言. 官詹事時. 遇値日, 五鼓, 赴圓明園. 中途見路旁高柳下, 燈火圍繞, 似有他故. 至則一護軍縊於樹, 衆解而救之. 良久得蘇, 自言: "過此暫憩, 見

71 선농단(先農壇): 도성의 영정문(永定門) 내 서쪽에 있다. 옛날에는 황제가 중춘(仲春) 해일(亥日)에 선농에서 제사를 지내고, 몸소 그곳에서 밭을 갈고 농사를 지냈다.

路旁小室中有燈火. 一少婦坐圓窗中招我. 逾窗入, 甫一俯首, 項已被掛矣." 蓋縊鬼變形求代也. 此事所在多有. 此鬼乃能幻屋宇, 設繩索, 爲可異耳.

又先農壇西北, 文昌閣之南, 原註: 文昌閣俗曰高廟. 滙有積水, 亦往往有溺鬼誘人. 余十三四歲時, 見一人無故入水, 已没半身. 衆譟而挽之, 始强回. 癡坐良久, 漸有醒意, 問: "何所苦而自沉?" 曰: "實無所苦. 但渴甚, 見一茶肆, 趨往求飮. 猶記其門懸匾額, 粉板靑字, 曰對瀛館也." 命名頗有文義, 誰題之? 誰書之乎? 此鬼更奇矣.

19.

유귀곡의 집

산동 사람 유선모(劉善謨)는 건륭 12년(1747) 정묘년에 나와 함께 과거에 급제했다. 영리하고 민첩해 사람들은 그를 '유귀곡(劉鬼谷)'이라 불렀다. 유선모는 본래 유머가 있는 사람이라 자신도 스스로를 '유귀곡'이라 하며 좋아해, '귀곡'[72]이라는 이름으로 크게 알려졌다. 이로 인해 그의 자가 마치 별호처럼 되어 나중에는 그의 본명을 모르는 이들도 많았다.

건륭 16년(1751) 신미년에 그는 교위영(校尉營)의 작은 저택을 세내어 살았다. 어느 날 전백암이 찾아와 한담을 나누다가 사방을 둘러보며 탄식하듯 말했다.

"이곳은 봉안(鳳眼) 장삼(張三)의 옛집이요. 집안 구조는 옛날 그대로인데, 미인의 뼈가 묻힌 지[73] 벌써 20여 년이 되었구려!"

유귀곡이 깜짝 놀라 말했다.

---

72 귀곡: 귀곡자(鬼谷子)는 전국(戰國) 시대의 사람으로 종횡가의 시조이다. 『사기』「소진전(蘇秦傳)」에 보면, "영천(穎川) 양성(陽城)에 귀곡이란 곳이 있었다."라는 구절이 있다. 그가 귀곡에서 살았기 때문에 귀곡이라는 호가 붙었다. 후에 책 한 권을 쓰고 『귀곡자』라고 이름 부쳤다.

73 미인의 뼈가 묻힌 지: 원문은 '매향(埋香)'으로, 미인을 장사지낸다는 뜻이다.

"내가 이 집에서 살기 시작한 이래, 요염한 부인이 본채와 곁채를 오가는 꿈을 여러 번 꾸었는데, 그 여인이 설마 그녀란 말이오?"

전백암이 그 모습을 묻는데, 정말 그녀였다. 유귀곡은 한참 동안 생각에 잠기더니 책상을 어루만지며 말했다.

"어떤 음귀(淫鬼)가 감히 유귀곡을 유혹하겠소? 정말 모습을 드러낸다면 내 반드시 때려눕히겠소."[74]

전백암이 말했다.

"이 부인이 살아 있을 때 정말 귀곡자였소. 패합술(捭闔術)[75]이 능란하여 그녀의 변론 앞에 두 손 들고 나가떨어진 이들이 많았지요. 가짜 귀곡자는 더 말해 뭣하겠소! 이 넓은 도성에서 하필 귀신과 함께 살려 하시오?"

전백암은 유귀곡에게 다른 곳으로 옮겨 살 것을 강권했다. 나 역시 예전에 유귀곡이 이곳에 살 때 한번 가 보았는데, 과개주(戈芥舟) 집에서 건너편으로 여섯 일곱째쯤 비껴 있는 집으로 기억하나, 지금은 그곳이 어디인지 정확하게 모르겠다.

山東劉君善謨, 余丁卯同年也. 以其黠巧, 皆戲呼曰'劉鬼谷'. 劉故詼諧, 亦時以自稱, 於是鬼谷名大著. 而其字若別號, 人轉不知. 乾隆辛未, 僦校尉營一小宅. 田白巖偶過閑話, 四顧慨然曰: "此鳳眼張三舊居也. 門庭如故, 埋香黃土已二十餘年矣." 劉駭然曰: "自卜此居, 吾數夢艷婦來往堂廡間, 其若人乎?" 白

---

74 때려눕히겠소: 원문은 '질(抶)'로, 매질하는 것을 말한다.

75 패합술(捭闔術): 『귀곡자』에 보면, "「패합편」이 있는데, 패(捭)는 연다(開)는 뜻이고, 합(闔)은 닫는다(閉)는 뜻이다. 전국시대 때 소진이 패합술을 배웠다."라고 되어 있다. 패합술은 유세객들이 사용하는 술법으로 다른 사람의 마음을 자유자재로 가지고 노는 것을 말한다.

巖問其狀, 良是. 劉沉思久之, 撫几曰: “何物淫鬼, 敢魅劉鬼谷? 果現形, 必痛抶之.” 白巖曰: “此婦在時, 眞鬼谷子. 捭闔百變, 爲所顚倒者多矣. 假鬼谷子何足云! 京師大矣, 何必定與鬼同住?” 力勸之別徙. 余亦嘗訪劉於此, 憶斜對戈芥舟宅, 約六七家, 今不得指其處矣.

20.

뜻밖의 도둑

태상시(太常寺) 사송도(史松濤)[76]가 해준 이야기이다.

그가 처음 호부주사(戶部主事)가 되었을 때 안남영(安南營)[77]에서 살았는데, 한 과부가 그의 이웃에 살고 있었다고 한다. 어느 날 저녁 과부의 집에 도둑이 들었는데, 담장에 구멍을 뚫고 침입했다. 그런데 갑자기 "귀신이야!" 하고 외치며 도둑이 낭패해 담을 넘어 달아났다. 지금까지도 그 도둑이 무엇을 보았는지 아무도 모른다. 설마 귀신이 과부가 혼자 외롭게 지내는 것을 딱하게 여겨 몰래 도와준 것일까?

또 한 번은 과동장(戈東長) 선배가 식사를 마치고 계단 아래 앉아 국화꽃을 감상하고 있었는데, 갑자기 "도둑이야!" 하는 외침이 들렸다. 그 소리가 마치 소가 여물통 속에서 우는 듯 실성한 것[78]처럼 들려 집안사람들 모두가 깜짝 놀랐다. 잠시 뒤에 소리가 계속 들려 귀 기울여 들어보니, 곁채

---

76 사송도(史松濤): 사송도는 휘가 무(茂)이고, 화주(華州) 사람으로 태상시경(太常寺卿)을 지냈다. 『난양소하록(灤陽消夏錄)』(3)에 보인다.

77 안남영(安南營): 지금의 민안호동(民安胡同)으로, 청대 북경 내성의 동북쪽에 위치했다. 안남국(지금의 베트남)에서 흘러들어온 군신들이 이곳에 안남회관(安南會館)을 세우고 거주한 데서 나온 명칭이다.

78 실성한 것: 원문은 '음명(喑鳴)'으로, 실성하여 말을 하지 못하는 것을 가리킨다.

아래 화로 구덩이 안에서 나는 것이었다. 급히 나졸을 불러 열어보니, 그 안에 맥이 빠진[79] 굶주린 사내 하나가 숨어 있었다. 그는 머리를 들고 무릎을 꿇고 말했다.

"이틀 전 밤에 함부로 들어와 이 구덩이에 몸을 웅크리고 숨어 있다가 밤이 깊으면 몰래 빠져나갈 생각이었습니다. 그런데 뜻밖에도 2경쯤 되어 비가 조금 내렸습니다. 마침 어떤 부인이 김치 두 동이를 구덩이 위에 옮겨 놓으라고 해서 결국 나가지 못했습니다. 비가 개면 동이를 아래로 옮길 것이라 기대했지만, 이틀이 지나도록 그대로였습니다. 더는 굶주림을 참을 수 없어, 이대로 나가 체포되면 몇 대 맞고 말 일을, 나가지 못하면 끝내 굶어 죽어 귀신이 될 것만 같다는 생각이 들었습니다. 그래서 일부러 소리를 질렀습니다."

이 사건은 매우 기이한 일이지만, 인지상정으로 보면 그럴 법도 한 일이다. 사람들에게 웃음을 줄 만한 일이라 여겨, 덧붙여 기록한다.

史太常松濤言. 初官戶部主事時, 居安南營, 與一孀婦鄰. 一夕盜入孀婦家, 穴壁已穿矣. 忽大呼曰: "有鬼!" 狼狽越墻去. 迄不知其所見爲何. 豈神亦哀其煢獨, 陰相之歟? 又戈東長前輩一日飯罷, 坐階下看菊, 忽聞大呼曰: "有賊!" 其聲喑嗚, 如牛鳴盎中, 擧家駭異. 俄連呼不已, 諦聽, 乃在廡下鑪阬內. 急邀邏者來開視, 則儽然一餓夫. 昂首長跪, 自言: "前兩夕乘累闌入, 伏匿此阬, 冀夜深出竊. 不虞二更微雨. 夫人命移醃齏兩甕, 置阬板上, 遂不能出. 尙冀雨霽移下, 乃兩日不移. 飢不可忍, 自思出而被執, 罪不過杖, 不出則終爲餓鬼. 故反作聲自呼耳." 其事極奇, 而實爲情理所必至. 錄之亦足資一粲也.

---

79 맥이 빠진: 원문은 '내연(儽然)'이다.

21.

누구의 죄인가

하간부의 속리 유계신(劉啓新)은 문장의 뜻을 조금 아는 사람이었다. 어느 날 그가 사람들에게 "효조와 파경은 어떤 동물입니까?"라고 묻자, 누가 이렇게 대답했다.

"효조는 어미를 잡아먹고, 파경은 아비를 잡아먹으니, 모두 불효를 상징하는 동물들입니다."

그러자 유계신은 박수를 치며 말했다.

"옳은 말입니다. 제가 예전에 한질에 걸려 정신이 혼미하던 중, 저승에 다녀온 일이 있었습니다. 그곳에서 보니, 저승 관리 두 명이 나란히 탁자에 앉아 있었고, 또 다른 관리 하나가 서찰을 들고 그들에게 가르침을 청하고 있었소.

'어느 곳의 여우는 자손에게 물려 죽었습니다. 금수는 본디 무지하니, 사람의 도리로 따져 묻기는 어렵습니다. 지금은 다만 그들의 죄를 논의할 수 있을 뿐, 불효 죄를 추궁할 수는 없습니다.'

그러자 왼쪽에 앉아 있던 관리가 말했소.

'여우와 다른 금수는 구별해야 합니다. 이미 수련을 마쳐 사람의 모습으로 변할 수 있는 여우는 의당 인륜에 따라 판단해야 하고, 아직 수련이

덜 되어 사람으로 변하지 못하는 여우는 금수의 법으로 다스리는 것이 옳습니다.'

그러자 오른쪽에 앉아 있던 관리가 말했소.

'그렇지 않습니다. 금수와 관련된 여러 사안은 사람과 다르지만, 천성은 타고나는 것으로, 이는 사람이나 금수나 매한가지입니다. 옛 선왕께서도 효조와 파경을 목 베어 죽였으니, 금수라고해서 그 죄를 용서하지 않았습니다. 그러니 이 여우 역시 마땅히 불효죄로 다스려 지옥에 보내야합니다.'

왼쪽에 앉아 있던 관리가 수긍하며 말했소.

'공의 말씀이 옳습니다.'

잠시 뒤 관리가 문서를 안고 내려오더니 주먹으로 저를 후려갈기는 바람에 깜짝 놀라 꿈에서 깨어났소. 그가 한 말들은 모두 또렷이 기억났지만, 다만 효조와 파경의 말만은 뜻을 알지 못해, 그저 불효한 새와 짐승이겠거니 추측했는데, 지금 그 말을 들으니 과연 그러합니다."

생각건대 이 일은 참으로 신기하기 때문에 저승에서도 번거로울 정도로 논의한 것 같다. 이를 통해 볼 때 옥사는 정세가 복잡하고 변화가 많아, 어느 한 가지 측면만으로 판단하기는 어렵다는 것을 알 수 있다.

내가 본 바에 따르면, 실로 법의 테두리에서 벗어나는 예외적인 사건도 있다. 어떤 사람이 외지에 갔는데, 죽었다는 소문이 잘못 퍼진 일이 있었다. 부모는 [아들이 이미 죽었다고 생각해] 며느리를 다른 사람의 첩으로 팔아버렸다. 남편이 돌아와 부모를 꾸짖고 원망했으나, 소송할 수는 없었다. 그는 아내를 데려간 사람의 집에 몰래 잠입해 틈을 엿보다가 결국 아내를 데리고 달아났지만, 1년 뒤에 붙잡혀 옥에 갇히는 신세가 되었다. 간통죄가 성립되지 않는다고 생각할 수 있지만, 여자는 이미 다른 집으로 시집

갔고, 간통죄로 보자니 그는 그녀의 본래 남편이었다. 결국 관에서도 적용할 법조항이 없어 어찌하지 못했다.

또한 강도 가운데는 '간단(赶蛋)'이라 불리는 도둑이 있었다. 그는 남의 물건을 훔치지 않고, 오로지 도둑의 물건만을 훔치는 자였다. 매번 도둑들이 밖으로 나가는 것을 살피고 있다가 그들의 소굴을 습격하거나, 길목에서 기다렸다가 훔친 재물을 빼앗아 달아나곤 했다. 하루는 서로 격투를 벌이다가 함께 붙잡혀 관아에 끌려오게 되었다. 실제로 남의 물건을 강탈했으니, 도둑이 아니라고 보기에는 그렇고, 그렇다고 도둑이라 하자니 그 물건은 모두 도둑의 장물이었다. 관에서도 마땅히 적용할 법이 없어 결국 어찌하지 못했다.

또 어떤 경우에는, 간통하여 아이를 가진 일이 있었는데, 관에서는 법에 따라 간부와 여인을 처벌한 뒤, 태어날 아이는 간부에게 돌려주기로 판결했다. 그 후 아이가 태어나자, 본 남편이 한을 품고 결국 그 아이를 죽이고 말았다. 이에 간부가 본 남편이 고의로 자신의 아이를 죽였다며 관에 고발했다. [이 사건은 법률로 따지자면] 적용 가능한 법이 있기는 하지만, 간부의 고소는 도리로 보자면 옳은 일이지만 무정하게 느껴진다. 반면 본 남편의 행동은 심정적으로는 이해가 가지만 도리에는 맞지 않으니, 실로 공정하게 처리하기 어려운 사건이다. 저들 저승의 관리는 이와 같은 사건을 만나면 과연 어떻게 처리할지 모르겠구나!

河間府吏劉啓新, 粗知文義. 一日問人曰: "梟鳥破鏡是何物?" 或對曰: "梟鳥食母, 破獍食父, 均不孝之物也." 劉拊掌曰: "是矣. 吾患寒疾, 昏憒中魂至冥司. 見二官連几坐, 一吏持牘請曰: '某處狐爲其孫嚙殺. 禽獸無知, 難責以人理.

今惟議抵, 不科不孝之罪.' 左一官曰: '狐與他獸有別. 已鍊形成人者, 宜斷以人律, 未鍊形成人者, 自宜仍斷以獸例.' 右一官曰: '不然. 禽獸他事與人殊, 至親屬天性, 則與人一理. 先王誅梟鳥破獍, 不以禽獸而貸也. 宜科不孝, 付地獄.' 左一官首肯曰: '公言是.' 俄吏抱牘下, 以掌摑吾, 悸而蘇. 所言歷歷皆記, 惟不解梟鳥破獍語, 竊疑爲不孝之鳥獸, 今果然也." 案此事新奇, 故陰府亦煩商酌. 知獄情萬變, 難執一端.

據余所見, 事出律例外者. 一人外出, 訛傳已死. 其父母因鬻婦爲人妾. 夫歸迫於父母, 弗能訟也. 潛至娶者家, 伺隙一見, 竟攜以逃, 越歲緝獲. 以爲非姦, 則已別嫁, 以爲姦, 則本其故夫. 官無律可引.

又劫盜之中, 別有一類, 曰'赶蛋'. 不爲盜而爲盜之盜. 每伺盜出外, 或襲其巢, 或要諸路, 奪所劫之財. 一日互相格鬪, 并執至官. 以爲非盜, 則實强掠, 以爲盜, 則所掠乃盜贓. 官亦無律可引也.

又有姦而懷孕者, 決罰後, 官依律判生子還姦夫. 後生子, 本夫恨而殺之. 姦夫控故殺其子. 雖有律可引, 而終覺姦夫所訴, 有理無情. 本夫所爲, 有情無理, 無以持其平也.

不知彼地下冥官遇此等事, 又作何判斷耶!

22.

풍씨 집 노송

도성 풍의문(豊宜門)[80] 밖 풍씨(風氏)의 정원에 노송(老松) 한 그루가 있었는데,[81] 선배들이 자주 시제로 사용했다. 전향수(錢香樹)[82] 선생도 그 나무를 본 적이 있지만, 지금은 이미 땔감 신세가 되었다. 하화봉(何華峰)이 해준 이야기이다.

전해오는 바에 따르면 소나무가 아직 시들지 않았을 때, 바람 없는 밝은 달밤이면 간혹 음악소리가 들려왔다고 한다. 어느 날, 한 세도가가 우연히 이곳에 놀러 왔다가 친구들과 함께 밤에 정원을 찾았다. 이경이 지난 뒤, 어디선가 비파소리가 들려왔는데, 나무의 허리쯤에서 울리는 듯도 하고, 나뭇가지의 끝에서 들리는 듯도 했다. 잠시 후에는 작은 목소리로 천천

80 풍의문(豊宜門): 민간에서는 남서문(南西門)이라고 한다.

81 풍씨의 정원에…있었는데: 『다여객화(茶餘客話)』에 보면, 풍씨의 정원은 용천사(龍泉寺)와 가깝다고 한다. 『양우강집(楊禹江集)』에 보면, 병술년 여름날 송상구(宋商邱)를 데리고 용천사를 지나가다가 풍씨의 고송에 대해 읊은 작품을 보았다고 한다. 풍씨의 소나무는 전인들이 자주 읊었다. 대개는 그 지명을 정확히 밝히고 있지 않는데, 용천사에서 멀지 않은 곳에 있다.

82 전향수(錢香樹): 전진군(錢陳羣)이다. 전진군(1686~1774)은 자가 주경(主敬)이고, 호는 향수이며, 청나라 절강성(浙江省) 가흥(嘉興) 사람이다. 시를 잘 지어 건륭제에게 특별히 상을 받았으며, 장주(長州) 사람 심덕잠(沈德潛)과 함께 '절강이로(浙江二老)'라 불렸다.

히 노래를 부르기 시작했다.

> 사람들은 겨울밤이 춥다하는데,
> 나는 겨울밤이 좋다네.
> 수놓은 이불 봄처럼 따뜻하니,
> 날이 밝지 않을까 걱정하지 않네.

세도가가 "어디서 굴러온 늙은 요물이 감히 내 앞에서 음사를 읊조리는가!"라고 꾸짖자 '우우' 하는 소리가 들리더니 이내 그쳤다. 잠시 후에 '둥둥' 하는 가락이 흐르며, 또 노래를 했다.

> 그대는 복숭아꽃 자두 꽃 같고,
> 나는 소나무 잣나무 같네.
> 복숭아꽃과 자두 꽃은 쉬이 지지만,
> 소나무 잣나무는 예전 그대로이네.

세도가는 고개를 끄덕이며 "이 노래는 그래도 풍아에 가깝구나."라고 했다. 나머지 음이 연주되는 사이, 나무 뒤쪽에서 낮은 말소리가 들렸다.

"여기 늙은이들은 상대하기가 쉽구나! 그저 이런 말 몇 마디면 좋아하니!" 그러고는 '퉁'[83]하고 현이 끊어지는 듯한 소리가 났는데, 다시 들어보니 아무 소리도 들리지 않았다.

---

83 퉁: 원문은 '발랄(撥剌)'로, 물고기가 뛰어 오를 때 나는 소리이지만, 여기서는 현이 끊어지는 소리로 표현한다.

豊宜門外風氏園古松, 前輩多有題詠. 錢香樹先生尚見之, 今已薪矣. 何華峰云. 相傳松未枯時, 每風靜月明, 或聞絲竹. 一巨公偶游其地, 偕賓友夜往觀之. 二鼓後有琵琶聲, 似出樹腹, 似在樹梢. 久之, 小聲緩唱曰: '人道冬夜寒, 我道冬夜好. 繡被暖如春, 不愁天不曉.' 巨公叱曰: "何物老魅, 敢對我作此淫詞!" 戛然而止. 俄登登復作, 又唱曰: '郎似桃李花, 妾似松柏樹. 桃李花易殘, 松柏常如故.' 巨公點首曰: "此乃差近風雅." 餘音搖曳之際, 微聞樹外悄語曰: "此老殊易與! 但作此等語, 便生歡喜!" 撥剌一響, 如有弦斷, 再聽之, 寂然矣.

23.

철장 맞은 첩

밭을 갈던 소작농 변진보(卞晉寶)는 밭두둑에 누워 쉬다가 잠시 잠이 들었다. 정신이 몽롱한 가운데, 어디선가 말소리가 들려왔다.

"어제 관아에서 무슨 일이 있었소?"

한 사람이 대답했다.

"아무개의 후실을 조사하고 철장(鐵杖) 100대에 처했소. 얼굴에는 병색이 있었지만, 눈썹과 눈매는 마치 그려놓은 듯했고, 피부는 희고 윤기가 흐르더이다. 매를 맞을 때마다 지르는 소리가 마치 바람 따라 전해오는 퉁소 소리 같아 마음이 찢어질 듯 아팠소. 결국 손이 떨려 더 이상 때릴 수 없었는데, 그 바람에 하마터면 내가 매를 맞을 뻔했소."

질문했던 사람이 탄식하며 말했다.

"이 요녀가 이처럼 사람의 마음을 흔드니, 남편을 유혹해 전처의 자식들을 괴롭히는 등 온갖 죄악을 저지를 수 있었던 게야."

변진보는 속으로 "어떤 관아길래 철장으로 사람을 때린단 말인가?" 하고 생각하며, 일어나서 물어보려 기지개를 켜고[84] 눈을 비볐다. 사방은 덩

84 기지개를 켜고: 원문은 '흠신(欠伸)'으로, 피곤한 모양을 가리킨다. 사람이 기가 부족하면

굴진 풀과 쓸쓸한 연기뿐, 어디를 둘러봐도 인기척이라곤 없었다.

佃戶卞晉寶, 息耕隴畔, 枕塊暫眠. 朦朧中聞人語曰: "昨官中有何事?" 一人答曰: "昨勘某人繼妻, 予鐵杖百. 雖是病容, 尙眉目如畵, 肌肉如凝脂. 每受一杖, 哀呼宛轉, 如風引洞簫, 使人心碎. 吾手顫不得下, 幾反受鞭." 問者太息曰: "惟其如是之妖媚, 故蠱惑其夫, 荼毒前妻兒女, 造種種惡業也." 晉寶私念是何官府, 乃用鐵杖, 欲起問之, 欠伸拭目. 乃荒煙蔓草, 四顧闃然.

하품이 나고 몸이 피곤하면 기지개를 켠다. 『예기』「곡례(曲禮)」에 보면, "군자를 모시고 있다가 군자가 하품을 하면 시종이 나오길 청한다(侍坐於君子, 君子欠伸, 侍坐者請出)."라는 문장이 있다.

24.

가르치지 못한 죄

고성(故城)[85] 사람 가한항(賈漢恒)이 해준 이야기이다.

장이유(張二酉)와 장삼신(張三辰)은 형제였다고 한다. 장이유가 먼저 세상을 떠나자 장삼신은 조카를 제 자식처럼 정성껏 돌보았다. 전답과 집안 살림을 부지런히 챙기고 장가도 보내주었다. 조카가 병들어 앓아눕자[86] 사방으로 약을 구하러 다니느라 거의 먹지도 자지도 못했다. 조카가 죽은 뒤로 장삼신은 무엇인가를 잃은 사람처럼 멍해 있었다. 사람들은 모두 그 형제의 우애를 칭송했다. 몇 년 뒤에 병세가 깊어지자[87] 정신이 흐릿해진 그는 혼잣말로 중얼거렸다.

"괴이한 일이로고![88] 방금 저승에 갔더니 둘째 형이 내가 제 자식을 죽

---

85 고성(故城): 현 이름이다. 오늘날의 하북성에 속하며 경현(景縣) 남쪽에 위치한다.

86 앓아눕자: 원문은 '채(瘵)'이다.

87 깊어지자: 원문은 '병혁(病革)'이다. 『예기』「단궁(檀弓)」(상)에 보면, "선생님의 병세가 위독하다(夫子之病革矣)"라는 문장이 있는데, 혁(革)은 위독하다(急)의 뜻이다.

88 괴이한 일이로고!: 원문은 '돌돌(咄咄)'로, 의외의 일에 놀라 지르는 소리이다. 『세설신어(世說新語)』「출면(黜免)」에 따르면, 은중군[殷中軍: 은호殷浩]이 [서인(庶人)으로] 폐출당하고 신안현(信安縣)에 있을 때, 온종일 허공에다 무슨 글자를 썼다고 한다. 양주(揚州)의 관리와 주민들이 그의 옛 은혜를 잊지 못하여 그를 좇아 왔었는데, 그들이 가만히 살펴보았더니, [은중군은] 오직 '돌돌괴사(咄咄怪事)'라는 네 글자를 쓰고 있을 뿐이었다고 한다. 이로부터

여 제사를 끊었다고 나를 고발했는데, 어찌 원망스럽지 않겠는가?"

그때부터 늘 무어라 중얼거렸지만, 무슨 말을 하는지 알 수 없었다. 하루는 정신이 약간 드는지 이렇게 말했다.

"내 허물이로고! 형이 염라대왕께 나에 대해 이렇게 토로했다. '아들놈이 가르치면 깨우치지 못할 놈도 아니고, 너는 숙부로서 일촌밖에 차이가 나지 않거늘. 그저 키우기만 하고 가르칠 줄 몰라 그 아이가 하고 싶은 대로 그냥 내버려 두었고, 단지 그 아이의 뜻을 거스르면 어쩌나 두려워서 그 애가 마음대로 화류계에 드나들도록 방치한 끝에 결국 악창에 걸려 죽게 만들었다. 네가 죽인 것이 아니라면 누가 죽였느냐?' 나는 할 말이 없었네. 이미 후회해도 늦었어!"

그러고는 자기 손으로 스스로를 마구 때리며 죽어갔다.

장삼신의 행동은 말세에서도 하기 어려운 행동이지만, 결국 조카를 죽였다는 죄명을 쓰게 되었는데, 이 일은 『춘추』에서 늘 현자에게 엄격함을 요구했던[89]것과 일맥상통하는 일이다. 그런 즉 장이유가 가혹하다고 해서는 안 된다.

평정(平定) 사람 왕집신(王執信)은 내가 건륭 24년(1759) 기묘년에 뽑은 거인이다. 나에게 계모의 묘지명을 써 달라고 부탁하며 말했다.

"친어머니가 낳은 동생 집포(執蒲)와 서모가 낳은 동생 집벽(執璧), 그리고 저까지 삼형제는 똑같이 먹고 입었으며, 잘못했을 때도 똑같이 꾸지람

'돌돌(咄咄)'은 상식적으로 이해할 수 없는 아주 이상한 일 혹은 괴상망측한 뜻밖의 일을 만났을 때 내는 소리로 굳어졌다. 『난양소하록』(1)에 보인다.

89 『춘추』에서…요구했던: 『구당서(舊唐書)』「태종기찬(太宗記贊)」에 따르면, "『춘추』의 법은 늘 현자에게 엄격함을 요구했다(『春秋』之法, 常責備於賢者)."라는 문장이 있다.

을 듣고 회초리를 맞았습니다."

현모양처로다! 이 몇 마디 말에 모든 것이 다 담겨 있다.

故城賈漢恒言. 張二酉, 張三辰兄弟也. 二酉先卒, 三辰撫侄如己出. 理田產, 謀婚娶, 皆殫竭心力. 侄病瘵, 經營醫藥, 殆廢寢食. 侄歿後, 恒忽忽如有失. 人皆稱其友愛. 越數歲病革, 昏瞀中自語曰: "咄咄怪事! 頃到冥司, 二兄訴我殺其子, 斬其祀, 豈不冤哉?" 自是口中時喃喃, 不甚可辨. 一日稍蘇曰: "吾之過矣! 兄對閻羅數我曰: '此子非不可誨者, 汝爲叔父, 去父一間耳. 乃知養而不知教, 縱所欲爲, 恐拂其意, 使恣情花柳, 得惡疾以終. 非爾殺之而誰乎?' 吾茫然無以應也. 吾悔晚矣!" 反手自椎而歿. 三辰所爲, 亦末俗之所難, 坐以殺侄,『春秋』責備賢者耳. 然要不得謂二酉苛也.

平定王執信, 余己卯所取士也. 乞余誌其繼母墓, 稱: "母生一弟, 曰執蒲, 庶出一弟曰執璧, 平時飲食衣物, 三子無所異, 遇有過, 責罵捶楚, 亦三子無所異也." 賢哉! 數語盡之矣.

25.

조상의 유물

전준왕(錢遵王)[90]이 쓴 『독서민구기(讀書敏求記)』[91]에 다음 이야기가 실려 있다.

명대의 조청상(趙淸常)이 죽자 그의 자손들이 유서(遺書)를 모두 팔아 무강현(武康縣)[92] 산중에서는 대낮에도 귀신이 운다고 했다. 모인 것은 흩어지기 마련이거늘, 조청상은 어찌 그런 이치를 모른단 말인가? 명대 수녕후(壽甯侯)[93]의 옛 저택은 흥제(興濟)[94]에 있었는데, 유산은 거의 다 팔려[95] 없어

90 전준왕(錢遵王): 전증(錢曾)으로, 청대의 장서가이다. 전증(1629~1701)은 자가 준왕이고 호는 야시옹(也是翁)으로, 강소성 상숙(常熟) 사람이다. 전겸익 집안의 후손으로, 청대에 들어와 벼슬길을 버리고 낙향했다.

91 『독서민구기(讀書敏求記)』: 전증이 소장하고 있는 장서 가운데 재미있는 이야기만 골라 집록한 책으로, 구양수의 『집고록(集古錄)』과 성격이 비슷하다.

92 무강현(武强縣): 지금의 하북성 형수시(衡水市) 관할 현으로, 청나라 옹정 때는 직례성 심주(深州) 관할이었다.

93 수녕후(壽甯侯): 명대 장만(張巒) 수녕후이다. 명나라 효종 주우탱(朱祐樘)의 효강경황후(孝康敬皇后)의 부친이다.

94 흥제(興濟): 원명대의 현 이름이다. 옛 성은 청대 직례성 청현(靑縣) 동남쪽에 위치해 있다.

95 팔려: 원문은 '척매(斥賣)'이다. 『사기』「화식열전(貨殖列傳)」에 보면, "오지현 사람 나는 목축을 본업으로 했는데, 가축 수가 불어나자 그것을 팔아 기이한 비단을 사들였다(烏氏倮, 畜牧, 及衆, 斥賣, 求奇繒物)."라는 문장이 있다.

지고 청사만 남아 있었다. 훗날 그 청사의 목재는 우리 선조가 사들였다. 청사를 헐던 날 목수가 기둥에서 사람의 울음소리가 들린다고 했다. 천고의 어리석은 귀신은 거의 모두 같은 길을 걷는구나!

내가 일찍이 동곡강(董曲江)[96] 선생에게 말했다.

"이 천지산하를 불가에서는 물거품이라 하였거늘, 우리 같은 보잘것없는 사람들이 다시 논해 무엇 하겠습니까? 백 년 뒤에 만약 나의 그림, 기물, 서적과 애장품이 다른 이들에게 흩어지고, 감상자들이 그것을 만지며 '이것은 기윤의 옛 물건이야.'라고 말한다면, 이 또한 좋은 이야깃거리이거늘, 원망해 무엇 하겠습니까?"

동곡강 선생이 말했다.

"그대가 그런 말을 하는 것은, 여전히 공명심 때문이네. 나는 그렇게 생각하네. 그저 이것들을 가지고 소일하며 시간을 보내고 스스로 즐기면 그뿐이네. 내가 죽은 뒤에 그것들이 무슨 의미가 있겠는가? 좀벌레나 쥐의 굶주린 배를 채우고 모래 속에 묻히게 그냥 놔두면 될 것을. 그런 까닭에 나는 책에 이름을 쓰지 않고, 벼루에도 이름을 새기지 않았네. 그것들은 마치 아름다운 꽃, 밝은 달, 맑은 물, 아름다운 산과도 같아서, 어쩌다 만나면 내 것이 되는 것이고, 구름이나 연기처럼 스쳐 가면 더는 누구의 물건이었는지 묻지 않으면 그뿐이네. 무엇 때문에 굳이 호를 새기고 이름을 적어 후인들에게 알리려 하는가?"

그의 견해는 더욱 소탈하다.

---

96 동곡강(董曲江): 동곡강(1712~1787)은 이름이 원도(元度)이고, 호는 곡강이며, 평원(平原) 사람으로, 청나라 건륭 때의 저명한 시인이다. 그는 건륭 17년(1752) 임진년의 진사(進士)로 한림원(翰林院)에 들어가 서길사(庶吉士)로 있다가, 후에 부학교수(府學教授)를 지냈다.

錢遵王『讀書敏求記』載: 趙淸常歿, 子孫鬻其遺書, 武康山中, 白晝鬼哭. 聚必有散, 何所見之不達耶? 明壽甯侯故第在興濟, 斥賣略盡, 惟廳事僅存. 後鬻其木於先祖. 拆卸之日, 匠者亦聞柱中有泣聲. 千古癡魂, 殆同一轍.

余嘗與董曲江言: "大地山河, 佛氏尙以爲泡影, 區區者復何足云? 我百年後, 儻圖器書玩散落人間, 使賞鑒家指點摩挲, 曰: '此紀曉嵐故物.' 是亦佳話, 何所恨哉?" 曲江曰: "君作是言, 名心尙在. 余則謂消閑遣日, 不能不借此自娛. 至我已弗存, 其他何有? 任其飽蠹鼠, 委泥沙耳. 故我書無印記, 硯無銘識. 正如好花朗月, 勝水名山, 偶與我逢, 便爲我有, 迨雲煙過眼, 不復問爲誰家物矣. 何必鐫號題名, 爲後人計哉?" 所見尤脫洒也.

26.

딸의 복수

관원이 노복의 아내를 범하면 처벌은 봉록을 삭감하는 데 그친다. 이는 한 집안에서 가까이 지내다 보면, 관계가 애매해져 시비를 판단하기 어렵기 때문이다. 또한 법률이 세밀하고 정교한 것은 모함과 은혜를 원수로 갚는 일을 방지하기 위해서이다. 그러나 함부로 간음하고 핍박하면 저승에서는 반드시 엄한 벌을 받을 것이다.

대수당(戴遂堂) 선생이 해준 이야기이다.

강희말년에 한 대갓집 자제가 하인의 아내를 범했다고 한다. 하인은 기가 막혀 결국 음식을 삼키지도 못하게 되었다. 그때 그의 아내는 이미 아이를 가진 상태였다. 임종이 다가오자 하인은 아내의 배를 어루만지며 말했다.

"딸이니? 아들이니? 나를 위해 복수를 해줄 수 있겠니?"

후에 하인의 아내는 딸을 낳았다. 그 딸은 자라면서 총명하고 매우 고왔다. 그런데 그 대갓집 자제는 또다시 그 딸을 첩으로 받아들여 아들을 낳았는데, 그 아들은 사마상여처럼 소갈병에 걸려 얼마 지나지 않아 죽었다.[97]

---

97 사마상여처럼…죽었다: 『사기』「사마상여전(司馬相如傳)」에 따르면, 사마상여는 늘 소갈병을 가지고 있었다고 하고, 『서경잡기』에도 상여는 평소 소갈병을 가지고 있었는데, 성도로 돌아와서 탁문군(卓文君)의 자색에 빠져 마침내 고질병이 되었다고 한다. 또한 『한서(漢

첩은 문란하기 이를 데 없어,[98] 결국에는 관아에 가서 소송을 벌이는 지경에 이르렀고, 집안의 명성은 크게 실추되었다. 십여 년 동안 대갓집 부인은 소복을 입고 관을 메었으며, 첩은 푸른 소매 옷을 입은 채 옥에 갇혀 국문을 당했다.[99] 선생이 이 일을 직접 보았는데, 마치 며칠 사이에 일어난 일처럼 생생했다. 이것이 어찌 원한이 응결되어, 미인의 모습으로 태어나 복수한 것이 아니겠는가?

職官姦僕婦, 罪止奪俸. 以家庭暱近, 幽曖難明. 律法深微, 防誣蔑反噬之漸也. 然橫干强逼, 陰譴實嚴.

戴遂堂先生言. 康熙末有世家子挾汚僕婦. 僕氣結成噎膈. 時婦已孕. 僕臨歿以手摩其腹曰: "男耶女耶? 能爲我復讎耶?" 後生一女. 稍長, 極慧艶. 世家子又納爲妾, 生一子, 文園消渴, 俄夭天年. 女帷薄不修, 竟公庭涉訟, 大損家聲. 十許年中, 婦縞袂扶棺, 女靑衫對簿. 先生皆目見之, 如相距數日耳. 豈非怨毒所鍾, 生此尤物以報哉?

書)』에 보면, "상여가 효문원령(孝文園令)에 임명되었다."라고 되어 있고, 또 두목(杜牧)의 시(「爲人題贈二首」)에 보면, "문원은 마침내 소갈병을 얻었다(文園終病渴)"라는 시구가 있다.

98 문란하기 이를 데 없어: 원문은 '유박불수(帷薄不修)'이다. 가의(賈誼)의 「논시정소(論時政疏)」에 보면, "옛날에는 대신이 부정한 짓을 하면 남녀를 가리지 않고 '오예(汚穢)'라고 말하지 않고, '유박불수(帷薄不修)'라고 했다(古時大臣有行爲淫亂汚穢, 男女不分的,不說行爲汚穢淫亂, 却婉轉地說'帷薄不修')."라는 문장이 있다. 유(帷)는 만(幔)이고, 박(薄)은 렴(簾)이다. 그래서 발을 쳐서 안과 밖을 차단했다.

99 옥에 갇혀 국문을 당했다: 원문은 '대부(對簿)'이다. 『사기』「이장군열전(李將軍列傳)」에 보면, "대장군이 장사(長史)를 시켜 이광의 막부로 가서 문서에 근거해 사실을 심문하고 엄히 질책했다(大將軍使長史急責廣之幕府, 對簿)."라는 문장이 있는데, 부는 바로 문서를 말한다. 따라서 대부는 문서에 근거해 사실에 부합하는지 아닌지를 국문하는 것을 말한다.

27.

하인의 아내

대수당 선생이 또 해준 이야기이다.

어떤 주인이 하인의 아내를 희롱했으나, 그의 아내는 응하지 않았다. 그러자 주인이 화가 나서 "다시 거절하면 때려죽이겠다."라고 했다. 아내가 울며 이 일을 남편에게 전했다. 남편은 술에 취해 화를 내며 "정조를 잃는다면 당신 가슴에 칼을 꽂고 말겠다."[100]라고 했다. 아내는 격분하며 말했다.

"명을 따르든 거역하든 죽는 것은 매한가지, 차라리 먼저 죽느니만 못하다."

그리고는 목을 매어 죽었다. 관아에서 나와 시신을 조사했으나, 몸에는 상처하나 없고, 말은 증거가 되지 않았다. 더구나 남편 곁에서 죽었기에, 누구에게 죄를 돌릴 수도 없고, 더 깊이 캐물을 수도 없었다. 그러나 그날 이후, 그녀가 자살한 방에는 청명한 날씨에도 옅은 안개가 자욱이 끼었고, 밤이면 어김없이 비단 찢는 소리가 났다. 달 밝은 밤이면 등불 앞에서 검은 연기가 사람 그림자처럼 흔들렸지만, 막상 나가 보면 아무도 없었다. 이런

100 칼을 꽂고 말겠다: 원문은 '사(剚)'이다.

기이한 현상은 10여 년 뒤 주인이 죽고 나서야 사라졌다. 그는 죽기 직전까지 밤낮으로 사람들을 병상 곁에 두게 했는데, 아마도 무언가를 본 모양이다.

遂堂先生又言. 有調其僕婦者, 婦不答. 主人怒曰: "敢再拒, 捶汝死." 泣告其夫. 方沉醉, 又怒曰: "敢失志, 且剸刃汝胸." 婦憤曰: "從不從皆死, 毋甯先死矣." 竟自縊. 官來勘驗, 尸無傷, 語無證. 又死於夫側, 無所歸咎, 弗能究也. 然自是所縊之室, 雖天氣晴明, 亦陰陰如薄霧, 夜輒有聲如裂帛. 燈前月下, 每見黑氣搖漾如人影, 即之則無. 如是十餘年, 主人歿乃已. 未歿以前, 晝夜使人環病榻, 疑其有所見矣.

28.

원귀의 소망

우루무치의 군리 우도린(鄔圖麟)이 해준 이야기이다.

그의 외사촌 형 아무개가 예전에 친구를 방문하려고 경현(涇縣)으로 갔다고 한다. 밤에 비를 만나, 무너진 사찰에 묵게 되었다. 담은 무너져 있고 풀이 여기저기 깔려 있었으며, 사방에는 인적이라곤 없었다. 단지 절 문에서만 쉴 수 있어 잠시 이곳에서 비가 그치기를 기다렸다. 그때 먹구름이 몰려오며 어둠 속에서 여자의 목소리가 들려왔다.

"원귀가 인사드리오니, 종이옷 한 벌만 주시면 백골난망이옵니다."

아무개는 무서워서 움직일 수 없었다. 그러나 달아날 방법도 없다고 생각해서 가까스로 몸을 일으키며 묻자, 귀신이 울며 말했다.

"첩은 본래 시골 아낙네로, 어쩌다 혼자 이 절을 지나가게 되었는데, 스님이 저를 가로막으며 놓아 주지 않았습니다. 제가 울고 욕하면서 따르지 않자, 스님이 화가나 저를 죽였습니다. 그때 옷이 벗겨져 나체로 땅에 묻혔으며, 벌써 100여 년이 넘었습니다. 비록 몸은 저승에 있지만, 수치스러움을 알기에 실 한 오라기도 걸치지 않고 신명을 뵙기가 부끄럽습니다. 그런 까닭에 깊은 원한을 품고도 이곳에 몸을 숨기고 나가지 않았습니다. 오늘 다행히 군자를 만났습니다. 만약 군자께서 고운 종이 몇 장을 접어서 치마

와 속옷을 만들어 절 문 앞에서 태워 저승에서라도 몸을 가리게 해주신다면, 바로 저승에 가서 하소연하고, 다시 다음 세상으로 갈 수 있습니다. 부디 군자께서는 저를 불쌍히 여기시고 도와주십시오."

아무개가 몸을 떨며 그렇게 하마하고 대답하자, 귀신의 울음소리가 사라졌다. 그는 후에 다시 그 땅에 갈 수 없어 종이옷을 태워주지 못했다. 스스로 그 약속을 저버려 귀신이 황천에서 한을 품게 했다며 늘 불안하다고 말했다.

烏魯木齊軍吏鄔圖麟言. 其表兄某嘗詣涇縣訪友. 遇夜雨, 投一廢寺. 頹垣荒草, 四無居人. 惟山門尙可棲止, 姑留待霽. 時雲黑如墨, 闇中聞女子聲曰: "怨鬼叩頭, 求賜紙衣一襲, 白骨銜恩." 某怖不能動. 然度無可避, 强起問之, 鬼泣曰: "妾本村女, 偶獨經此寺, 爲僧所遮留. 妾哭詈不從, 怒而見殺. 時衣已盡褫, 遂被裸埋, 今百餘年矣. 雖在冥途, 情有廉恥, 身無寸縷, 愧見神明. 故甯抱沉冤, 潛形不出. 今幸逢君子. 倘取數翻彩楮, 剪作裙襦, 焚之寺門, 使幽魂遮體, 便可愬諸地府, 再入轉輪. 惟君哀而垂拯." 某戰栗諾之, 哭聲遂寂. 後不能再至其地, 竟不果焚. 嘗自謂負此一諾, 使此鬼茹恨黃泉, 恒耿耿不自安也.

29.

업경과 심경

우도광(于道光)이 해준 이야기이다.

어떤 선비가 밤에 악묘(嶽廟)를 지나가는데, 붉은 문이 굳게 닫혀 있었다고 한다. 그때 그곳에서 한 사람이 나오기에 신령이라 생각하고 땅에 무릎을 꿇고 엎드려 절하며[101] "신령님"이라 소리쳤다. 그 사람은 손으로 그를 부축하며 말했다.

"나는 신분이 높은 신이 아닙니다. 우대(右臺)에서 사경(司鏡)하는 저승 관리로, 문서와 장부를 가져가려고 이곳에 왔습니다."

"사경이 무슨 뜻입니까? 혹 업경입니까?"

"비슷하기는 하나 약간 다릅니다. 업경은 일의 선악만을 비출 따름입니다. 사람의 미세한 감정이나 온갖 감정의 거짓과 진실은 정해진 바 없이 끝없이 나타났다 사라지고, 속마음은 예측할 수 없습니다. 또한 깊은 내면의 비밀도 살펴볼 수 있는 흔적이 없습니다. 때때로 겉모습은 기린과 난새

101 엎드려 절하며: 원문은 '막배(膜拜)'이다. 『목천자전(穆天子傳)』에 보면, "나는 엎드려 절하며 가르침을 받았다(吾乃膜拜而受)"라는 문장이 있고, "오늘날 부처에게 예를 올릴 때 손을 머리 위에 대고 관세음보살이라고 한다."고 주 달려 있다. 막배는 바로 이와 같은 인사에 해당한다.

처럼 보이지만, 속으로는 귀신과 여우[102]의 마음을 가진 채 그 모습을 숨기고 있는데, 이런 것은 업경으로는 비출 수 없습니다. 북송과 남송 이후로 이러한 위장술은 더욱 교묘해졌고, 수식하고 꾸미는 기술이 더욱 교묘해져 어떤 사람은 종신토록 본 모습을 드러내지 않았습니다. 그리하여 삼계(三界) 이십팔천(二十八天)[103]이 뜻을 모아 업경을 좌대(左臺)로 옮겨 진짜 소인을 가려내게 하고, 우대에는 심경(心鏡)을 더하여 가짜 군자를 비추게 했습니다. 두 거울의 빛이 서로 마주 비치면 사람의 속마음[104]이 훤히 드러납니다. 이리저리 돌려 말하는 사람[105]·한쪽으로 치우친 사람·옻칠한 듯 속이 검은 사람·갈고리처럼 속이 꼬인 사람·똥오줌처럼 지저분한 사람·진흙처럼 더러운 사람·성처럼 마음의 문을 꽉꽉 닫고 사는[106] 사람·사리분별력이 명확한 사람이 있습니다. 반면 가시나무처럼 사나운 사람·칼처럼 날카로운 사람·전갈[107]처럼 독을 품고 사는 사람·이리나 호랑이처럼 사나운 사람·

102 귀신과 여우: 원문은 '귀역(鬼蜮)'이다. 『시경』「소아」에 보면, "귀신이나 단호(短狐)가 되면(爲鬼爲蜮)"이라는 구절이 있다. 역은 작은 여우로, 일명 사공(射工)이라고도 한다. 역은 강물에 사는데 강물에 비친 사람의 그림자를 보면 이를 쏘아 병들어 죽게 만든 데서 사공이라고 한다.

103 삼계(三界) 이십팔천(二十八天): 원문은 '제천(諸天)'이다. 불경에서 삼계 이십팔천을 제천이라 부른다. 천은 마음이 깨끗하여 번뇌와 사욕이 없는 가장 존중받는 신의 자리로, 상제가 사는 곳과는 다르다.

104 속마음: 원문은 '영부(靈府)'이다. 『장자』「덕충부(德充符)」에 보면, "[그 변화가] 마음의 조화를 어지럽히지 못하고, 또한 마음속으로 들어오지 못하는 것입니다(不足以滑和, 不可入於靈府)."라는 구절이 나오는데, 영부는 '정신세계' 즉 마음이다.

105 이리저리 돌려 말하는 사람: 원문은 '요렬(拗捩)'이다. 『옥편(玉篇)』에 보면, "요렬은 본래부터 배배 꼬여 서로 다르다(拗捩固相違也)"라는 구절이 있다.

106 성처럼 마음의 문을 꽉꽉 닫고 사는: 『진서(晉書)』「민제기론(愍帝記論)」에 보면, 간보(干寶)가 옛날 고조 선황제는 성정이 성처럼 꽉꽉 닫혀 있다고 했다.

107 전갈: 원문은 '봉채(蜂蠆)이다. 『좌전』「희공(僖公)」 22년에 보면, "벌이나 전갈과 같이 작은

관복을 걸치고 위엄을 자랑하는 사람·돈을 자랑하는 사람 심지어는 [겉으로는 점잖지만] 은밀히 음탕한 짓을 하는 사람이 있습니다. 그러나 그 모습을 들여다보면, 모두 하나같이 위풍당당한 도덕군자의 모습을 하고 있습니다. 밝은 구슬처럼 둥글고, 수정처럼 맑은 사람은 천백 명 중에 한두 명 있을까 말까입니다. 이렇기에 나는 거울 옆에 서서 사람의 마음을 세밀히 살펴 기록하고, 석 달에 한 번씩 악제(嶽帝)께 보고하여 그에 따라 화복을 정합니다. 대개 명성이 높을수록 죄는 더 무겁고, 술수가 교묘할수록 형벌이 더 무겁습니다. 『춘추』[108]는 노나라의 역사 240년을 기록하고 있는데, 그 안에 악인은 한둘이 아닙니다. 다만 하늘이 [전씨의 조상인] 이백(夷伯)[109]의 사당에만 벼락을 친 것은, 전금(展禽)[110]에게 다른 사람이 모르는 숨은 죄악이 있음을 꾸짖기 위해서입니다.[111] 그대는 이 점을 명심하십시오."

선비는 가르침을 받고 돌아와, 우도광에게 액자를 써달라고 해서 자신의 서재 이름을 '관심(觀心)'이라 지었다.

于道光言. 有士人夜過嶽廟, 朱扉嚴閉. 而有人自廟中出, 知是神靈, 膜拜呼

벌레에도 독이 있는데, 하물며 나라야 말할 것이 있겠습니까(蜂蠆有毒, 而況國乎)?"라는 구절이 있다. 전갈은 꼬리에 독이 있어서 갈(蠍)이라고 한다.

108 『춘추』: 노나라의 역사를 기록한 책이다. 공자가 지었으며, 노나라 은공(隱公) 원년(기원전 722)에서 애공(哀公) 27년(기원전 468)에 이르기까지 총 255년간에 걸친 역사를 기록하고 있다.

109 이백(夷伯): 중국 춘추시대 노나라의 인물로, 전씨(展氏)의 시조이다.

110 전금(展禽): 원문은 '전씨(展氏)'로, 유하혜(柳下惠)이다. 유하혜(B.C720~B.C621)는 이름이 전획(展獲)이고, 자가 금(禽)이어서 전금이라고도 불린다. 유하는 봉지(封地)이고 혜는 시호이다. 춘추시대 노나라의 대표적 현자이다.

111 다만…위해서입니다: 『춘추』「희공」 15년에 보인다.

上聖. 其人引手掖之曰: “我非貴神. 右臺司鏡之吏, 賫文簿到此也.” 問: “司鏡何義? 其業鏡也耶?” 曰: “近之, 而又一事也. 業鏡所照, 行事之善惡耳. 至方寸微曖, 情僞萬端, 起滅無恒, 包藏不測. 幽深邃密, 無迹可窺. 往往外貌麟鸞, 中韜鬼蜮, 隱慝未形, 業鏡不能照也. 南北宋後, 此術滋工, 塗飾彌縫, 或終身不敗. 故諸天合議, 移業鏡於左臺, 照眞小人, 增心鏡於右臺, 照僞君子. 圓光對映, 靈府洞然. 有拗捩者·有偏倚者·有黑如漆者·有曲如鉤者·有拉雜如糞墻者·有混濁如泥滓者·有城府險阻千重萬掩者·有脈絡屈盤左穿右貫者. 有如荆棘者·有如刀劍者·有如蜂蠆者·有如虎狼者·有現冠蓋影者·有現金銀氣者, 甚有隱隱躍躍現秘戲圖者. 而回顧其形, 則皆岸然道貌也. 其圓瑩如明珠, 清澈如水晶者, 千百之一二耳. 如是者, 吾立鏡側, 籍而記之, 三月一達於嶽帝, 定罪福焉. 大抵名愈高, 則責愈嚴, 術愈巧, 則罰愈重. 『春秋』二百四十年, 癉惡不一. 惟震夷伯之廟, 天特示譴於展氏, 隱慝故也. 子其識之.” 士人拜授教, 歸而乞道光書額, 名其室曰‘觀心’.

30.

계선의 표절

부채 위에 닭 벼슬[鷄冠]을 그려놓은 한 가동(歌童)이 있었다. 한번은 술자리에서 이로원(李露園)에게 시 한수를 부탁했다. 이로원은 장난삼아 다음 절구를 지어 주었다.

> 울긋불긋한 것이 저녁노을 보다 어여쁜데,
> 바람 불자 절로 하늘거리네.
> 헛되이 나비 온 사방에서 날아오르게 하지만,
> 본디 꽃은 아니라네.

그 자리에 있던 사람들은 모두 이로원의 쌍관(雙關)과 절묘한 운영(運意)에 감탄했다. 이로원이 호남(湖南)의 임지로 떠난 뒤, 한 부계점 치는 사람이 왔다. 누가 닭 벼슬을 시제로 삼아 시를 지으라고 청하자, 바로 그 시를 적었다. 내가 깜짝 놀라 말했다.

"이것은 이로원이 지은 시가 아닌가?"

그 순간, 계선은 꼼짝도 하지 않았다. 부계점 치는 사람도 당황해 달아났다. 안개자(顏介子)가 탄식하며 "선인도 시구를 도둑질하는구나!"라고 하자, 누군가가 이렇게 말했다.

"부계점 치는 사람은 본디 남의 시를 빌려 뜻을 전하곤 하나, 자주 시구를 표절해[112] 망신을 당한다네."

有歌童扇上畵鷄冠. 於筵上求李露園題. 露園戱書絶句曰: "紫紫紅紅勝晩霞, 臨風亦自弄夭斜. 枉教蝴蝶飛千遍, 此種原來不是花." 皆嘆其運意雙關之巧. 露園赴任湖南後, 有扶乩者. 或以鷄冠請題, 卽大書此詩. 余駭曰: "此非李露園作耶?" 乩忽不動. 扶乩者狼狽去. 顔介子嘆曰: "仙亦盜句!" 或曰: "是扶乩者本僞託, 已屢以盜句敗矣."

---

112 시구를 표절해: 원문은 '도구(盜句)'이다. 『중산시화(中山詩話)』에 보면, "송나라 스님 혜숭(慧崇)의 '강줄기 갈라지자 산봉우리의 기세 끊어지고, 봄이 오자 불탄 자리 파릇파릇하네(河分岡勢斷, 春入燒痕青).'라는 시구가 있는데, 이는 모두 당나라의 시구를 표절한 것이다. 제자가 그 시를 읊으며 [평소 혜숭 스님이 표절하는 것을 조롱하여] 다음과 같이 시를 썼다. '강줄기 갈라지자 산봉우리 기세 끊어지고는 사공서의 시구이고, 봄이 오자 불탄 자리 파릇파릇하네는 유장경의 시구로다. 사형이 고인의 시구를 훔친 것이 아니라, 고인의 시구가 사형의 시구와 비슷할 뿐이라네(河分岡勢司空曙, 春入燒痕劉長卿. 不是師兄偸古人句, 古人詩句似師兄).'"라는 문장이 있다.

31.

여우의 지혜

종형 기탄거(紀坦居)[113]가 일찍이 유형정(劉馨亭)에게서 들은 두 편의 이야기를 전해 주었는데, 그중 하나는 다음과 같다.

한 농가의 아들이 여우에게 홀려, 그 집에서는 술사를 불러 여우의 죄상을 다스렸다고 한다. 여우를 잡아 기름 솥에 넣어 삶으려고 할 때 아들이 머리를 숙이고 살려 달라고 애걸해 결국 여우를 놓아주었다. 그 후 아들은 여우를 그리워하다가 결국 병이 들었고 의원들도 고치지 못했다. 어느 날 여우가 다시 찾아오자, 아들은 기쁨과 슬픔이 뒤섞였다. 그러나 여우는 냉담한 눈빛으로 그를 바라보며 말했다.

"그대가 진실로 나를 그리워한 것은 나의 외모를 좋아해서이지 내가 변한 모습을 모르기 때문이요. 나의 본모습을 보면 놀라 달아날 것이오."

그 말이 끝나자 여우가 갑자기 땅에 쓰러지는데, 긴 꼬리에 회갈색의 털이 나 있었다. '후후' 하고 숨을 몰아쉬며 눈이 횃처럼 번쩍번쩍 빛나더니[114] 지붕 위로 펄쩍 뛰어올라 목을 길게 빼고 울부짖으며 사라졌다. 이후

---

113 기탄거(紀坦居): 기윤의 종형 기역(紀易)이다. 기역(1720~1783)은 자가 탄거로, 기용아의 둘째 아들이며, 기소의 친동생이다. 저서로는 『근언집(近言集)』 4권이 있다.

114 번쩍번쩍 빛나더니: 원문은 '섬섬(睒睒)'이다.

로 농가의 아들은 병이 나았다. 이 여우는 은혜를 갚을 줄 아는 존재라 할 만하다.

또 다른 이야기는 다음과 같다.

한 농가의 아들이 여우에게 홀렸다고 한다. 술사를 불러 다스리려 했으나, 술법이 통하지 않았고, 부록도 모두 여우가 찢어버렸다. 여우가 제단에 올라가 술사를 때리려 들자, 여우의 어미로 보이는 한 노파가 나타나 여우를 말리며 말했다.

"짐승도 제 종족을 아끼고 사람도 제 무리를 감싸는 법이다. 이 술사의 술법이 얕기는 하지만, 너무 심하게 굴면 다른 술사를 불러 보복할 것이다. 이쯤에서 그만두고, 네 사위집에 가서 한숨 자면서 저이를 놓아주는 것이 좋겠다."

이 여우는 미래를 내다볼 줄 아는 존재라 할 만하다.

從兄垣居言, 昔聞劉馨亭談二事.

其一有農家子爲狐媚, 延術士劾治. 狐就擒, 將烹諸油釜, 農家子叩額乞免, 乃縱去. 後思之成疾, 醫不能療. 狐一日復來相見, 悲喜交集. 狐意殊落落, 謂農子家曰: "君苦相憶, 止爲悅我色耳, 不知是我幻相也. 見我本形, 則駭避不遑矣." 欻然撲地, 蒼毛修尾. 鼻息咻咻, 目睒睒如炬, 跳擲上屋, 長嗥數聲而去. 農家子自是病痊. 此狐可謂能報德.

其一亦農家子爲狐媚. 延術士劾治, 法不驗, 符錄皆爲狐所裂. 將上壇毆擊, 一老媼似是狐母, 止之曰: "物惜其群, 人庇其黨. 此術士道雖淺, 創之過甚, 恐他術士來報復. 不如且就爾婿眠, 聽其逃避." 此狐可謂能遠慮.

32.

서행헌(瑞杏軒)

강희(康熙) 52년(1713) 계사년, 돌아가신 아버지 요안공은 창리(廠里) 원주: 명나라 때 이곳에서 징장전(澄漿磚)[115]을 바쳤는데, 바로 벽돌공장의 옛터이다. 에서 글을 읽다가 우연히 살구꽃을 꺾어 물속에 꽂아 두었다. 후에 꽃이 떨어지자, 콩알만한 살구 두 개가 열렸다. 점차 자라서 발갛게 익었는데, 나무 위에 달린 것과 다를 바 없었다. 그해, 만수은과(萬壽恩科)[116]가 열려 마침내 요안공은 향시에 합격했다. 당시 왕덕안(王德安) 선생이 함께 살았는데, 그가 편액에 '서행헌(瑞杏軒)'이라 써 넣었다. 이 별장은 후에 종동생 기동백(紀東白)[117]의 차지가 되었다.

건륭 29년(1764) 갑신년에 내가 복건성에서 돌아왔을 때 이 편액이 있

---

115 징장전(澄漿磚): 벽돌의 일종으로, 금전(金磚)이라고도 한다.

116 만수은과(萬壽恩科): 양장거(梁章鉅)의 『남성공여록(南省公餘錄)』에 따르면, 강희(康熙) 51년(1712) 강희제의 환갑을 맞아 각성의 과거 준비생들이 은과(恩科)를 청했다고 한다. 그리하여 예부(禮部)에서 이 일을 주관했는데, 신하들도 전례로 보아 어려울 것이 없다고 했다. 태창상서(太倉尙書) 왕염(王掞)이 말했다. "황제께서 육순이라는 큰 경사를 맞이했는데, 여기에 무슨 선례가 필요합니까?" 이에 청을 올려 황제의 윤허를 받아 시행했다. 이때부터 그 전례가 시작되었다.

117 기동백(紀東白): 기윤의 종동생 기분(紀昐)이다. 기분(1725~1789)은 자가 동백으로, 기용순(紀容恂)의 장자이다. 후선지부(候選知府)를 지냈다.

냐고 물어보았더니 이미 없어졌다고 했다. 그 후 유석암(劉石庵)[118]에게 부탁해 다시 편액을 써 달라고 하고, 집을 보수한 뒤 기(記)를 짓고, 비석에 새겨 벽 안의 감실에 두어 조상의 유적을 보존하려 했으나, 여러 가지 원인으로 결국 그렇게 하지 못했다. 언제 이 바람을 실현할 수 있을지 모르겠다.

康熙癸已, 先妣安公讀書於廠里, 原註: 前明土貢澄漿磚, 此地磚廠故址也. 偶折杏花插水中. 後花落, 結二杏如豆. 漸長漸巨, 至於紅熟, 與在樹無異. 是年逢萬壽恩科, 遂擧於鄉. 王德安先生時同住, 爲題額曰'瑞杏軒'. 此莊後分屬從弟東白. 乾隆甲申, 余自福建歸, 問此匾, 已不存矣. 擬請劉石庵補書, 而代葺此屋, 作記刻石龕於壁, 以存先世之迹, 因循未果. 不識何日償此願也.

---

118 유석암(劉石庵): 유용(劉墉)이다. 유용(1719~1804)은 자가 숭여(崇如)이고, 호는 석암으로, 청나라 산동성 제성(諸城) 사람이다. 시호는 문청(文淸)이고, 서법으로 이름을 날렸으며, 체인각대학사를 지냈다. 군기대신 유통훈(劉統勛)의 아들이다.

33.

소의 눈물

돌아가신 아버지 요안공께서 해주신 이야기이다.

옹정(雍正)[119] 초에 이가와(李家窪)의 소작농 동(董) 아무개는 부친이 세상을 떠나면서 소 한 마리를 남겼다고 한다. 동 아무개는 소가 늙고 다리를 절어 푸줏간에 팔려고 했다. 그러자 소가 달아나 부친의 묘 앞에 가 엎드린 채 꿈쩍도 하지 않았다. 아무리 끌어당기고 채찍으로 때려도 일어나지 않고, 꼬리를 흔들며 길게 울기만 했다. 이 소문을 들은 마을 사람들이 줄지어 와 그 광경을 지켜보았다. 그때 갑자기 이웃에 사는 유(劉) 아무개라는 노인이 화가 난 채 다가와, 몽둥이로 소를 때리며 말했다.

"저이의 부친이 물에 빠져 죽든 말든 그게 너와 무슨 상관이더냐? 그냥 물에 떠내려가게 두어 물고기와 자라의 배를 채워주었다면, 그게 오히려 큰 선을 베푼 것이 아니겠느냐? 네가 괜히 나서서 그를 물 밖으로 끌어내, 10여 년을 더 살게 했다. 그동안 아들은 아버지를 봉양해야 했고, 병이 나면 약을 구하느라 애썼다. 죽고 나서는 장례도 치러야 했고, 또한 무덤을 남겨 해마다 제사를 지내고 성묘해야 하니, 이는 동씨의 자손들에게 끝없

119 옹정(雍正): 청나라 제5대 황제 애신각라윤진(愛新覺羅胤禛)의 연호(1722~1735)이다.

는 짐이 될 터, 네 죄가 크다. 너는 죽어 마땅하거늘 어찌하여 울기만[120] 하느냐?"

동씨의 부친이 예전에 깊은 물에 빠졌을 때, 소가 물속으로 뛰어 들어가 꼬리로 그를 끌어내 구해주었다. 동씨는 애초에 그 사실을 몰랐기 때문에 이 이야기를 듣고는 크게 부끄러워했다. 그는 자기 뺨을 때리며 "나는 사람도 아니다."라고 말하고는, 급히 소를 끌고 집으로 돌아갔다. 몇 달 뒤, 소가 병으로 죽자 그는 울며 소를 묻어주었다. 이 노인은 재치[121]가 남다른 사람으로, 이 일은 동방삭이 한나라 무제의 유모를 구한 일과도 비슷하다.[122]

先姚安公言. 雍正初, 李家窪佃戶董某, 父死, 遺一牛. 老且跛, 將鬻於屠肆. 牛逸至其父墓前, 伏地僵卧. 牽挽鞭箠皆不起, 惟掉尾長鳴. 村人聞是事, 絡繹來視. 忽劉某鄰叟憤然至, 以杖擊牛曰: "渠父墮河, 何預於汝? 使隨波漂流充魚鱉食, 豈不大善? 汝無故多事, 引之使出, 多活十餘年. 致渠生奉養, 病醫藥. 死棺斂, 且留此一墳, 歲需祭掃, 爲董氏子孫無窮累, 汝罪大矣. 就死汝分, 牟牟者何

120 울기만: 원문은 '모(牟)'로, 소 울음소리를 말한다.

121 재치: 원문은 '골계풍(滑稽風)'이다. 골계는 익살로, 재치가 있는 것을 말한다. 생각이 줄줄 빨리 나오기 때문에 골계라고 한다.

122 이 일은…비슷하다: 『서경잡기』에 보면, 무제가 유모를 죽이려 하자, 유모는 동방삭에게 급히 그 사실을 알렸다고 한다. 동방삭이 말하기를, "황제께서는 성질이 모질고 괴팍해 주위 사람들이 거들면 더욱 빨리 죽이려 할 것이오. 유모께서는 떠날 때 저를 자주 돌아보시기만 하면 내가 틀림없이 기발한 꾀를 내어 황제의 마음을 움직여 보도록 하겠소."라고 했다. 유모가 그의 말대로 했더니, 동방삭이 황제의 옆에 있다가 말했다. "유모는 빨리 떠나시오! 황제께서 이미 장성하셨는데, 설마 유모께서 젖 먹여 키울 때의 은혜를 기억하시겠습니까?" 무제는 그 말을 듣고 마음이 아파 그녀를 놓아 주었다고 한다. 『사기』「골계열전(滑稽列傳)」 곽사인(郭士人)의 이야기에도 나온다.

爲?"

蓋其父嘗墮深水中, 牛隨之躍入, 牽其尾得出也. 董初不知此事, 聞之大慚. 自批其頰曰: "我乃非人." 急引歸. 數月後病死, 泣而埋之. 此叟殊有滑稽風, 與東方朔救漢武帝乳母事, 竟暗合也.

34.

몰락의 징조

이모부 왕자부(王紫府)는 문안현(文安縣)[123]의 유서 깊은 가문이었다. 집안이 몰락하기 전, 어느 푸줏간 시렁 위 갈고리에 걸려 있던 돼지머리가 갑자기 땅에 떨어지더니, 툭 튀어 올라 길을 따라 굴러갔다. 시장에 있던 사람들이 웅성거리며 그 뒤를 쫓아갔다. 돼지머리는 곧장 왕자부의 문안으로 들어가더니 멈춰 섰다. 이로부터 왕씨 집안은 내리막길을 걷기 시작해, 죽 한 그릇도 먹지 못할 지경이 되었고, 지금은 자손마저 모두 끊겼다. 이 이야기는 왕씨 이모가 직접 들려준 것이다.

또 요안공께서 해주신 이야기이다. 외사촌 아무개의 집은 원주: 세월이 흘러 이름은 잊어 버렸다. 요안공께서 이 일을 말씀하실 때, 너의 외숙이라고 하셨던 것만 기억난다. 이른 새벽이면 문을 열었는데, 어느 날 토끼 한 마리가 천천히 걸어 들어왔다. 토끼는 사람을 전혀 두려워하지 않고, 곧장 안으로 들어가 침상 위에 올라 누웠다. 그리하여 그 집에서는 토끼를 잡아 삶아 먹었다. 그로부터 몇 해 안 되어 식구들이 모두 죽고 집안도 완전히 몰락했다.

이것은 모두 기운이 쇠해 이런 불길한 징조가 나타난 것이다.

---

123 문안현(文安縣): 현 이름이다. 하북성(河北省) 진현(眞縣) 동남쪽에 위치한다.

姨丈王公紫府, 文安舊族也. 家未落時, 屠肆架上一豕首, 忽脫鉤落地, 跳擲而行. 市人譟而逐之. 直入其門而止. 自是日漸衰謝, 至饘粥不供, 今子孫無孑遺矣. 此王氏姨母自言之.

又姚安公言. 親表某氏家 原註: 歲久忘其姓氏. 惟記姚安公言此事時稱曰汝表伯. 清曉開戶, 有一兔緩步而入. 絶不畏人, 直至内寢床上臥. 因烹食之. 數年中死亡略盡, 宅亦拆爲平地矣. 是皆衰氣所召也.

35.

귀신 이야기를 들려주는 귀신

왕국장(王菊莊)이 해준 이야기이다.

한 서생이 밤에 파양호(鄱陽湖)[124]에 배를 정박해 두고 달빛을 밟으며 바람을 쐬었다고 한다. 한 주막에 이르러 [그곳에 있던] 몇 사람과 서로 통성명하는데, 모두 동향 사람이었다. 그리하여 술을 조금 사 함께 마시며 담소를 나누는데 마음이 잘 맞았다. 그러다 귀신 이야기를 하게 되었는데, 이야기가 하나같이 기이하고 새로웠으며, 대부분 기상천외했다.

한 사람이 말했다.

"모두가 정말로 기이하지만 제가 본 일보다는 기이하지 않습니다. 일전에 저는 도성에 있을 때 시끌벅적함을 피해 풍대(豊臺)[125]의 한 꽃장수 집에서 묵었는데, 그곳에서 한 선비를 만나 이야기를 나누게 되었소. 제가 '무덤가에 귀신이 많아 좀 귀찮긴 하지만, 이 땅에서 꽃을 가꾸는 일은 참

124 파양호(鄱陽湖): 강서성 북쪽에 위치해 있다. 『서경』「우공(禹貢)」에 나오는 팽려호(彭蠡湖)를 가리킨다.

125 풍대(豊臺): 도성 서편문외(西便門外)에 위치하는데, 북경에서 꽃을 볼 수 있는 곳이다. 못을 파서 온갖 꽃을 심었는데, 그중에서도 작약이 가장 빼어나다. 전해오는 말에 따르면 금(金)나라 때의 배교대(拜郊臺)로, 풍의문(豊宜門) 밖에 위치하는데, 그곳에 원풍대(遠風臺) 등의 명승지가 있어 풍대라 줄여 불렀다고 한다.

좋습니다.'라고 말하자, 선비가 말했소. '귀신도 고상한 귀신과 속된 귀신이 있으니, 모두 내칠 건 아닙니다. 예전에 제가 서산(西山)[126]을 지나다가 우연히 시에 조예가 있는 이를 만났는데, 그는 자신이 지은 시를 읊었소.

> 심산에는 해가 늦게 뜨고,
> 고사(古寺)에는 가을이 일찍 오네.

또 이렇게 말했소.

> 마을에 종소리 울려 퍼지니,
> 인가에 등불 켜지네.

또 이렇게 읊었소.

> 원숭이 울음소리는 물가에서 끊기고,
> 사람들의 말소리는 연기 속으로 사라지네.

또 이렇게 말했소.

> 나뭇가지 끝에 걸린 물빛,

---

126 서산(西山): 도성에서 서쪽 30리에 위치해 있는데, 태항산(太行山)의 다른 언덕이다. 산이 높고 경치가 빼어나며 도성의 우측을 감싸고 있어 명승지로 불렸다. 명승지로 이름난 곳만 해도 수십 곳은 된다.

처마 끝에 걸린 석양.

또 이렇게 말했소.

이끼 자란 병상,
비 기운에 어두워진 등불.

또 이렇게 말했소.

올빼미[127] 오래 되자 사람처럼 말을 하고,
도깨비[128] 깊은 산중에서 대낮에 걸어 다니네.

또 이렇게 읊었소.

빈 강에 비친 부용의 눈물,
무너진 정원에 봄 찾아온 나비의 혼.

이들 시구는 하나같이 정취가 있었소. 막 거처[129]를 물어보려고 할 때, 갑자기 짐마차에서 방울소리가 울렸는데, 그 순간 그는 홀연히 사라졌소. 그러니 이런 귀신을 어떻게 미워할 수 있겠소?' 나는 그의 소탈함이 마음

---

127 올빼미: 원문은 '휴류(鵂鶹)'이다. 부엉이만한 크기에 회갈색이며, 얼룩무늬가 있고, 머리와 눈에 고양이처럼 털과 뿔이 있다. 낮에는 자고 밤에 나타난다.

128 도깨비: 원문은 '망량(魍魎)'이다.

129 거처: 원문은 '거정(居停)'이다.

에 들어 함께 더 머물며 술을 마시려 했으나, 그 사람이 옷을 떨치고 일어나 말했소.

'그대가 나를 미워하지 않는 것만으로도 큰 행운이오. 어찌 감히 다시 순국공(郇國公)의 주방에 발을 들이겠소?[130]' 그렇게 웃으며 사라졌소. 나는 그제야 귀신 이야기를 하던 그 사람이 바로 귀신이었음을 알게 되었소."

이에 서생이 장난스럽게 말했다.

"그런 기이한 일은 예로부터 들어본 적이 없소. 하지만 양선 서생의 거위 대광주리 같은 이야기는 환중(幻中)에서 또 다른 환(幻)이 나온 것으로, 바로 전전하며 서로 생겨나는 것이오.[131] 그러니 귀신 이야기를 해준 그 사람 또한 귀신이 아니라는 것을 어찌 알겠소?"

---

130 어찌…들이겠소?: 『운선잡기(雲仙雜記)』에 따르면, 위척(韋陟)의 부엌에는 온갖 맛있는 음식이 다 있어 사람들이 그곳에 들어가면 모두 배부르게 먹고 돌아왔다고 한다. 그래서 당시 사람들은 이를 일러 "밥하지 않고 몸이 편해지길 바라는 사람들, 연줄은 순국공 위척의 주방에 놔야하네(人欲不飯筋骨舒, 夤緣須入郇公厨)."라고 했다고 한다.

131 양선 서생의…것이오: 『속제해기(續齊諧記)』에 따르면 양선(陽羨) 사람 허언(許彦)이 수안산(綏安山)을 가다가 한 서생을 만났다고 한다. 17~18세 정도로 보였는데, 길옆에 누워 있었다. "다리가 아파 그러니, 당신의 거위 광주리에 앉아갈 수 있겠소?"라고 했다. 허언이 장난삼아 그러라고 했다. 서생은 바로 대광주리 속으로 들어갔으나, 전혀 무게가 느껴지지 않았다. 그렇게 함께 길을 가다 나무 그늘아래에서 쉬었다. 서생은 대광주리 안에서 나와 허언에게 감사의 인사를 하며, 입으로 진수성찬을 토해냈다. 술이 몇 잔 돌자 서생은 입속에서 여자를 토해냈다. 여자는 15~16세쯤 되어 보였는데, 용모가 빼어났다. 잠시 후 서생이 술에 취해 자리에 눕자, 이번에는 여자가 남자를 토해냈다. 남자는 23~24세정도로 보였는데, 인물이 좋고 총명했다. 서생이 깨어나려고 하자 여자는 비단을 토해내어 서생을 숨기고 서생과 함께 누웠다. 이 남자 역시 다른 여자를 숨겨왔다며 입에서 여자를 토해냈는데, 20세가량 되어 보였다. 함께 한참동안 술을 마시고 농담하는데, 서생이 움직이는 소리가 들렸다. 남자는 그 여자를 입속으로 거두어 들였다. 잠시 후 여자가 그 남자를 거두어들이고 혼자 허언과 대작했다. 그 뒤에 서생이 일어나 마침내 그릇 하나를 허언에게 주었다고 한다.

[그 말에] 그 자리에 있던 사람들은 순식간에 얼굴색이 변했다. 그때 미풍이 '쏴아—' 하고 불어오더니, 등불이 어두워졌다. 그 순간 사람들은 모두 엷은 안개와 희미한 연기로 변해 사방으로 흩어졌다.

王菊莊言. 有書生夜泊鄱陽湖, 步月納涼. 至一酒肆, 遇數人各道姓名, 云皆鄉里. 因沽酒小飲, 笑言既洽. 相與說鬼, 搜異抽新, 多出意表. 一人曰: "是固皆奇, 然莫奇於我所見矣. 曩在京師, 避囂寓豊臺花匠家, 邂逅一士共談. 吾言此地花事殊勝, 惟墟墓間多鬼可憎, 士曰: '鬼亦有雅俗, 未可概棄. 吾曩游西山, 遇一人論詩, 殊多精詣.' 自誦所作, 有曰: '深山遲見日, 古寺早生秋.' 又曰: '鐘聲散墟落, 燈火見人家.' 又曰: '猿聲臨水斷, 人語入煙深.' 又曰: '林梢明遠水, 樓角掛斜陽.' 又曰: '苔痕寢病榻, 雨氣入昏燈.' 又曰: '鵂鶹歲久能人語, 魍魎山深每晝行.' 又曰: '空江照影芙蓉淚, 廢苑尋春蛺蝶魂.' 皆楚楚有致. 方擬問其居停, 忽有鈴馱琅琅, 欻然滅跡. 此鬼甯復可憎耶? 吾愛其脫洒, 欲留共飲, 其人振衣起曰: '得免君憎, 已爲大幸. 甯敢再入郇厨?' 一笑而隱. 方知說鬼者卽鬼也." 書生因戲曰: "此等奇艶, 古所未聞. 然陽羨鵝籠, 幻中出幻, 乃轉輾相生. 安知說此鬼者, 不又卽鬼耶?" 數人一時變色. 微風颯起, 燈光黯然. 并化爲薄霧輕煙, 濛濛四散.

36.

어머니의 유언

건륭 15년(1750) 경오년 4월, 어머니께서 병세가 위독해졌을 때 자손들에게 말씀하셨다.

"예전에 사람들이 죽을 때가 되면 먼저 떠난 이들이 하나씩 보인다고 하더니, 지금 보니 정말 그렇구나. 다행히 나는 평생 남에게 부끄러운 일을 한 적이 없다. 훗날 저승에서 다시 만나게 될 것이니, 너희들은 살아있을 때 친척 간에 항상 행동에 여지를 남겨두어라."

요안공이 말했다.

"아주 총명하고 뛰어난 사람은 세상의 모든 일을 다 알 수 있지만, 유독 사람이 죽은 뒤의 일만은 알지 못한다. 정치를 잘하고 이를 잘 실천하는 인재는 매사에 모든 계획을 세울 수 있지만, 유독 죽은 뒤의 일에 대해서는 계획을 세울 수 없다. 만약 사람이 죽은 뒤의 일을 알 수 있다면 모든 행동은 무미건조해지고, 죽은 뒤의 계획을 세울 수 있다면 매사에 두려워 아무 일도 하지 못하게 될 것이다. 천지사방[132]의 밖에서 구하려다, 정작 눈앞의

132 천지사방: 원문은 '육합(六合)'이다. 『장자』에 보면, "천지사방 밖의 일에 대해서는 성인은 그저 있는 그대로 놓아 둘 뿐 논하지 않았고, 천지사방 안의 일에 대해서는, 성인은 논변만 할 뿐 이런저런 시비를 따지지 않는다(六合之外, 聖人存而不論, 六合之內, 聖人論而不議)."라

것을 잃으니 안타깝도다."

庚午四月, 先太夫人病革時, 語子孫曰: "舊聞地下眷屬, 臨終時一一相見, 今日果然. 幸我平生尙無愧色. 汝等在世, 家庭骨肉, 當處處留將來相見地也." 姚安公曰: "聰明絶特之士, 事事皆能知, 而獨不知人有死. 經綸開濟之才, 事事皆能計, 而獨不能爲死時計. 使知人有死, 一切作爲, 必有索然自返者, 使能爲死時計, 一切作爲, 必有悚然自止者. 惜求諸六合之外, 失諸眉睫之前也."

는 구절이 있는데, 천지사방을 일러 육합이라 한다.

37.

패옥을 훔친 손

한 남방의 선비가 문장으로 고관들과 교유했다. 우연히 한(漢)나라 때의 반원형 패옥[133] 하나를 얻게 되었는데, 줄무늬 바탕에 광채가 돌았지만 혈흔이 패옥에 깊이 스며있었다. 일찍이 선비는 이것을 문진[134]으로 사용했다. 하루는 아무개 공의 집을 빌려 머물며 등불 아래서 글을 쓰고 있었는데, 창문 틈 사이로 무슨 소리가 들리는 듯하더니, 갑자기 손 하나가 더듬으며 방 안으로 들어왔다. 도둑인가 싶어 철여의(鐵如意)로 내려치려던 찰나, 봄파처럼 가늘고 고운 손이 주춤하며 멈췄다. 문풍지에 구멍을 내어 살펴보니, 푸른 얼굴의 나찰 귀신이었다. 선비는 놀란 나머지 그 자리에서 기절하고 말았다. 정신을 차리고 보니, 패옥은 이미 사라지고 없었다. 사람을 홀리는 여우가 벌인 짓이라 여겨 더 이상 따지지 않았다. 후에 우연히 저잣거리에서 그 패옥을 보고는 어디서 났냐고 물었지만, 이미 여러 사람의 손을 거친 뒤라 결국 단서를 찾아낼 수 없었다. 한참 뒤에야 아무개 공의 하인이 귀신처럼 꾸미고 패옥을 훔쳐갔다는 사실을 알게 되었다. 동곡강이

---

133 반원형 패옥: 원문은 '황(璜)'이다.

134 문진: 원문은 '진지(鎭紙)'로, 종이를 누르거나 책을 누를 때 사용하는 문구용품이다.

웃으며 말했다.

"그 하인이 자네를 석화어사(惜花御史)[135]로 알았던 모양일세. 그러니 감히 부드러운[136] 손을 내밀었지. 만일 나 같은 어리석은 사람을 만났다면 결단코 감히 스스로 손목이 잘릴 위험을 무릅쓰진 않았을 게야."

내가 생각하기에 그 하인이 귀신 복장을 하고 나타난 것은 첫째, 사람들에게 붙잡히지 않기 위해서이고, 둘째, 더 이상 그 사건을 파고들지 못하게 하기 위해서이다. 또 등불 아래서 주먹으로 창을 깨면 회초리를 맞을까 두려웠을 것이고. 그래서 여인의 손처럼 보이게 꾸몄는데, 이는 도둑의 짓이 아님을 알게 하기 위해서이다. 또 사람을 유인해 자신의 흉한 모습을 보게 한 것도 사람의 짓이 아니라고 믿게 만들려던 수작이었으니, 정말이지 용의주도하다 할 수 있다. 대체로 이런 자들이 주인을 섬길 때는 방망이처럼 우둔하게 굴지만, 불법적인 일을 꾸밀 때는 귀신이나 여우처럼 기묘한 꾀를 잘도 꾸며낸다. 이 사람의 이 일만 그런 것이 아니라 이런 자들은 으레 그렇다.

一南士以文章游公卿間. 偶得一漢玉璜, 則理瑩白而血斑徹骨. 嘗用以鎭紙. 一日借寓某公家, 方燈下構一文, 聞窗隙有聲, 忽一手探入. 疑爲盜, 取鐵如意欲擊, 見其纖削如春葱, 瑟縮而止. 穴紙竊窺, 乃一靑面羅刹鬼. 怖而仆地. 比蘇, 則此璜已失矣. 疑爲狐媚幻形, 不復追詰. 後於市上偶見, 詢所從來, 轉輾經數主,

---

135 석화어사(惜花御史): 『옥진집(玉塵集)』에 따르면, "목종(穆宗)이 매번 궁중에 꽃이 필 때마다 석화어사를 두어 살피게 했다"고 한다.

136 부드러운: 원문은 '이(荑)'이다. 『시경』「위풍(衛風)」 보면, "손이 부드러운 삘기 같고(手呂柔荑)"라는 구절이 있다. 이(荑)는 갓 피어난 삘기를 말한다.

竟不得其端緖. 久乃知爲某公家奴, 僞作鬼狀所取. 董曲江戱曰: "渠知君是惜花御史. 故敢露此柔荑. 使遇我輩粗才, 斷不敢自取斷腕."

余謂此奴僞作鬼裝, 一以使不敢攬執, 一以使不復追求. 又燈下一掌破窗, 恐遭捶擊. 故僞作女手, 使知非盜. 且引之窺見惡狀, 使知非人, 其運意亦殊周密. 蓋此輩爲主人執役, 卽其鈍如椎, 至作姦犯科, 則奇計環生, 如鬼如蜮. 大抵皆然, 不獨此一人一事也.

38.

여우의 장난

어사 주죽평(朱竹坪)은 예전에 상서 염리재(閻梨材)의 집에서 열린 작은 모임에 참석한 적이 있었다. 술이 몇 순배 돌자 주죽평은 개탄하며 말했다.

"청렴하고 절개를 지키는 것은 군자의 본분이요. 그러나 그 청렴결백함을 믿고 남을 업신여긴다면, 오히려 객기가 지나치다고 사람들이 싫어합니다."

그러면서 주어사는 다음 이야기를 해주었다.

옛날에 아무개 공이 어사로 있을 때 이 집에서 살았다고 한다. 손님들 사이에서 간혹 여우 이야기가 오가곤 했는데, 한번은 그가 여우를 호되게 꾸짖었다. 며칠 뒤, 달빛 아래서 도둑 하나가 담을 넘어 몰래 들어오는 것을 보았는데, 안팎을 샅샅이 뒤져도 흔적도 없고, 도둑을 잡느라 밤새도록 소란을 피웠다. 날이 밝을 무렵, 홀연히 대청에 한 노인이 누워 있었는데, 노인은 하품을 하고 기지개를 켜며[137] 일어나 말했다.

"6월 원주: 장하(長夏) 두 글자는 황제(黃帝)의 『소문(素問)』에 나오는데, 6월을 말한다. 왕태복(王太僕)은 상성으로 읽는다고 주를 달고 있고, 두공부(杜工部)의 '6월의 강촌

137 하품을 하고 기지개를 켜며: 원문은 '흠신(欠伸)'으로, 피곤한 모양을 가리킨다.

은 마냥 한가롭구나(長夏江村事事幽)'라는 시구에서는 평성(平聲)으로 읽고 있는데, 아마도 주석가들이 미처 살펴보지 못한 것 같다. 더위에 우연히 이 집에 들어와 바람을 쐬다가 밤새 주인을 불안에 떨게 했으니, 참으로 송구합니다."

이렇게 말한 뒤 노인은 웃으며 사라졌다. 까닭 없이 여우를 건드렸다가, 여우에게 희롱을 당한 것이니, 이 어찌 스스로 봉변을 자초한 것이 아닌가!

朱竹坪御史, 嘗小集閻梨材尙書家. 酒次, 竹坪慨然曰: "淸介是君子分內事. 若恃其淸介以凌物, 則殊嫌客氣不除." 昔某公爲御史時, 居此宅. 坐間或言及狐媚, 某公痛罵之. 數日後, 月下見一盜逾墻入, 內外搜捕, 皆無迹, 擾攘徹夜. 比曉, 忽見廳上臥一老人, 欠身而起曰: "長夏溽暑 原註: 長夏字, 出黃帝『素問』, 謂六月也. 王太僕註讀上聲, 杜工部長夏江村事事幽句, 皆讀平聲, 蓋注家偶未考也. 偶投此納凉, 致主人竟夕不安, 殊深慚愧." 一笑而逝. 蓋無故侵狐, 狐以此戱之也, 豈非自取侮哉!

39.

잘난 체하는 선비

주천문(朱天文)의 집에서 부계점을 봤는데, 호사가들이 자주 가서 구경하곤 했다. 어느 날 잘난 체하기를 좋아하는 한 선비가 자신의 서화 솜씨를 자랑하며, 주변에 아무도 없는 듯 제멋대로 행동했다. 그는 손님을 마주한 채 양말을 벗고 발의 때를 긁으며, 계선을 비웃듯 말했다.

"내려오셔서 계단에 시나 한 수 써 보이시지요."

계선이 바로 이렇게 적었다.

돌아보니 세월은 어느덧 흘러,
수도 없이 상전벽해[138]하여 지금이라네.
일찍이 회계의 왕내사(王內史)[139] 만나,
친히 손님 이끌고 산음(山陰)에 갔다네.

---

138 상전벽해: 원문은 '창상(滄桑)'이다. 『신선선』에 따르면, 마고가 "일전에 대접해 드린 뒤로 이미 동해(東海)가 상전벽해(桑田碧海)하는 것을 세 번이나 보았습니다."라고 했다고 한다.

139 왕내사(王內史): 진(晉)나라의 왕희지(王羲之)로, 자는 일소(逸少)이다. 왕희지가 우군장군(右軍將軍) 회계내사(會稽內史)를 역임했기에 세상에서는 그를 왕우군이라 부른다. 빈객들과 함께 회계 산음의 난정(蘭亭)에서 연회를 열고 「난정서(蘭亭序)」를 써서 당시의 심정을 풀어냈다.

그러자 사람들이 "선인께서는 왕우군을 보신 겁니까?"라고 묻자, 계선이 이렇게 썼다.

"왕우군뿐이겠소? 고개지(顧愷之)[140]도 함께 보았소."

잘난 체하던 선비가 이를 듣고는 일어나 말했다.

"이 두 분은 당대의 풍류로 이들을 친히 보셨다면, 이 시대의 현인들도 모두 오셨을 텐데,[141] 고금의 현인들은 그 차이가 얼마나 되오?"

그러자 또 다음과 같이 썼다.

"두 사람은 뛰어난 재주로 입신의 경지에 이르렀으나, 대단히 겸손하고 품성이 고상하며 뜻이 깊어, 그들을 만나는 이들조차 마음을 다 내려놓습니다. 술자리를 탓했던 관부(灌夫)[142]와 비교하면 완전히 다른 부류의 사람이지요. [고금의 현인들을] 나누어 두면 양쪽 다 훌륭한데, 하필 비교하여 양쪽 모두를 해치려 하십니까?"[143]

---

140 고개지(顧愷之): 원문은 '호두(虎頭)'이다. 진나라 고개지는 자가 장강(長康)이고, 어렸을 때의 자는 호두이다. 진릉(晉陵) 사람으로, 특히 그림에 뛰어났다. 세상에서 그는 삼절(三絶)로 유명했는데, 바로 그의 재절(才絶), 화절(畫絶), 치절(癡絶)이 그것이다.

141 현인들도 모두 오셨을 텐데: 원문은 '군현필지(群賢畢之)'이다. 왕희지(303~362)의 「난정집서(蘭亭集序)」에 보면, "모든 현사들이 빠짐없이 오고, 노소의 명사들이 다 모였네(群賢畢之, 少長咸集)."라는 문장이 있다.

142 술자리를 탓했던 관부(灌夫): 원문은 '매좌관부(罵座灌夫)'이다. 『사기』「무안후열전(武安侯列傳)」에 보면, "무안후가 장사(長史)를 불러 말했다. '오늘 종실을 부른 것은 조서가 있었기 때문이다.' 그러면서 관부가 술자리를 모욕하고 조서를 따르지 않았다며 탄핵하고 거실에 붙잡아 두었다."라는 문장이 있다. 소식의 시에 보면 "좌중을 꾸짖은 관장군을 부르기는 어려웠다오(難邀罵座灌將軍)."라는 시구가 있다.

143 나누어…양쪽 모두를 해치려 하십니까?: 육기(陸機)의 『문부(文賦)』에 보면, "나누면 표현과 내용이 모두 완벽해지지만, 합치면 양쪽 모두 망가진다(離之則雙美, 合之則兩傷)."라는 문장이 있다.

사람들은 계선이 지칭하는 바를 알아차리고 서로 눈짓하며 비웃었다.[144] 잘난 체하던 그 선비를 돌아보니, 어느새 양말을 신고 달아날 채비를 하고 있었다.

이 계선이 어떤 영험한 귀신인지는 모르겠으나, 이와 같이 풍자하고 꾸짖었다. 혜안(惠安) 사람 사인 진운정(陳雲亭)은 예전에 이 선비가 그린 「한산노목도(寒山老木圖)」에 다음과 같은 시를 남긴 바 있다.

초췌한 늙은 화공,
평생 한을 품은 서희(徐熙)[145]와도 같네.
이유 없이 스스로 황량한 경치 그리더니,
가을 산의 주름 그리다 귀밑머리 센 줄도 몰랐네.
술에 취해 호기부리며[146] 번번이 무례하게 굴더니,
미친놈의 의협일줄 누가 알았겠는가.
훗날 『선화보(宣和譜)』[147]를 이어 썼다면,

---

144 서로 눈짓하며 비웃었다: 원문은 '목소(目笑)'이다. 『사기』「평원군(平原君)」에 보면, "평원군은 결국 모수와 함께 가기로 했다. 19명은 모수를 업신여겨 서로 눈짓하며 비웃었다(平原君竟與毛遂偕. 十九人相與目笑之)."라는 문장이 있다.

145 서희(徐熙): 서희(?~975)는 종릉(鍾陵) 사람으로, 집안 대대로 강남의 명문가였다. 그가 그린 꽃과 과일, 나무, 짐승과 물고기, 꽃과 벌레는 자연과 흡사할 정도로 뛰어났고, 고인을 훨씬 넘어섰다. 당시 사람들은 꽃을 그릴 때 옅은 색으로 그렸는데, 서희만은 붓으로 가지, 잎, 꽃, 꽃받침을 그리고 채색했기 때문에 다른 사람들보다 뛰어났다. 당시 논자들은 황전의 그림은 신의 경지에 이르렀지만 절묘하지는 않고, 조창(趙昌)은 절묘하지만 신의 경지는 아니었는데, 이 두 가지를 한 번에 구현해 낸 사람이 바로 서희라고 했다.

146 호기부리며: 원문은 '사주(使酒)'이다. 『사기』「무안후열전」에 보면, "관부는 사람됨이 강직하고 호기가 있다(灌夫爲人剛直使酒)."라는 구절이 있다

147 『선화보(宣和譜)』: 『선화서화보(宣和書畫譜)』로, 총 20권으로 구성되어 있으며, 지은이는 미상이다. 송나라 휘종 때 궁궐 내부(內府)에 소장하고 있는 그림을 기록한 것으로, 모두 231

회화사에 지금의 관부도 들었으리.

계선이 말하는 술자리를 모욕했던 관부는 마땅히 잘난 체하던 선비를 가리킨다. 또한 이 귀신이 어떻게 이 시를 알고 있는지는 모르겠다.

朱天門家扶乩, 好事者多往看. 一狂士自負書畵, 意氣傲睨, 旁若無人. 至對客脫襪搔足垢, 向乩哂曰: "且請示下壇詩." 乩卽題曰: "回頭歲月去駸駸, 幾度滄桑又到今, 曾見會稽王內史. 親攜賓客到山陰." 衆曰: "然則仙及見右軍耶?" 乩書曰: "豈但右軍? 并見虎頭." 狂生聞之起立曰: "二老風流, 既曾親睹, 此時群賢畢至, 古今人相去幾何?" 又書曰: "二公雖絶藝入神, 然意存沖挹, 雅人深致, 使見者意消. 罵座灌夫, 自別是一流人物. 離之雙美, 何必合之兩傷?" 衆知有所指, 相顧目笑. 回視狂生, 已著襪欲遁矣. 此不識是何靈鬼, 作此虐謔. 惠安陳舍人雲亭, 嘗題此生「寒山老木圖」曰: "憔悴人間老畵師, 平生有恨似徐熙. 無端自寫荒寒景, 皴出秋山鬢已絲. 使酒淋漓禮數疏, 誰知俠氣屬狂奴. 他年倘續『宣和譜』, 畵史如今有灌夫." 乩所云罵座灌夫, 當卽指此. 又不識此鬼何以知此詩也.

인이 실려 있고, 6396두루마리로 이루어져 있다. 10개의 주제로 분류하여 정리했다.

40.

아무개 태학생

외삼촌 장몽징(張夢徵)이 해준 이야기이다.

어렸을 때 들은 이야기로, 창주(滄州)[148]의 한 태학생[149]이 강가에 살고 있었다고 한다. 어느 날 밤, 어떤 관리가 명함[150]을 들고 와 문을 두드리며 신임 태수가 이곳을 지나가게 되었는데, 이 집이 고을의 유지라 들었기에 배 안으로 모셔 인사를 나누고자 한다고 했다. 때마침 집 주인은 친척 집의 장례식에 참석하러 가고 없었는데, 상가는 이곳에서 10리 남짓 떨어져 있었다. 문지기는 명함을 받아들고 급히 상가로 달려가 알렸다. 그 말을 들은 태학생은 수레를 타고 서둘러 집으로 돌아왔으나, 배는 이미 떠나고 없었다. 이에 거마를 갖추고 각종 예물을 챙겨 해안을 따라 급히 배를 추격해 밤낮을 가리지 않고 200여 리를 달려 산동의 덕주(德州)까지 좇아갔다. 그러나 만나는 사람마다 물어보았지만, 관리는커녕 그런 배조차 보았다는

148 창주(滄州): 지금의 하북성(河北省) 창주시에 해당한다.

149 태학생: 태학은 한(漢)나라 때부터 있었으며, 수나라 이래로 국자감이라 불렀다. 국자감에 들어가 공부하는 사람을 감생(監生) 혹은 태학생이라 불렀다.

150 명함: 원문은 '명자(名刺)'이다. 『해여총고(陔餘叢考)』에 보면, 고인들이 통성명할 때 본래는 깎은 나무에다 이름을 썼다고 한다. 한나라 때는 이를 갈(謁)이라 했고, 한말에는 자(刺)라 했다. 한나라 이후로는 종이에 적어 사용했지만, 명칭은 그대로 자라 불렀다.

이가 없었다. 낭패하여 집으로 돌아오는데, 며칠 동안 꿈을 꾼 것처럼 정신이 멍했다.

누군가는 [이 이야기를 듣고] 그 집에 재물이 많다는 소문을 들은 도둑이 주인을 꾀어내어 잡아서 재물을 가로채려 했으나, 그가 집을 나온 덕분에 위기를 모면했다고 말했다. 또 누군가는 그가 가난한 친구는 원수처럼 대하면서 권세 있는 이들에게는 아낌없이 재물을 주는 것을 못마땅하게 여긴, 옛날부터 근처에 살던 여우가 일부러 장난친 것이라고도 했다. 그러나 모두 증거는 없다. 이 이야기는 곧 온 마을에 퍼져 "아무개 태학생이 귀신을 만났대." 하며 떠들어댔다. 돌아가신 외조부 장설봉께서는 "이 일은 여우의 짓도, 귀신의 짓도, 도둑의 짓도 아닌 바로 가난한 친구가 벌인 짓이야."라고 하셨는데, 이 말이 비교적 사실에 가깝다.

舅氏張公夢徵言. 兒時聞滄州有太學生, 居河干. 一夜有吏持名刺叩門, 言新太守過此, 聞爲此地巨室, 邀至舟中相見. 適主人以會葬, 宿姻家, 相距十餘里. 閽者持刺奔告. 急命駕返, 則舟已行. 乃飭車馬具贄幣, 沿岸急追, 晝夜馳二百餘里, 已至山東德州界. 逢人詢問, 非惟無此官, 并無此舟. 乃狼狽而歸, 惘惘如夢者數日. 或疑其家多貲, 劫盜欲誘而執之, 以他出幸免. 又疑其視貧親友如讐, 而不惜多金結權貴, 近村故有狐魅, 特惡而戱之. 皆無左證. 然鄕黨喧傳, 咸曰某太學遇鬼. 先外祖雪峰公曰: "是非狐非鬼亦非盜, 卽貧親友所爲也." 斯言近之矣.

41.

명당

전해오는 말에 따르면 까치와 뱀이 싸운 자리는 명당이라 하여, 그곳에 묘를 서면[151] 자손들이 부귀영화를 누리게 된다고 해서, 이를 '용봉(龍鳳)의 땅'이라 불렀다. 내가 열한두 살 때 회진(淮鎮) 공씨(孔氏) 집안의 밭에서 그런 일이 있었는데, 외삼촌 안실재(安實齋) 공이 직접 그 일을 목격했다. 공씨는 그 자리에 묘를 썼으나, 아무런 효험도 없었다.

내가 생각하기에 아마도 까치가 벌레나 개미를 잡아먹다가 우연히 작은 뱀을 보고 부리로 쪼자, 뱀이 꿈틀거리며 저항하는 모습을 사람들이 싸움으로 오인한 듯한데, 이런 일은 생태계에서 흔한 일이다. 틀림없이 그날 지관이 다른 이의 묏자리를 살펴보다가 마침 까치와 뱀이 다툰 자리를 보고 명당이라 지목했을 것이다. 이는 마치 도간(陶侃)이 어머니의 장지를 정할 때 선인이 소가 누운 자리를 가리켜 묘를 쓰라고 한 것과 같다.[152] [도간

---

151 묘를 서면: 원문은 '점혈(點穴)'이다. 옛날에 미신을 믿는 사람들이 묏자리를 잡을 때 감여가(堪輿家)를 청해 혈이 통하는 곳을 찾았는데, 이는 후손들이 잘 살기를 바라는 마음에서였다.

152 이는…것과 같다. 『진서』「도간전」에 보면, 도간이 미천했을 때 부모상을 당해 장사지내려 할 때 집안에서 키우던 소가 갑자기 온데간데없이 사라졌다고 한다. 한 노인을 만났는데 이렇게 말했다, "앞산등성이에서 소를 보았는데, 산의 낮은 곳에 자고 있었습니다. 그 땅

이 높은 관직에 오르자,] 훗날 사람들은 이를 길한 징조로 여겼고, 결국 소문이 와전되며 까치와 뱀이 싸운 자리를 길지(吉地)라 믿게 된 것이다. 그렇다면 도간의 일로 인해 무릇 소가 누운 자리를 명당이라 여기게 된 것인가?

俗傳鵲蛇鬭處爲吉壤, 就鬭處點穴, 當大富貴, 謂之龍鳳地. 余十一二歲時, 淮鎭孔氏田中, 嘗有是事, 舅氏安公實齋親見之. 孔用以爲墳, 亦無他驗.

余謂鵲以蟲蟻爲食, 或見小蛇啄取, 蛇蜿蜒拒爭, 有似乎鬭, 此亦物態之常. 諒必當日曾有地師爲人卜葬, 指蛇鵲鬭處是穴. 如陶侃葬母, 仙人指牛眠處爲穴耳. 後人見其有驗, 遂傳聞失實, 爲鵲蛇鬭處必吉. 然則因陶侃事, 謂凡牛眠處必吉乎?

에 묘를 쓰면 자리가 높아지고 다른 사람의 신하가 될 것이오." 말을 다하고는 노인이 사라졌다. 도간은 소를 찾고, 그곳에 장사지냈다고 한다.

42.

승환승(繩還繩)

한 사람이 밤에 경운(慶雲)과 염산(鹽山)[153] 사이의 주인 없는 무덤 옆을 지나다가 여우 떼에게 붙잡혔다. 여우들은 그의 옷을 벗기고 팔을 뒤로 묶은 채 나뭇가지 끝에 거꾸로 매달았다. 동틀 무렵 사람들이 그를 발견했다. 사다리를 가져다가 나무에서 풀어주고 보니, 그의 등에 '승환승(繩還繩)' 세 글자가 큼지막하게 적혀 있었는데, 그 의미를 알 수 없었다. 잠시 뒤, 그는 이십 년 전에 여우 한 마리를 잡아 거꾸로 매단 일을 떠올리고는 오늘 여우가 복수한 것임을 비로소 깨달았다. 호후암(胡厚菴) 선생은 서애(西涯)의 신악부(新樂府)[154]를 모방해 「승환승」 한 수를 지었다.

3길 높이 나무에 오를 수 없으니,
누가 원숭이처럼 재빠르게 나뭇가지 끝에 올라갈 수 있겠는가?
자세히 살펴보니 어린 아이처럼 거꾸로 묶인 채,

---

153 경운(慶雲)과 염산(鹽山): 두 현은 청대 직례성 천진부(天津府)에 속했다.

154 서애(西涯)의 신악부(新樂府): 명(明)나라 이동양(李東陽, 1447~1516)은 자가 빈지(賓之)이고, 호남(湖南) 다릉(茶陵) 사람이다. 일찍이 21개의 역사 사실을 모아 『의고악부(擬古樂府)』 100편을 지었다.

등에 승환승 세 글자가 적혀 있네.
무슨 이유로 고심하고 정신없는지 물어보니,
문득 깨달은 바 있어 벌떡 일어났네.
그 옛날에 여우 하나 묶어 매달았지.
옛일 바람 앞의 등불처럼 다 지나갔건만,
좁은 길에서 옛 원수 만날 줄 누가 알았겠는가.
아아! 사람과 여우는 재와 얼음처럼 길이 다르거늘,
그대 어찌하여 함부로 무덤을 침범했는가?
설마 원한을 품은 채 몰래 틈을 엿보고 있었던 것인가?
아아! 이유 없는 흉악범 혼날 만하네!

이 시는 바로 이 일을 말한 것이다.

慶雲·鹽山間, 有夜過墟墓者, 爲群狐所遮. 裸體反接, 倒懸樹杪. 天曉人始見之. 掇梯解下, 視背上大書三字曰: '繩還繩', 莫喩其意. 久乃悟二十年前, 曾捕一狐倒懸之, 今修怨也. 胡厚菴先生, 仿西涯新樂府中, 有「繩還繩」一篇曰: "斜柯三丈不可登, 誰躡其杪如猱升. 諦而視之兒倒繃, 背題三字繩還繩. 問何以故心懵騰, 恍然忽省蹶然興. 束縛阿紫當年曾. 舊事過眼如風燈, 誰期狹路遭其朋. 吁嗟乎! 人妖異路炭與冰, 爾胡肆暴先侵陵? 使銜怨毒伺隙乘? 吁嗟乎! 無爲禍首玆可懲!" 卽此事也.

43.

훈장의 권유

유향원(劉香畹)이 해준 이야기이다.

창주 근처 바닷가에 열네댓 살 된 목동이 살고 있었다고 한다. 비록 농부의 아들이었지만, 피부가 유난히 희고 고왔다. 어느 날, 산비탈에서 낮잠을 자고 일어난 그는 등에 뭔가를 짊어진 듯한 느낌을 받았다. 그러나 뒤를 돌아보아도 아무것도 보이지 않았고, 손으로 만져도 잡히는 것이 없었으며, 물어봐도 역시 대답이 없었다. 겁이 난 그는 집으로 돌아와 부모님께 그 사실을 털어놨지만, 달리 방법이 없었다.

며칠 뒤부터 점차 소년을 껴안고 만지는 듯하더니, 이어서 가위에 눌리며 급기야 능욕을 당했다. 그 뒤로 괴물은 소년에게 달라붙어 시도 때도 없이 그를 함부로 만졌지만, 여전히 형체는 없고, 만질 수도, 소리를 들을 수도 없었다. 가끔 돈이나 과자를 주기도 했지만, 많지는 않았다.

이웃에 사는 훈장이 소년의 아버지에게 말했다.

"여우의 소행 같으니, 사냥개를 숨겨 두었다가 괴물이 교태부리는 소리가 들리면 문을 열고 개를 풀어 잡으시오."

소년의 아버지는 훈장의 가르침대로 했다. 여우는 '컹컹'거리며 창문을 깨고 나가 집 지붕 위로 펄쩍 뛰어올라 목동이 배신했다고 꾸짖었다. 훈장은 여우를 향해 외쳤다.

"그대는 요술을 부려 영에 통달했으면 마땅히 세상의 이치를 알고 있을 터. 무릇 남녀의 사랑은 정으로 움직이는 법. 그러나 아침에 함께 묻힐 것을 맹세하던[155] 여인이 저녁에 다른 배로 가는 일이 세상에 얼마나 많은지 아직도 모르시오? 하물며 그대가 사랑한 미소년은 본디 여인이 아닌데도, 그대는 같은 이불 속에서[156] 잠자리를 하였으니,[157] 결국 이는 색을 판 것에 지나지 않소. 그가 분을 바르고 향을 풍기며 곁눈질로 유혹하고, 비단만 필을 화대로 받고[158] 천금에 웃음을 팔 때는[159] 벽옥(碧玉)[160]처럼 다정하게

---

155 함께 묻힐 것을 맹세하던: 원문은 '동혈(同穴)'로, 『시경』「왕풍(王風)·대거(大車)」에 보면, "살아서는 딴 집이라 하더라도, 죽어서는 같은 구덩이에 묻히리라(穀則異室, 死則同穴)"라는 시구가 있다.

156 같은 이불속에서: 원문은 '포금(抱衾)'으로, 『시경』「소남(召南)·소성(小星)」에 보면, "이부자리와 속옷을 안고 가니(抱衾與裯)."라는 시구가 있다.

157 잠자리를 하였으니: 원문은 '천침(薦枕)'이다. 송옥(宋玉)의 「고당부(高唐賦)」에 보면, "그대가 고당에 왔다는 소문을 듣고, 함께 잠자리하기를 바랐습니다(聞君遊高唐, 願薦枕席)."라는 시구가 있다. 여기서 천(薦)은 들다(進)의 의미로 사용되었다.

158 화대로 받고: 원문은 '전두(纏頭)'이다. 당나라 때 빈객이 잔치를 열면 손님들을 위하여 춤을 추고 이에 대한 예우로서 채물(彩物)을 주었는데, 이것을 화대라고 했다. 지금은 단지 창기 가운데 잔치 때 노래하고 춤추는 사람을 전두라고 한다.

159 웃음을 팔 때는: 원문은 '매소(買笑)'이다. 『설림(說林)』에 보면, 무제(武帝)가 여연(麗娟)과 함께 꽃을 감상하고 있었다고 한다. 장미가 한창 꽃봉오리를 맺기 시작했는데, 그 모습이 마치 웃음을 머금은 듯 아름다웠다. 이에 무제가 "이 꽃은 절세가인의 웃음보다 아름답구나."라고 말하자, 여연이 장난삼아 "웃음을 살 수 있습니까?"라고 물었다. 무제가 "가하다."라고 하자, 여연은 시중에게 황금 1백 냥을 가져오게 해서 웃음을 산 돈을 무제에게 바쳤다고 한다.

160 벽옥(碧玉): 벽옥은 사람 이름으로, 유벽옥이다. 악부 「정인벽옥가(情人碧玉歌)」에 따르면 "여남왕의 첩이라고도 한다(一云汝南王妾)"고 되어 있다. 양나라 원제(元帝)의 「채련부(采蓮賦)」에 "가난한 집 딸 벽옥, 여남왕에게 시집오네(碧玉小家女, 來嫁汝南王)"라는 시구가 있다.

몸을 돌려 다가와 껴안지요. 그러나 부자가 재물이 떨어지고 권문세가가 권세를 잃으면 팔을 걷고 떠날 뿐만 아니라, 창을 거꾸로 들고 와 도리어 죄를 묻기도 하며, 손을 뒤집어 구름을 만들고, 다시 엎어 비를 내리듯[161] 인정이 변하는데, 이는 예로부터 다 그러했소. 소소(蕭韶)는 유신(庾信)에게 그러했고,[162] 모용충(慕容冲)은 부견(符堅)에게 그러했는데,[163] 이 일들은 역사책에 실려 있는, 매우 분명한 사례들이지요. 유신이나 부견이 그들에게 이렇게 베풀었기에, 그들도 그에 걸맞은 보답을 했소. 이런 자들의 교분은 마치 모래로 밥을 짓는 것과 같소. 하물며 그대는 오릉(五陵)[164] 귀족의 만분의 일

---

161 손을 뒤집어 구름을 만들고, 다시 엎어 비를 내리듯: 원문은 '번운복우(翻雲覆雨)'이다. 두보의 「빈교행(貧交行)」에 보면, "손 뒤집으면 구름이요 엎으면 비가 되듯, 이렇듯 경박한 무리들을 어찌 다 헤아리겠는가(翻手爲雲覆手雨, 紛紛輕薄何足數)"라는 시구가 있다.

162 소소(蕭韶)는…그러했고: 『남사(南史)』「양종실전(梁宗室傳)」에 보면, 소소는 자가 덕무(德茂)였다고 한다. 옛날 어린 시절에 유신이 그를 아껴 깨우지 않고 살포시 나가기 위해 자신의 소매를 끊고 일어날 정도로 그를 애지중지했다. 먹고 입는 것 모두를 유신이 소소에게 주었다. 손님을 만나면 소소 역시 유신을 위해 술을 가져오게 했다. 후에 영주자사(郢州刺史)가 되었을 때 유신이 서쪽 강릉길에 올랐는데, 길을 가다 강하를 거쳐 가게 되었다. 소소는 아주 야박하게 유신을 대하며 청유막(清油幕: 장수의 장막) 아래에 앉게 했다. 또 안으로 불러들여 잔치를 벌였는데, 유신을 별탑(別榻)에 앉게 하는 등 우쭐댔다고 한다.

163 모용충(慕容冲)은…그러했는데: 『진서』「부견전(苻堅傳)」에 보면, 처음에 부견이 연(燕)나라를 멸했을 때 모용충의 누이는 청하공주(清河公主)였다고 한다. 그때 나이 열네 살이었는데, 자색이 뛰어났다. 부견이 그녀를 후궁으로 맞아들이고 총애했다. 그때 모용충의 나이 열두 살이었는데, 용양(龍陽: 魏王의 嬖臣의 이름으로, 전하여 男色이 되었다)의 모습이 있었다. 부견은 그도 총애하여 오누이가 부견의 사랑을 독차지하게 되었고, 궁인들은 접근도 못하게 되었다. 후에 모용충이 평양(平陽) 태수가 되었을 때 비수전(淝水戰)에서 패했다. 모용충은 하동(河東)에서 군사를 일으켜 얼마 후 아방성(阿房城)을 근거지로 해 왕위에 오르고 장안으로 진격했다. 부견은 오장산(五將山)으로 달아났다.

164 오릉(五陵): 『한서』「원섭전(原涉傳)」주에 보면, 오릉은 장릉(長陵)·안릉(安陵)·양릉(陽陵)·무릉(茂陵)·평릉(平陵)을 말한다. 서릉(徐陵)의 『옥대신영(玉臺新詠)』 서에 보면, "오릉의 호족으로, 후궁에 선발되었다(五陵豪族, 充選掖庭)"라는 구가 있다.

조차 베풀지 않으면서도, 소년의 마음이 금석처럼 굳건하길 바라고 있으니, 이것이야말로 본말이 전도된[165] 일이 아니겠소?"

훈장의 말이 끝나자 여우는 아무 말도 않았다. 한참 뒤 여우가 돌연 발을 구르며 하는 소리가 들렸다.

"선생, 그만 하시지요. 내 어리석음을 이제야 알겠소."

여우는 길게 탄식하다 떠나갔다.

劉香畹言. 滄州近海有牧童, 年十四五. 雖農家子, 頗白晳. 一日陂畔午睡, 醒覺背上似負一物. 然視之無形, 捫之無質, 問之亦無聲. 怖而返, 以告父母, 無如之何.

數日後漸似擁抱, 漸似撫摩, 既而漸似夢魘, 遂爲所汚. 自是媟狎無時, 而無形無質無聲, 則仍如故時. 或得錢物果餌, 亦不甚多. 鄰塾師語其父曰: "此恐是狐, 宜藏獵犬, 俟聞媚聲時, 排闥嗾攫之." 父如所教. 狐鷸然破窗出, 在屋上跳擲, 罵童負心. 塾師呼與語曰: "君幻化通靈, 定知世事. 夫男女相悅, 感以情也. 然朝盟同穴, 夕過別船者, 尙不知其幾? 至若孌童, 本非女質, 抱衾薦枕, 不過以色爲市耳. 當其傅粉熏香, 含嬌流盼, 纏頭萬錦, 買笑千金, 非不似碧玉多情, 回身就抱. 迨富者貲盡, 貴者權移, 或掉臂長辭, 或倒戈反噬, 翻雲覆雨, 自古皆然. 蕭韶之於庾信, 慕容冲之於符堅, 載在史册, 其尤著者也. 其所施者如彼, 其所報者尙如此. 然則與此輩論交, 如搏沙作飯矣. 况君所贈, 曾不及五陵豪貴之萬一, 而欲此童心堅金石, 不亦傎乎?" 語訖寂然. 良久忽聞頓足曰: "先生休矣. 吾今乃始知吾癡." 浩嘆數聲而去.

---

165 전도된: 원문은 '전(傎)'으로, 거꾸로 하다, 뒤바뀌다의 뜻이다.

44.

동백산의 산신

강백암(姜白巖)이 해준 이야기이다.

한 선비가 동백(桐柏)[166] 산중을 지나가던 중, 우연히 천자의 수레를 호위하는 의장대[167]를 만났는데, 옷매무새가 귀신같았다고 한다. 선비는 잠시 숲속으로 몸을 피했으나, 수레에 앉아 있던 고관이 이미 그를 보았기에 사람을 보내 불러들이고는 이야기를 나눴는데, 의외로 마음이 잘 맞았다. 이에 선비가 절을 올리며 신분을 묻자, “나는 이 산의 신이오.”라고 했다. 이에 선비가 다시 절하며 신께서는 어느 시대의 사람인지 여쭈며, 그 이야기를 세상에 전해 사람들의 견문을 넓히고자 한다고 했다.

그러자 신이 말했다.

---

166 동백(桐柏): 지금의 하남성 동백현 남쪽에 위치한다.

167 의장대: 원문은 ‘노부(鹵簿)’이다. 『한관의(漢官儀)』에 따르면, 천자의 수레를 호위하던 의장대를 노부라고 한다. 노(鹵)는 큰 방패이다. 호위병들이 갑옷을 입고 방패를 든 채 밖에 서서 인도했는데, 이를 부(簿)라 했다. 그래서 노부라 부르게 되었다. 또 백관들도 각자의 노부가 있으며, 각각 차등을 두었다. 『양서(梁書)』「왕승유전(王僧孺傳)」에 보면, “왕승유는 어린 시절 가난해서, 이머니가 비단과 무명을 팔아 먹고살았다. 한번은 승유를 데리고 시장에 갔다가 길에서 증승(中丞)의 의장대를 만나 도랑으로 내몰렸다(僧孺幼貧, 其母鬻紗布以自業, 嘗攜僧孺至市, 道遇中丞鹵簿, 驅迫溝中).”라는 문장이 있다.

"그대가 묻고자 하는 것은 귀신에 관한 것이겠지만, 나는 지신입니다. 무릇 천지가 개벽하고[168] 만물이 생겨난 뒤, 기가 모였습니다. 기가 모이면 그 속에 정기가 깃들고, 정기가 맺히면 육신이 생기며, 육신이 자리를 잡으면 정신이 깃듭니다. 그런 까닭에 신령은 천지와 함께 생겨나고, 성인만이 조화의 본질을 꿰뚫어 압니다. 그래서 땔감을 태워 하늘에 제사지내는 번시(燔柴)[169]나 옥을 묻고 산에 제사지내는 예옥(瘞玉)[170] 같은 제의가 모두 『육경』에 실려 있게 된 것입니다. 그런데 소설[171]과 잡기가 생겨나면서 비루한 말들이 퍼지기 시작했습니다. [신의 성이] 유씨(劉氏)니 장씨(張氏)니 하며 천제가 흥망성쇠의 조화를 부린다고 이야기합니다.[172] [하백의 성이] 여씨

---

168 천지가 개벽하고: 원문은 '원황부판(元黃剖判)'이다. 『주역』에 보면 "하늘은 검고 땅은 누르니라."라는 문장이 있다. 양웅(揚雄)의 「극진미신(劇秦美新)」에 보면, "천지가 개벽한 이래 상하가 서로 기뻐했네(玄黃剖判, 上下相嘔)."라는 구절이 있다. 「극진미신」은 전한의 양웅이 왕망(王莽)에게 아첨하여 지은 글로, 진나라의 정치를 비난하고 왕망이 세운 신나라를 칭송하고 있다.

169 번시(燔柴): 『예기』에 보면, "진단(秦壇)에서 섶나무를 불태우며 하늘에 제사지냈다."라는 구절이 있다. 『이아』의 "제천왈번시(祭天曰燔柴)"라는 문장에 "제사를 지낼 때 땔감을 쌓아 놓고, 그 위에 희생양을 올려두고 불태웠다."라고 주 달려 있다.

170 예옥(瘞玉): 환담(桓譚)의 『신론(新論)』에 보면, "태산에서 봉선제를 지낼 때는 태산 정상에 옥을 묻는다(修封泰山瘞玉岱宗)."라는 문장에 "무릇 산에 제사를 지낼 때는 옥을 묻고, 대천에 제사를 지낼 때는 옥을 가라앉혀 예를 표했다(凡封山則埋玉, 祭川則沉璧)."라고 주 달려 있다.

171 소설: 원문은 '패관(稗官)'이다. 『한서』「예문지(藝文志)」에 보면, "소설가의 무리는 대개 패관에서 나왔으며, 거리에서 떠도는 이야기와 길에서 듣고 말한 것으로 지었다(小說家者流, 蓋出於稗官, 街談巷語, 道聽塗說者之, 所造也)."라는 문장이 있다.

172 유씨(劉氏)니 장씨(張氏)니 하며…합니다: 『유양잡조(酉陽雜俎)』「낙고기(諾皐記)」에 보면, 천옹(天翁)은 성은 장(張)이고 이름은 견(堅)이라고 한다. 자는 자갈(刺渴)이고, 어양(漁陽) 사람이다. 예전에 그물을 쳐서 흰 참새 한 마리를 잡아 애지중지하며 길렀다. 꿈에 하늘에서 유옹(劉翁: 한나라 왕조)이 화를 내며 장견을 꾸짖고 매번 그를 죽이려 할 때마다 흰 참새가 장견을 보호하며 알려주었다. 그리하여 장견은 여러 방책을 세워두고 대처했기에 유옹

(呂氏)니 풍씨(馮氏)니 하며 하백(河伯)의 부부에 대해 이야기하게 되니,[173] 유생들이 이를 비판하기 시작했습니다. 주희(朱熹)[174]가 일어나 이학(理)으로 하늘을 해석하며, 『시경』「황의(皇矣)」의 '위대하신 하느님께선 위엄 있게 땅위에 임하시어'라는 시구마저 거짓이라 하여 배척했습니다. 귀신은 음양 두 기운의 상호작용으로 생겨납니다. 대개 나무나 돌의 정기는 기(夔)[175]와 망(罔)[176] 같은 요괴를 낳고, 비와 흙의 정기는 분양(羵羊)[177]과 같은 괴물을

은 끝내 그에게 해를 끼치지 못했다. 유옹이 마침내 하늘에서 내려와 그를 보러왔기에 장견은 빈주의 예로서 대했다. 그리고는 몰래 유옹이 타고 내려온 백룡을 훔쳐 타고 하늘로 올라갔다. 유옹은 다른 용을 타고 뒤쫓아 갔으나 따라잡을 수 없었다. 장견은 현궁(玄宮)에 도착해 백관을 갈아치우고 북문을 잠가버렸다. 그리고 흰 참새를 상경후(上卿侯)에 봉했다. 실권을 잃은 유옹은 오악(五嶽)을 돌아다니며 재앙을 일으켰다. 장견은 이를 걱정해 유옹을 태산태수로 삼아 생사의 장부를 담당케 했다.

173 여씨(呂氏)니 풍씨(馮氏)니 하며…이야기하게 되니: 『사기』「봉선서(封禪書)」에 보면, "하수는 임진에서 제사지내며(河祠臨晉)"라는 문장에 다음 주가 달려 있다. 『용어하도(龍魚河圖)』에 보면, 하백은 성이 여씨이고, 이름은 공자(公子)라고 한다. 부인의 성은 풍씨이고, 이름은 이(夷)이다. 하백은 자이다. 화음(華陰) 동향(潼鄉) 제수(隄首) 사람이 물에 빠져 죽어 하백이 되었다고 한다.

174 주희(朱熹): 원문은 '자양(紫陽)'이다. 방회(方回)의 『자양서원기(紫陽書院記)』에 따르면, 자양산(紫陽山)은 옛날 흡군(歙郡)의 남문에서 5리 떨어진 곳에 위치한다. 주희(1130~1200)는 시제(侍制)와 시강(侍講)을 지냈고, 사후 태사(太師), 휘국공(徽國公)에 추증되었으며, 문공(文公)의 시호가 내려졌다. 주희가 일찍이 흡군에서 자양서원을 열었기에 오산 사람들은 그를 자양부자라 불렀다.

175 기(夔): 고대 전설에 나오는 다리가 하나이고 뿔이 달리지 않은 소의 형상을 한 동물을 말한다. 황제가 판천(阪泉)의 들판에서 치우(蚩尤)와 싸울 때 군사들의 사기를 높이기 위해 기의 가죽으로 북을 만들고 뇌수(雷獸)의 뼈로 북채를 만들었다. 우렁찬 북소리에 힘을 얻은 황제의 군사들이 용기백배하여 치우를 물리칠 수 있었다고 한다.

176 망(罔): 망량(罔閬), 망량(魍魎), 망량(罔兩), 방량(方良)이라고도 한다. 『회남자』「범론훈(氾論訓)」에 보면 "산에는 효양(梟陽)이 산다. 산의 정령으로, 사람의 모습을 하고, 키가 크며, 얼굴은 흑색이나."라고 한다.

177 분양(羵羊): 토정(土精)이라고도 하며, 양의 모습을 하고 땅속에 사는 귀신으로 자웅동체이다.

만들어냅니다.[178] 건곤이 운행하고[179] 원기가 심원하면[180] 도리어 그 기운은 모여 상승하지 못하는데, 어찌 지존이 이를 주재할 수 있겠습니까? 그대의 옷차림을 보아하니 문사가 틀림없군요. 내 말을 전하여 유생들로 하여금 성인이 대접받는 이유를 알게 해 주시오."

선비는 다시 절을 올리고 물러났다. 그러나 그는 사람들에게 이 이야기를 전할 때마다 번번이 요망한 일이라 여기는 듯했다. 내가 이 말을 통해 귀신의 본말을 추론해보건대, 그 속에 담긴 뜻은 상당히 깊고도 오묘하다. 그러나 강백암의 이 우언은 귀신의 말을 빌려 쓴 것에 지나지 않는다. 빛나는 신령이 어찌 강학가와 시비를 다투려 들겠는가?

姜白巖言. 有士人行桐柏山中, 遇鹵簿前導, 衣冠形狀, 似是鬼神. 甫避林內, 輿中貴官已見之, 呼出與語, 意殊親洽. 因拜問封秩, 曰: "吾卽此山之神." 又拜問神生何代, 冀傳諸人世, 以廣見聞. 曰: "子所問者人鬼, 吾則地祇也. 夫元黃剖判, 融結萬形, 形成聚氣. 氣聚藏精, 精凝孕質, 質立含靈. 故神祇與天地并生, 惟聖人通造化之原. 故燔柴瘞玉, 載在『六經』. 自稗官瑣紀創造鄙詞. 曰劉曰張, 謂

---

178 대개…만들어냅니다: 『노어(魯語)』에 보면, 계환자(季桓子)가 우물을 파다가 장군[缶] 모양의 항아리를 얻었는데, 그 속에 양 같은 것이 들어 있었다고 한다. 사람을 보내 공자에게 "제가 우물을 파다가 개 한 마리를 얻었는데, 이것은 무엇입니까?"라고 묻자 공자가 대답했다. "제가 들은 바에 따르면 그것은 양일 것입니다. 목석의 괴물은 기와 망량이라 하고, 물의 괴물은 용과 망상(罔象)이며, 흙의 괴물은 분양이라 합니다."라고 했다고 한다. "분양은 암수가 없다고 하며 분(墳)이라고도 한다."라는 주가 달려 있다. 망상은 용의 모습을 하고 물속에 살며 사람을 잡아먹는다는 귀신으로, 용망상(龍罔象)이라고도 한다.

179 운행하고: 원문은 '알운(斡運)'이다. 장화(張華)의 시에 보면 "태극이 운행하니(太儀斡運)"라는 구절이 있다.

180 심원하면: 원문은 '홍통(鴻洞)'이다.

天帝有廢興. 日呂日馮, 謂河伯有夫婦, 儒者病之. 紫陽崛起, 乃以理詁天, 并皇矣之下臨, 亦斥爲烏有. 而鬼神之德, 遂歸諸二氣之屈伸矣. 夫木石之精, 尙生夔罔, 雨土之精, 尙生羵羊. 豈有乾坤斡運, 元氣鴻洞, 反不能聚而上升, 成至尊之主宰哉? 觀子衣冠, 當爲文士. 試傳吾語, 使儒者知聖人饗報之由." 士人再拜而退. 然每以告人, 輒疑以爲妄. 余謂此言, 推鬼神之末始, 植義甚精. 然是白巖寓言, 託諸鬼神耳. 赫赫靈祇, 豈屑與講學家爭是非哉?

45.

호색한

편수(編修) 구초연(裘超然)이 해준 이야기이다.

풍의문(豊宜門) 안쪽 옥황묘가(玉皇廟街)에는 오래도록 폐쇄된 몇 칸짜리 폐가가 있는데, 이곳에 호선(狐仙)이 산다고들 했다. 때마침 강서 출신의 한 효렴이 친구들과 함께 글을 읽으며 다음 과시를 기다리는데, 원주: 당대(唐代)의 수험생들은 과거에 낙방한 후 다음 과시를 기다리며 글을 읽는 것을 과하(過夏)라고 했다. 조용하고 궁벽한 그곳이 마음에 들어 그 옆에 방 한 칸을 얻어 머물렀다. 하루는 젊은 여인이 처마 밑에 서 있는 것을 보았는데, 용모가 아주 수려했다. 효렴은 그녀가 짐짓 여우임을 알아챘지만, 젊고 패기가 있어 두려워하지 않았다. 해가 진 뒤, 그는 문 앞에 나아가 예를 표하고는 경박한 말로 안부를 물었다. 그날 밤, 침상 앞에서 부스럭거리는[181] 소리를 들은 그는 여우가 온 것을 알아챘다. 어둠 속에서 손을 뻗어 그녀를 끌어당겼다. 그녀는 몸을 내맡기며 그의 품에 안겨들더니, 곧 온갖 음란한 모습으로 사랑을 나누어 효렴은 피곤해 죽을 지경이었다.

달이 창을 환하게 비추기에 살펴보니 머리가 센 노부인으로, 밉살스러

181 부스럭거리는: 원문은 '실솔(窸窣)'이다.

울 정도로 검고 아주 못생겼다. 깜짝 놀라 누구냐고 물었더니 그녀는 전혀 부끄러워하지 않으며 말했다.

"저는 본디 성의 누각 위에 살던 늙은 여우인데, 어미가 제 탐욕과 게으름[182]을 꾸짖으시고는 이곳으로 내쳐, 이 적막한 곳에서 산 지 몇 해나 되었습니다. 그대의 호의에 감격하여 부끄러움을 무릅쓰고 찾아왔을 따름입니다."

효렴은 화가 나 노부인의 뺨을 때리고 묶어 매질하려 했다. 밀고 당기던 소란에 같은 집에서 지내던 이들이 그 소리를 듣고 모두 와서 그를 도와 여우를 붙잡으려 했다. 그러자 여우는 갑자기 손을 놓고는 쨍그랑 유리창을 깨뜨리며 달아났다. 다음 날 저녁, 여우는 홀로 처마 아래에 앉아 나긋한 말씨로 효렴을 불렀다. 효렴은 화를 내며 꾸짖다가 갑자기 날아오는 기와에 맞았다. 또 다른 날 밤에 효렴이 잠을 자려 휘장을 걷자, 늙은 여우가 나체로 침상 위에 누워 웃으며 손을 내밀었다. 효렴이 칼을 뽑아 여우를 향해 던지자, 여우는 그제야 울면서 욕을 퍼붓고 달아났다. 효렴은 여우가 다시 찾아올까 두려워, 다른 곳으로 거처를 옮겨 몸을 피했다. 수레에 올라타려는 순간, 예전에 보았던 젊은 여인이 안에서 걸어 나오는 것이었다. 이에 어린 하인을 시켜 몰래 알아보고서야 그 여인은 여관주인[183]의 생질녀

182 탐욕과 게으름: 원문은 '도철(饕餮)'이다. 『좌전』에 보면, "재물을 탐하는 것을 도(饕), 음식을 탐하는 것을 철(餮)이라 한다(貪財爲饕, 貪食爲餮)."라고 되어 있다. 오늘날에는 단지 음식을 탐하는 것을 도철이라고 한다.

183 여관주인: 원문은 '거정주인(居停主人)'이다. 『송사(宋史)』「정위전(丁謂傳)」에 따르면, 정위가 구준(寇準)을 멀리 유배 보내려 하자 같은 반열에 있는 사람들은 감히 뭐라고 말하지 못했다고 한다. 왕증(王曾)만이 임금의 말을 핑계삼아 묻자 정위가 돌아보면서 말했다. "집주인은 더 이상 말하지 말게." 여기서는 왕증이 구준에게 집을 빌려준 것을 가리킨다.

로, 그날 우연히 저자로 꽃분을 사러 나왔음을 알게 되었다.

裘編修超然言. 豊宜門内玉皇廟街, 有破屋數間, 鎖閉已久, 云中有狐魅. 適江西一孝廉, 與數友過夏, 原註: 唐擧子下第後讀書, 待再試, 謂之過夏. 取其地幽僻, 僦舍於旁. 一日見幼婦立檐下, 態殊嫵媚. 心知爲狐, 少年豪宕, 意殊不懼. 黃昏後, 詣門作禮, 祝以媟詞. 夜中聞牀前窸窣有聲, 心知狐至. 暗中擧手引之. 縱體入懷, 遽相狎昵, 冶蕩萬狀, 奔命殆疲.

比月上窗明, 諦視乃一白髮媼, 黑陋可憎. 驚問汝誰, 殊不愧赧, 自云: "本城樓上老狐, 娘子怪我饕餮而慵作, 斥居此屋, 寂寞已數載. 感君垂愛, 故冒恥自獻耳." 孝廉怒摶其頰, 欲縛箠之. 撑拄擺撥間, 同舍聞聲, 皆來助捉. 忽一脫手, 已琤然破窗遁. 次夕, 自坐屋檐, 作軟語相喚. 孝廉詬詈, 忽爲飛瓦所擊. 又一夕, 揭帷欲寢, 乃裸卧床上, 笑而招手. 抽刃向擊, 始泣罵去. 懼其後至, 移寓避之. 登車頃, 突見前幼婦自内走出. 密遣小奴訪問, 始知居停主人之甥女, 昨偶到街買花粉也.

46.

색을 밝히는 관리 후보

거문고 악사 전생(錢生)이 해준 이야기이다. 원주: 거문고 악사는 구문달공의 손님으로, 그는 유머 감각이 뛰어나 장난을 잘 쳤다. 얼굴에 백반증이 있어 모두 그를 '전화검(錢花臉)'이라 불렀다. 몇 년 동안 왕래했지만, 그가 사는 곳이나 이름은 알 수 없었다.

한 관리 후보[184]가 회관에 머문 적이 있다고 한다. 회관 뒤 담장에 구멍이 하나 나 있었는데, 그 틈으로 자색이 고운 한 부인이 보였다. 그녀는 늘 해지고 낡은 옷차림이었지만, 몸치장만은 깔끔하게 하고 있어 내심 그녀를 좋아하게 되었다. 회관 주인의 모친은 50여 세로, 예전에 대갓집의 하녀로 있었기에 말과 행동에 절도가 있었다. 언제나 아들을 대신해 문 앞에서 손님을 맞이했다. 관리 후보는 그녀가 수완이 있다는 걸 알고, 돈을 건네며 젊은 여자와 한번 만나게 해달라고 부탁했다. 그러자 그녀가 말했다.

"그런 여자는 본 적이 없습니다. 아마 새로 이사 온 사람 같은데, 잠시 알아보겠습니다만, 너무 큰 기대는 마십시오."

십 여일이 지나서야 비로소 소식을 전해왔다.

184 관리 후보: 원문은 '선인(選人)'이다. 『구당서(舊唐書)』에 보면, 위척(韋陟)은 이부시랑으로 있을 때 항상 관리 후보라는 오명이 따라다니는 것을 병으로 여겼다고 한다.

"일이 잘 되었습니다. 그녀는 본래 양가의 규수였으나, 집이 가난한 탓에 수치를 무릅쓰고 이곳에 오기로 했답니다. 그러나 남에게 들킬까 두려워 달 없는 야심한 밤에 오겠답니다. 등불은 절대 켜지 말고 말소리도 내지 말고 웃지도 마시고, 하인이나 회관에 머무는 이들이 소리를 듣게 해서도 안 되며, 종소리가 나면 잡아서도 안 됩니다. 매일 저녁 은 두 냥씩만 주시면 됩니다."

관리 후보는 약속대로 그렇게 했다. 왕래한 지 한 달쯤 되었을 때, 어느 날 밤 이웃집에서 부주의로 불이 났다. 그는 다급히 일어났고, 하인들이 방 안으로 들이닥쳐 행낭과 책 상자를 들어냈다. 한 사람이 급히 휘장을 젖히고 이불을 끌어내던 중, 갑자기 '쿵' 소리와 함께 벌거벗은 여인이 침상 아래로 떨어졌는데, 다름 아닌 회관 주인의 어머니였다. 이를 본 사람들은 배꼽을 잡고 웃지 않는 이가 없었다.

대개 도성의 중매쟁이들은 매우 간사하다. 관리 후보들이 첩을 들일 때면, 대개는 먼저 아름다운 여자를 보여주고 약속한 날이 되면 인물이 떨어지는 여자로 몰래 바꿔치기하곤 했는데, 이를 알아채고 소송을 거는 사람도 있었다. 이런 여자들은 보통 머리를 가린 채 문으로 들어와 등불을 등지고 앉아 부채로 얼굴을 가리고 있다. 그래서 일을 치르고 나서야[185] 실체를 알게 되어, 할 수 없이 다른 곳으로 옮겨가는 사람도 있었다. 이 노파는 이

185 일을 치르고 나서야: 원문은 '정정(定情)'이다. 『악부고제요해(樂府古題要解)』에 보이는 「정정시(定情詩)」는 동한(東漢) 번흠(繁欽)이 지은 것이다. 「정정시」에서는 한 여인이 노리개를 연인에게 주며 마음을 표현했다고 서술하고 있다. 후대에 오면서 남녀가 서로 신표를 주고받으며 서로의 애정이 변치 않음을 약속하는 것을 정정(定情)이라 했다. 정정시는 약혼할 때 짓던 시를 말한다.

런 풍속에 익숙했던 탓에, 결국 자신이 직접 그 자리에 나섰던 것이다. 그런데 이 일이 있은 뒤, 관리 후보가 사방의 이웃들에게 물어보았으나, 깨진 담장 너머로 보였다는 여자는 실제 존재하지 않았다. 누군가는 "여우의 짓이야."라고 했지만, 구문달공은 도리어 이렇게 말했다. "이 노파가 기생을 데려다 놓고 관리 후보를 유혹한 것이네."

琴工錢生, 原註: 以鼓琴客裘文達公, 滑稽善諧戲. 因面有瘢風, 皆呼曰錢花臉. 來往數年, 竟不能擧其里居名字也. 言. 一選人, 居會館. 於館後墻缺, 見一婦甚有姿色. 衣裳故敝, 而修飾甚整洁, 意頗悅之. 館人有母年五十餘, 故大家婢女, 進退語言, 均尙有矩度. 每代其子應門. 料其有干才, 賂以金, 祈謀一晤. 對曰: "向未見此. 似是新來, 姑試偵探, 作萬一想耳." 越十數日, 始報曰: "已得之矣. 渠本良家, 以貧故, 忍恥出此. 然畏人知, 俟夜深月黑乃可來. 切勿秉燭, 勿言勿笑, 勿使童僕及同館聞聲息, 聞鍾聲卽勿留. 每夕贈以二金足矣." 選人如所約已. 往來月餘, 一夜, 鄰弗戒於火. 選人惶遽起, 僮僕皆入室救囊篋. 一人急搴帳曳茵褥, 訇然有聲, 一裸婦墮榻下, 乃館人母也. 莫不絶倒.

蓋京師媒妁最姦黠. 遇選人納媒, 多以好女引視, 而臨期陰易以下材, 覺而涉訟者有之. 幕首入門, 背燈障扇. 俟定情後始覺, 委曲遷就者亦有之. 此媼狃於鄕風, 竟以身代也. 然事後訪問四鄰, 墻缺外實無此婦. 或曰魅也, 裘文達公曰: "是此媼引致一妓, 炫誘選人耳."

47.

토끼 귀신

외종숙 안씨는 조총솜씨가 뛰어났다. 들판에서 토끼를 쫓다 아무렇게나 총을 쏘아도 백발백중이었다. 그가 잡은 토끼만 해도 천백 마리는 족히 될 것이다. 어느 날 토끼 한 마리와 마주쳤는데, 그 토끼가 사람처럼 팔짱을 끼고 서서 매서운 눈빛으로 노려보았다. 총을 들어 쏘려는 순간, 갑자기 화약이 터지며 손가락을 다치는 바람에 토끼는 달아나 흔적도 없었다. 안씨는 속으로 토끼 귀신의 보복일지도 모른다는 생각에 그 일을 마침내 그만두었다.

또 한 번은 사냥[186]을 마치고 늦게 돌아오는데 해가 점점 저물며 날이 어두워졌다. 갑자기 회오리바람이 이는데, 그 속에 이상한 물체가 있었다. 물체는 바람을 따라 수레바퀴처럼 빙빙 돌며 환한 불빛을 뿜어냈다. 총으로 쏘아 명중시키고 보니 짧고 닳아버린 몽땅 붓이었는데, 붓대에 피가 살짝 배어 있었다. 명대의 소설 중에 우천석(牛天錫)이 진술서를 바친 이야기가 나오는데, 그에 따르면, "대개 경신일(庚申日)에 사람의 피가 묻은 물건은

186 사냥: 원문은 '종금(從禽)'이다. 『주역』「둔(屯)」괘에 보면, "'사슴을 사냥하러가도 근심이 없다'라 함은 짐승을 쫓는다는 것이요(卽鹿無虞, 以從禽也)."라는 구절이 있다.

모두 귀신이 될 수 있다."라고 했는데, 이 붓도 혹여 그런 것인가!

安氏從舅善鳥銃. 郊原逐兔, 信手而發, 無得脫者. 所殺殆以千百計. 一日遇一兔, 人立而拱, 目炯炯如怒. 擧銃欲發, 忽炸而傷指, 兔已無迹. 心知爲兔鬼報寃, 遂輟其事. 又嘗從禽晩歸, 漸已昏黑. 見小旋風裏一物. 火光熒熒, 轉旋如輪. 擧銃中之, 乃禿筆一枝, 管上微有血漬. 明人小說載牛天錫供狀事, 言凡物以庚申日得人血, 皆能成魅, 是或然歟!

48.

빗자루

하인 왕정우(王廷佑)의 모친이 해준 이야기이다.

청현(青縣)의 한 민가에 섣달그믐날 밤, 통초화(蓪草花)를 파는 사람이 와서 문을 두드리며 말했다고 한다.

"한참이나 기다렸는데, 어째서 꽃값을 아직 안 주십니까?"

집안 식구들에게 물어보니 꽃을 산 이는 없었다. 그러나 그 사람은 한사코 한 어린 여자아이가 꽃을 사 들고 안으로 들어갔다고 우겼다. 옥신각신하던 와중에, 한 노파가 다급히 소리쳤다.

"이런 괴이한 일이 있나! 부엌의 해진 빗자루에 꽃 몇 송이가 꽂혀 있네."

가서 보니, 과연 꽃은 막 들어온 그대로였다. 이에 빗자루를 꺾어 불에 태우자 '우우' 하는 소리와 함께, 피가 실같이 가늘게 흘러나왔다. 이 귀신은 변신할 줄 알았으면, 마땅히 숨어서 도를 닦고 기운을 길러야 했을 것이다. 하필 괴이한 모습을 드러내 사람에게 들켜 소멸되었으니, 어찌 스스로를 망친 셈이 아닌가? 천하에 일이 성사되기 전에 먼저 자랑을 앞세우거나, 이제 막 성취했는데도 감추지 못하고 드러낸다면, 모두 이 빗자루와 같은 신세가 될 것이다.

奴子王廷佑之母言. 青縣一民家, 歲除日有賣蓪草花者, 叩門呼曰: "竚立久矣, 何花錢尙不送出耶?" 詰問家中, 實無人買花. 而賣者堅執一垂髫女子持入. 乃正紛擾間, 聞一老媼急呼曰: "眞大怪事! 厠中敝帚柄上插花數朶也." 驗取, 果適所持入. 乃銼而焚之, 呦呦有聲, 血出如縷. 此魅旣解化形, 卽應潛養靈氣. 何乃作此變異, 使人知而殲除, 豈非自取其敗耶? 天下未有所成, 先自炫耀, 甫有所得, 不自韜晦者, 類此帚也夫.

49.

하인 왕옥

외조부 장설봉 집의 하인 왕옥(王玉)은 활쏘기를 잘했다. 어느 날, 신하현(新河縣)[187]에서 염조(鹽租)를 가지고 돌아오는 길에 도둑 세 명을 만났다. 화살 세 발로 그들을 쓰러뜨린 뒤, 각각의 얼굴에 침을 뱉고 서둘러 달아났다.

또 하루는 활과 화살을 매고 밤길을 걷던 중, 검은 여우 한 마리가 사람처럼 서서 달을 향해 절하고 있는 모습을 보았다. 곧바로 활시위를 당겨 한 발을 쏘자, 화살은 여우의 몸속 깊이 박혀 깃조차 보이지 않았다.[188] 집에 돌아온 왕옥은 심하게 한기가 들었다. 그날 밤에 어떤 사람이 집 주위를 돌며 울부짖는 소리가 들려왔다.

"나는 홀로 달을 향해 수련하고 있었을 뿐인데, 그것이 네게 무슨 해가 되었느냐? 나는 이유 없이 죽임을 당했으니, 반드시 보복을 해 한을 풀겠다. 네가 아직 죽을 때는 아니지만, 반드시 사명신(司命神)에게 네 죄를 고발하겠다."

---

187 신하현(新河縣): 지금의 하북성 중남부에 위치한다.

188 화살은 여우의 몸속 깊이 박혀 깃조차 보이지 않았다: 원문은 '음우(飮羽)'이다.

며칠 뒤에 창 모서리에서 '쟁' 하고 소리가 나기에 깜짝 놀라[189] 물어보았다. 그러자 창밖에서 이렇게 말했다.

"왕옥아! 네게 말하건대, 어제 내가 저승에 가서 너를 고소했다. 저승 관리가 명부를 살펴보시고 이렇게 알려주시더구나. 네가 전생에 원한을 품고 소송을 제기했는데, 그 당시 나는 형관(刑官)이었다. 그때 내가 사사로이 사당을 비호하는 바람에 네가 억울함을 풀지 못한 채 한을 품고 자살했고, 그 죄로 나 또한 여우의 몸으로 태어났다는 사실을. 네가 쏜 그 화살은 전생의 업보인 셈이다. 인과응보가 분명하니 내 너를 원망하지 않겠다. 단지 그때 무고하게 너를 매질하여 아직도 네게 몇 백대의 빚이 남아 있더구나. 부디 네가 이를 사면해 주어 저승의 기록에서 지워지게 해 준다면, 다음 생에 후한 보답을 하겠다."

말이 끝나자, 머리를 조아리는 소리가 들리는 것 같았다. 왕옥은 꾸짖으며 말했다.

"이승에서의 빚도 아직 다 갚지 못했는데, 누가 능히 전생의 빚을 요구할 수 있겠는가? 요귀는 내 잠을 방해하지 말고, 속히 떠나거라."

마침내 사방이 조용해졌다.

세상 사람들은 나쁜 짓을 하고도 아무런 보응을 받지 않는 이를 보면, 걸핏하면 신의 도리가 근거가 없다고들 의심하곤 한다. 하지만 어두운 저승에서 이렇게 상세하게 기록해 놓았을 줄 어찌 알겠는가!

外祖雪峰張公家奴子王玉善射. 嘗自新河攜鹽租返, 遇三盜. 三矢仆之, 各

189 깜짝 놀라: 원문은 '악이(愕眙)'로, 깜짝 놀라 바라보는 모양이다.

唾面縱去. 一日攜弓矢夜行, 見黑狐人立, 向月拜. 引滿一發, 應弦飮羽. 歸而寒熱大作. 是夕繞屋有哭聲, 曰: "我自拜月鍊形, 何害於汝? 汝無故見殺, 必相報恨. 汝未衰, 當訴諸司命耳." 數日後, 窗棱上鏗然有聲, 愕眙驚問. 聞窗外語曰: "王玉! 我告汝, 我昨訴汝於地府. 冥官檢籍, 乃知汝過去生中負冤訟辯, 我爲刑官. 陰庇私黨, 使你理直不得申, 抑鬱憤恚, 自刺而死, 我墮身爲狐. 此一矢所以報也. 因果分明, 我不怨你. 惟當日違心枉拷, 尙負汝笞掠百餘. 汝肯發願免償, 則陰曹銷籍, 來生拜賜多矣." 語訖, 似聞叩額聲. 王叱曰: "今生債尙不了了, 誰能索前生債耶? 妖鬼速去, 無擾我眠." 遂寂然. 世見作惡無報, 動疑神理之無據. 烏知冥冥之中, 有如是之委曲哉!

50.

아무개 어사

옹정 12년(1734) 갑인년에 나는 처음으로 요안공을 따라 도성에 왔다. 어사 아무개는 성정이 의심이 많다고 들었다. 그는 처음에 영광사(永光寺) 근처의 한 집을 세내어 살았다. 그는 그곳이 넓고 텅 비어 도둑이 들까 걱정된 나머지 밤마다 하인 몇 명을 보내 교대로 지키게 하고, 딱따기를 치게 했다. 또 그들이 게으름을 피울까 봐, 추운 겨울이나 무더운 여름에도 꼭 직접 등불을 들고 나가 살펴보곤 했다. 결국 수고로움을 이기지 못해, 따로 서하연(西河沿)의 한 집을 세내어 살았다. 그런데 그곳은 상점이 즐비해, 또 불이 날까 걱정되었다. 그래서 매번 집 안에 물을 담은 항아리를 쌓아 두고 영광사에 있을 때처럼 밤마다 딱따기를 치며 순시했다. 하지만 역시 수고로움을 이기지 못해 다시 호방교(虎坊橋) 동쪽에 있는 한 집을 세내어 살았는데, 우리 집에서 겨우 몇 채 떨어져 있었다. 집이 조용하고 으슥한 곳에 위치한 것을 보고 혹시 귀신이 있을까 두려워했다. 이에 먼저 스님을 불러 경을 외게 해 굶어 죽은 귀신을 쫓아내고 며칠 동안 동발과 북을 치면서 귀신을 제도한다고 했다. 이어서 도사를 불러 단을 설치하고 신을 불러 주문을 외우며 부적을 걸고, 또 며칠 동안 동발과 북을 치며 여우를 몰아낸다고 했다. 본래 집에는 아무 문제가 없었으나, 이날 이후로 귀신이 크게 날

뛰기 시작했다. 귀신은 기와를 던지고 기물을 훔치는 등 밤마다 조용할 날이 없었으며, 남녀 하인들마저 간사하게 굴기 시작해 그 손실은 헤아릴 수 없을 정도였다. 논자들은 모두 요괴가 사람 때문에 일어났다고 말했다. 그는 1년도 채 살지 못하고 다시 승장호동(繩匠衚衕)[190]에 집을 얻었다. 이사한 후로는 소식이 들리지 않아, 그가 또 어떤 조치를 했는지는 알 수 없었다.

요안공께서 예전에 "천하에는 본래 아무 일도 없는데, 어리석은 사람들이 스스로 소동을 일으킨다."[191]라고 말씀하셨는데, 바로 이 사람을 두고 한 말이 아닌가?

雍正甲寅, 余初隨姚安公至京師. 聞御史某公, 性多疑. 初典永光寺一宅. 其地空曠, 慮有盜, 夜遣家奴數人, 更番司鈴柝. 猶防其懈, 雖嚴寒溽暑, 必秉燭自巡視. 不勝其勞, 別典西河沿一宅. 其地市廛櫛比, 又慮有火. 每屋儲水甕, 至夜鈴柝巡視, 如在永光寺時. 不勝其勞, 更典虎坊橋東一宅, 與余只隔數家. 見屋宇幽邃, 又疑有魅. 先延僧誦經放焰口, 鈸鼓琤琤者數日, 云以度鬼. 復延道士設壇, 召將懸符持咒, 鈸鼓琤琤者又數日, 云以驅狐. 宅本無他, 自是以後, 魅乃大作. 拋擲磚瓦, 攘竊器物, 夜夜無甯居, 婢媼僕隸, 因緣爲姦, 所損失者無算. 論者皆謂妖由人興. 居未一載, 又典繩匠衚衕一宅. 去後不通聞問, 不知其作何設施矣. 姚安公曰: "天下本無事, 庸人自擾之.", 其此公之謂乎?

---

190 승장호동(繩匠衚衕): 라오베이징의 지명으로, 지금은 채시구대가(菜市口大街) 내에 위치한다. 명대 승상 엄숭(嚴嵩)이 이곳에 산데서 승장이라고 하는데, 승장(繩匠)은 승상(丞相)의 해음이다. 또 명나라 때 목공들이 이곳에 모여 산데서 나온 이름이다. 청대 건륭 때 신선호동으로 개명했다가, 후에 승상호동이라 개명했다.

191 어리석은 사람들이 스스로 소동을 일으킨다: 원문은 '용인자요(庸人自擾)'로, 이 말은 본래 『신당서(新唐書)』「육상선(陸象先)」에 보인다.

51.

귀신의 욕심

전당(錢塘) 사람 진건위(陳乾緯)가 해준 이야기이다.

그가 예전에 친구 몇 명과 배를 타고 서호(西湖)[192]의 수심 깊은 곳까지 갔다고 한다. 마침 내리던 가을비가 막 그쳐, 사찰의 누각에 올라 멀리 바라보았다. 그때 한 친구가 "온 세상이 바쁘게 살아가며 늙어가니, 뉘라서 죽기 전에 쉴 수 있으랴!"[193]라고 읊자, 모두 함께 탄식했다.

그러자 스님이 빙그레 웃으며 말했다.

"제가 들은 바로는, 죽어서도 도리어 놓지 못하는 것이 있다고 합니다. 몇 해 전 가을 달 밝은 밤에 이 누각 위에 앉아 있었는데 다리 근처에서 서

---

192 서호(西湖): 절강성 항현(杭縣) 서쪽에 위치하며, 일명 명성호(明聖湖)라고 한다.

193 온 세상이…있으랴: 왕무(王楙)의 『야객총담(野客叢談)』에 따르면, 증조(曾慥)는 『고재시화(高齋詩話)』에서 이렇게 말했다고 한다. 황정견이 일찍이 두순학(杜荀鶴)의 "온 세상이 모두 바쁜 속에서 늙어가니"라는 시구가 한퇴지(韓退之: 한유)의 "뉘라서 죽기 전에 쉴 수 있으랴?"에 대구가 된다고 말한 적이 있다. 내가 두순학의 시를 찾아보니 원래 이 구절에 대한 대구는 다음과 같았다. "남과 북을 오간지 이삼 년, 해가 가고 해가 옴에 양쪽 귀밑머리 희끗희끗. 온 세상이 모두 근심 속에서 늙어가니, 뉘라서 죽기 전에 쉴 수 있으랴(南來北去二三年, 年去年來兩鬢斑. 擧世盡從愁里老, 誰人肯向死前閒)!" 한유는 한(閒)자를 휴(休)자로만 바꾸었을 따름인데, 어찌 "온 세상이 모두 근심 속에서 늙어가네."의 의미를 훼손했다고 말할 수 있는가? 이는 "덧없는 세상 모두 근심하며 늙어가네(浮世盡從愁里老)"만 못하다.

로 욕하며 다투는 소리가 들리더니, 잠시 후 말이 더 격해졌습니다. 이곳은 사람이 살지 않는 곳이라 속으로 귀신이라 생각했었지요. 그 말을 유심히 들어보니 무언가를 급히 빼앗으려는 듯했지만, 뭐라 말하는지 알 수는 없었는데, 얼핏 묘지 문제로 다투는 것 같았습니다. 갑자기 한 사람이 말하는 소리가 들렸습니다.

'두 분은 너무 시끄럽게 떠들지 마십시오. 노승이 들을지도 모르잖소? 무릇 사람이 세상에 살아갈 때 그토록 분주한 것은 인생이 한바탕 꿈임을 모르기 때문이요. 그러나 지금 두 분께서는 이미 그 꿈에서 깨어나셨소. 온갖 방법을 다해 부귀영화를 추구하셨는데, 그 부귀영화는 지금 어디에 있소? 온갖 계책으로 은혜와 원한을 갚으려 하셨지만, 그 은혜와 원한은 지금 또 어디에 있소? 청산은 변하지 않았으나, 백골은 다 말라비틀어져 그저 혼만 남았을 뿐입니다. 황량일몽[194]을 꾼 사람도 깨닫는데, 그대들은 직접 보고 겪었음에도 어찌 만사가 부질없다는 것을 모르시오? 또한 진선(眞

194 황량일몽: 『침중기(枕中記)』에 따르면, 개원연간(731~741)에 도사 여옹(呂翁)이 한단(邯鄲)에 갔다가 노생(盧生)이란 사람과 같은 객사에 묵게 되었다고 한다. 주인은 한창 기장을 찌고 있었다. 여옹이 행낭에서 베개 하나를 꺼내 노생에게 주며 말했다. "이 베개를 베면 부귀영화가 그대의 뜻대로 될 것이오." 노생은 단지 베개 속으로 들어가는 것만 기억했다. 이곳에서 최씨 여인을 아내로 맞아들였는데, 용모가 매우 빼어났다. 진사에 급제하고 관직은 절도사까지 이르렀다. 이민족을 크게 격파하고 마침내 권력을 잡았다. 다섯 아들을 두었는데, 모두 현달했으며, 손자 또한 10여 명이 넘었다. 무릇 30여 년 동안 중앙과 지방의 관직을 두루 역임했고, 삼공을 지냈다. 그리고 80세에 죽었다. 그가 깨어났을 때 주인은 아직도 기장을 찌고 있었다. 노생이 벌떡 일어나 말했다. "그게 다 꿈이었단 말이오!" 여옹이 웃으면서 "인생만사가 이와 같소."라고 했다. 노생은 그렇다고 여기며 감사의 말을 했다. "무릇 총애와 모욕의 길, 곤궁과 영달의 운명, 삶과 죽음의 실정 등을 알게 되었습니다. 이는 선생님께서 소생의 욕심을 막으려 하신 것입니다. 어찌 감히 가르침을 받지 않을 수 있겠습니까?" 그리고는 정중히 인사를 하고 떠나갔다.

仙), 진불(眞佛)이 아닌 이상, 예로부터 죽지 않은 이는 없었고, 위대한 성현이 아닌 이상, 예로부터 소멸하지 않은 귀신도 없었소. 설령 혼이 고독하게 남아 있다 하더라도 시간이 지나면 결국 소멸되기 마련이오. 그런데도 그대들은 전광석화 같은 짧은 시간 안에서도 도리어 달팽이 뿔 위의 만국(蠻國)과 촉국(觸國)처럼 서로 다투고 있으니,[195] 이것이 바로 꿈속의 꿈(夢中夢)이 아니고 무엇이오?' 말이 끝나자 엉엉 우는 소리가 들렸습니다. 또 길게 탄식하더니 이렇게 말했습니다.

'인간세계의 희로애락도 여전히 잊지 못하고 있으니, 그 득실을 내려놓지 못하는 것도 당연하오. 이처럼 마음이 꽉 막혀 있다면, 노승이라도 풀어줄 수 없을 것입니다.'

그리고는 더 이상 아무 말도 들리지 않았는데, 아무래도 묘지문제를 매듭짓지 못한 듯했습니다."

진건위가 말했다.

"이것은 노승이 지어낸 아름다운 이야기[196]일 뿐이오. 하지만 조용히 세상 사람들의 마음을 살펴보면, 세상 이치상 확실히 이런 일도 있소."

錢塘陳乾緯言. 昔與數友泛舟至西湖深處. 秋雨初晴, 登寺樓遠眺. 一友偶吟

---

195 달팽이 뿔…다투고 있으니: 『장자』에 보면, 달팽이의 왼쪽 뿔에 있는 나라는 만씨(蠻氏)이고 오른쪽 뿔에 있는 나라는 촉씨(觸氏)라고 한다. 땅을 빼앗으려고 전쟁을 벌였는데, 그 시체가 수만이었다고 한다. 이는 사소한 일로 서로 싸우는 것을 의미한다.

196 아름다운 이야기: 원문은 '찬화지설(粲花之舌)'이다. 『개원천보유사(開元天寶遺事)』에 따르면, 이백은 다른 사람들과 이야기할 때면 하는 말이 모두 문장을 이루어, 마치 아름다운 봄꽃이 치아 아래에서 빛나는 것과 같았다고 한다. 그래서 당시 사람들은 그것을 찬란한 꽃 같은 이야기(粲花之論)이라 불렀다고 한다.

"擧世盡從忙里老, 誰人肯向死前休!"句, 相與慨歎. 寺僧微哂曰: "據所聞見, 蓋死尙不休也. 數年前, 秋月澄明, 坐此樓上, 聞橋畔有詬爭聲, 良久愈厲. 此地無人居, 心知爲鬼. 諦聽其語, 急遽攙奪, 不甚可辯, 似是爭墓田地界. 俄聞一人呼曰: '二君勿喧. 聞老僧一言可乎? 夫人在世途, 膠膠擾擾, 緣不知此生如夢耳. 今二君夢已醒矣. 經營百計, 以求富貴, 富貴今安在乎? 機械萬端, 以酬恩怨, 恩怨今又安在乎? 青山未改, 白骨已枯, 孑然惟賸一魂. 彼幻化黃粱, 尙能省悟, 何身親閱歷, 反不知萬事皆空? 且眞仙眞佛以外, 自古無不死之人, 大聖大賢以外, 自古亦無不消之鬼. 倂此孑然一魂, 久亦不免於澌滅. 顧乃於电光石火之內, 更興蠻觸之干戈, 不夢中夢乎?' 語訖, 聞嗚嗚飮泣聲. 又聞浩歎聲, 曰: '哀樂未忘, 宜乎其未齊得喪. 如是掛碍, 老僧亦不能解脫矣.' 遂不復再語. 疑其難未已也."
乾綽曰: "此是僧粲化之舌耳. 然默驗人情, 實亦爲理之所有."

52.

사람의 마음을 가진 여우

진죽음(陳竹吟)은 예전에 한 부잣집의 가정교사로 있었다. 어린 하녀는 어머니가 길에서 구걸하다 굶어 죽게 생겼다는 소문을 듣고 몰래 돈 3천 냥을 훔쳐 어머니에게 주었다. 그 사실이 동료들에게 발각되어 주인에게 아주 심하게 매를 맞았다. 부잣집 1층 누각에 살던 여우는 몇십 년 동안 그곳에서 재앙을 내린 적이 없었다. 그날 하녀가 매를 맞고 있을 때, 갑자기 누각 위에서 대성통곡하는 소리가 들렸다. 이를 이상하게 여긴 주인이 여우를 바라보며 이유를 묻자, 여우는 이렇게 대답했다.

"우리 여우들은 비록 사람과는 다르지만, 사람의 마음도 가지고 있소. 아직 열 살도 안 된 어린 계집종이 어미 때문에 매를 맞고 있는 것을 보고 있자니, 나도 모르게 실성해 울게 된 것이오. 감히 그대의 마음을 어지럽힐 생각은 없었소."

주인은 그 말을 듣고 채찍을 땅에 던져 버렸다. 그는 며칠 동안 얼굴에 핏기가 없었다.

陳竹吟嘗館一富室. 有小女奴, 聞其母行乞於道, 餓垂斃, 陰盜錢三千與之. 爲儕輩所發, 鞭箠甚苦. 富室一樓有狐, 借居數十年, 未嘗爲祟. 是日女奴受鞭時, 忽樓上哭聲鼎沸. 怪而仰問, 聞聲應曰: "吾輩雖異類, 亦具人心. 悲此女年未十歲, 而爲母受箠, 不覺失聲. 非敢相擾也." 主人投鞭於地. 面無人色者數日.

53.

고상한 거지

진죽음과 주청뢰(朱靑雷)는 장춘사(長春寺)에 놀러 갔다가 서화를 파는 곳에서 벽과서(擘窠書)[197]로 적힌 글씨를 보았다.

매실의 신맛 치아에 터지고,
파초의 초록빛 비단 창문에 드리워 있네.
해 길어 낮잠 자고 일어나 아무 생각 없이,
버들 꽃가지 잡고 노는 아이 한가로이 바라보네.

이 시는 산곡도인(山谷道人)[198]이라 적혀 있었다. 막 시의 진위를 논하려

---

197 벽과서(擘窠書): 『동천청록(洞天淸錄)』에 따르면, 한인(漢印)에서는 대개 오자인(五字印)을 쓰지, 벽과서를 쓰지 않았다고 한다. 고인들이 편액을 쓸 때 모두 정서하고 점과 획을 똑같이 썼기 때문에 분격(分格)이라 하고, 이를 일러 벽과서라 했다. 이는 바로 정서(正書)를 말하는 것이다. 지금은 큰 글자를 통칭해서 벽과서라 하는데, 이는 본래의 뜻이 아니다. 즉 벽과란 원래 글씨를 쓰거나 새길 때 글자체의 크기를 고르게 하기 위해 가로 세로 선을 그어 칸을 나누는 것을 말한다. 벽은 나눈다는 뜻이고 과는 틀이라는 뜻이다. 청대 주이정(朱履貞)은 『서학첩요(書學捷要)』에서 엄지와 검지 사이에 큰 붓을 쥐고 글자를 크게 쓰는 서법을 벽과서라고 했다. 즉 오늘날 현판이나 간판 등에 쓰는 큰 글자를 가리킨다.

198 산곡도인(山谷道人): 송나라의 황정견(黃庭堅)을 지칭한다. 황정견(1045~1105)은 자가 노직(魯直)이고 분녕(分寧) 사람이다. 호는 산곡도인으로, 시로 이름을 날렸으며, 초서를 잘 썼다.

하는데, 한 거지가 옆에서 바라보고 웃으며 "황정견이 양만리(楊萬里)[199]의 시를 쓰고 있으니, 정말 이상한 일이야."라고 말하고는 유유자적 떠나갔다. 주청뢰가 의아해하며 말했다.

"저런 말을 할 줄 알면서 어찌 걸식하고 있을까?"

진죽음이 탄식하며 말했다.

"저런 말을 한다고 해서 또 어찌 걸식해서는 안 된다는 것인가?"

나는 진죽음의 말이 격분해서 나온 것이라고 생각했지만, 이른바 명사의 습관이다. 총명하고 재주가 뛰어난 선비가 그 재주만을 믿고 거만해지며, 오랫동안 도리에 어긋나는 짓을 하고 잘난 체하며 사람들로 하여금 감히 다가가지 못하게 한다면, 그 역시 정황상 걸식할 수도 있다. 또 문재는 있으나 덕이 없어 오랫동안 나쁜 행동을 하고 듣기 싫은 말을 하여 사람들이 감히 입에 올리지 않게 된다면, 역시 정황상 걸식할 수도 있다. 이러한 사람을 어찌 감사불우(感士不遇)[200]라 할 수 있겠는가?

竹吟與朱青雷遊長春寺, 於鬻書畫處, 見一卷擘窠書曰: "梅子流酸濺齒牙, 芭蕉分綠上窗紗, 日長睡起無情思, 閒看兒童捉柳花." 款題山谷道人. 方擬議眞僞, 一乞者在旁睨視微笑曰: "黃魯直乃書楊誠齋詩, 大是異聞." 掉臂竟去. 青雷訝曰: "能作此語, 安得乞食?" 竹吟太息曰: "能做此語, 又安得不乞食?" 余謂此竹吟憤激之談, 所謂名士習氣也. 聰明穎雋之士, 或恃才兀傲, 久而悖謬乖張, 使

---

199 양만리(楊萬里): 원문은 '양성재(楊誠齋)'이다. 양만리(1127~1206)는 자가 정수(廷秀)이고, 길수(吉水) 사람이다. 장준(張浚)이 일찍이 그에게 정심으로 학문에 힘쓰라고 했는데, 마침내 그는 성심을 다해 학문을 이루어 사람들이 그를 성재 선생이라 불렀다.

200 감사불우(感士不遇): 진(晉)나라 도잠(陶潛)의 「감사불우부(感士不遇賦)」가 있다.

人不敢相邇者, 其勢亦可以乞食. 或有文無行, 久而穢迹惡聲, 使人不屑齒錄者, 其勢可以乞食. 是豈可賦感士不遇哉?

54.

자초한 화

한 벼슬아치의 아들은 재물이 아주 많았다. 무뢰한 몇 명이 거짓으로 그에게 접근해 친하게 대하며 그를 기루로 불러내어 술과 도박, 가무에 빠지게 했다. 몇 해 지나지 않아 그의 집에서는 밥 짓는 연기조차 나지 않았고, 결국 굶주려 얼굴이 누렇게 떠서[201] 죽게 되었다. 임종을 앞두고 그는 아내에게 말했다.

"내가 사람들의 꾐에 빠져 이 지경이 되었으니 반드시 저승에서 소송하겠소."

반년 뒤에 그는 아내의 꿈에 나타나 말했다.

"소송에서 졌소. 저승 관리가 말하기를, '요동(妖童)과 창녀는 수치심을 버리고 성색을 팔아 살아가니, 그들이 다른 사람을 꾀어 재산을 취하는 것은 마치 호랑이나 표범이 사람을 잡아먹거나 고래가 배를 삼키는 것과 같다. 그러나 사람이 산에 들어가지 않으면 호랑이나 표범이 어찌 사람을 잡아먹겠으며, 배를 타고 항해하지 않으면 고래가 어찌 배를 삼킬 수 있겠는가? 그대가 제 발로 그곳에 걸어 들어가 놓고 어찌 그들을 탓하는가? 음탕

---

201 누렇게 떠서: 원문은 '함함(顑頷)'으로, 굶주려서 얼굴이 누렇게 뜬 것을 말한다.

한 무리들은 짐승을 잡으려고 함정을 파고 기다리듯, [누군가] 들어오지 않으면 멈추지 않으며, 물고기를 낚기 위해 미끼를 던지고, 걸리지 않으면 그만두지 않는 법이지. 그래서 이승에는 그에 따른 명확한 형벌이 있고, 저승에는 업보가 있다.'라고 했소."

또 호녀와 가까이 지내던 한 서생이 폐병을 앓다가 죽었다는 이야기를 들은 적이 있다. 그의 집안사람들이 청명절에 성묘하러 갔다가, 한 젊은 여자가 술을 올리고 지전을 태우며 애통하게 울고 있는 것을 보았다. 그 아내는 그녀가 호녀임을 알아채고 멀리서 욕하며 말했다.

"사귀(死鬼)가 사람을 해쳤거늘, 장차 벼락 맞아 죽을 위인이 되레 자비를 베푸는 척 하다니?"

그러자 호녀는 옷깃을 여미며 천천히 대답했다.

"저희 같은 이들이 남정네에게 정을 구걸하는 것은 양기를 보하기 위해서요. 그러나 지나치게 사람을 죽이면 하늘도 그것을 용납하지 않지요. 남자가 여인에게 구애하는 것은 정 때문이지만, 색에 지나치게 빠지면 목숨까지 다치게 되지요. 부부처럼 서로 좋아하다 병이 나서 요절한 것은 그 사람 스스로 자초한 것이요. 귀신들도 잠자리에 대해서는 따져 묻지 않거늘, 그대는 하필 나를 책망하시오?"

이 두 이야기는 서로의 뜻을 잘 드러내 주는 예라 하겠다.

一宦家子, 資巨萬. 諸無賴僞相親暱, 誘之冶游, 飲博歌舞. 不數載, 炊煙竟絕, 顑頷以終. 病革時, 語其妻曰: "吾爲人蠱惑, 以至此, 必訟諸地下." 越半載見夢於妻曰: "訟不勝也. 冥官謂妖童娼女, 本捐棄廉恥, 藉聲色以養生, 其媚人取財, 如虎豹之食人, 鯨鯢之吞舟也. 然人不入山, 虎豹焉能食, 舟不航海, 鯨鯢焉能否? 汝自就彼, 彼何尤焉? 惟淫朋狎客, 如設井以待獸, 不入不止, 懸餌釣魚, 不得不休. 是宜陽有明刑, 陰有業報耳."

又聞有書生昵一狐女, 病瘵死. 家人淸明上冢, 見少婦奠酒焚楮錢, 伏哭甚哀. 其妻識是狐女, 遙罵曰: "死魅害人, 雷行且誅, 汝尙假慈悲耶?" 狐女斂衽徐對曰: "凡我輩女求男者, 是爲采補. 殺人過多, 天理不容也. 男求女者, 是爲情感, 耽玩過度, 以致傷生. 正如夫婦相悅, 成疾夭折, 事由自取. 鬼神不追理其衽席也, 姊何責耶?" 此二事足相發明也.

55.

주무상, 혼을 걷는 자

간보(干寶)의 『수신기(搜神記)』에는 마세(馬勢)의 처 장씨(蔣氏)의 이야기가 실려 있는데,[202] 바로 오늘날 말하는 주무상(走無常)[203]이다.

무청현(武清縣) 왕경타(王慶坨)[204]의 조씨(曹氏) 집에 고용된 할멈이 주무

202 간보(干寶)의 『수신기(搜神記)』에는…실려 있는데: 『수신기』에 보면, 오(吳)나라 부양(富陽) 사람 마세의 처는 성이 장씨였다고 한다. 마을의 어떤 사람이 병으로 죽자, 장씨가 갑자기 쓰러져 며칠 동안 잠을 잤다. 그리고 꿈속에서 어떤 병자가 죽는 것을 보았다. 깨어난 뒤 장씨는 여러 가지 일을 털어 놓았다. 집안사람들이 이를 믿지 않자, 그녀는 사람들에게 이렇게 말했다. "아무개가 병이 들었을 때 내가 그를 죽이려 했습니다. 그런데 강한 혼이 대노하며 대들어서 죽이기가 쉽지 않았습니다. 그래서 곧바로 죽이지 않고 시간을 끈 것입니다. 내가 다시 그 집에 들어갔더니 시령에 하얀 쌀밥과 어채 몇 가지가 있었습니다. 내가 잠시 부엌에 가서 둘러보고 있었는데, 계집종이 아무런 이유 없이 나를 못살게 굴었습니다. 그래서 제가 계집종의 등짝을 냅다 쳐서 기절시켰습니다. 한참 후에야 계집종이 깨어났습니다." 장씨의 오빠가 병이 들자, 어떤 검은 옷을 입은 자가 나타나 그녀에게 오빠를 죽이게 했다. 장씨가 그에게 살려 달라고 애걸하며 끝내 손을 쓰지 않았다. 장씨는 깨어난 후 "틀림없이 살아날 것입니다."라고 했다고 한다.

203 주무상(走無常): 축윤명(祝允明)의 『어괴(語怪)』에 보면, 풍도(酆都)의 주무상에 대해 적고 있다. 어떤 주무상은 길을 가다가 갑자기 혼절한 뒤 몇 시간 혹은 하루 심지어는 밤을 보내고 난 뒤에 깨어난다고 한다. 깨어나서 하는 말을 들어보면 모두 저승에 관련된 이야기다. 저승에 귀신이 모자라 바쁠 때는 살아 있는 사람의 도움을 받아 일을 처리한다고 한다. 그래서 그 사람을 주무상이라 부르게 되었다고 한다.

204 왕경타(王慶坨): 진(鎭) 이름으로, 천진(天津) 무청현 서남쪽에 위치한다. 이전에는 왕가타(王家陀)라 불렸으나 명나라 때 왕경타로 이름이 바뀌었다.

상 일을 맡고 있었다. 돌아가신 어머니께서 예전에 “저승 관리가 산 사람의 혼을 데려간다지만, 설마 귀졸이 모자라서 그런 것이냐? 대체 무슨 이유로 자네들의 도움이 필요하단 말인가?”라고 묻자, 이렇게 대답했다.

“병상을 지키고 있는 사람이 있는데, 그들의 양기가 너무 강해 귀졸들이 가까이 갈 수 없습니다. 또한 진정한 귀인은 기가 왕성하고, 진정한 군자는 그 기가 너무 강해 더욱 다가설 수 없습니다. 형벌을 맡은 관리는 죽음을 다루는 서늘한 기운이 있고, 강포한 무리는 흉악하고 사나운 기운이 있어 역시 접근할 수 없습니다. 다만 산 사람의 혼은, 몸은 음이고 기는 양이라 그런 여러 기운들을 염려하지 않아도 됩니다. 그래서 저를 데리고 다니며 이 일을 맡기는 것입니다.”

그녀의 말에는 상당히 일리가 있어, 평범한 할멈이 지어 낼 수 있는 이야기는 아니다.

干寶『搜神記』載馬勢妻蔣氏事, 卽今所謂走無常也. 武淸王慶垞曹氏有傭媼, 充此役. 先太夫人嘗問以冥司追攝, 豈乏鬼卒? 何故须汝輩? 曰: “病榻必有人環守, 陽光熾盛, 鬼卒難近也. 又或有眞貴人, 其氣旺, 有眞君子, 其氣剛, 尤不敢近. 又或兵刑之官, 有肅殺之氣, 强悍之徒, 有凶戾之氣, 亦不能近. 惟生魂體陰, 而陽氣盛, 無慮此數事. 故必攝之以爲備.” 語頗近理, 似非媼所能臆撰也.

56.

새소리

하간현에 한 세도가가 있었는데, [어느 날] 새 10여 마리가 갑자기 그의 옥상에 날아왔다. 새의 구슬픈 울음소리가 집을 휘감아 도는데, 그 소리가 매우 슬퍼 마치 "안타깝다! 안타까워!"라고 하는 것 같았다. 그 소리가 좋은 징조가 아님을 알고 있었지만, 무슨 일인지 알 수는 없었다. 며칠 뒤에 그 집 아들이 집을 팔아 도박 빚을 갚았다는 사실을 알게 되었다. 새들이 울던 그때가 바로 계약서를 작성한 순간이었다. 설마 조부의 혼이 그 새에게 붙은 것일까? 자손들은 이 이야기를 들으면 의당 슬퍼하며 깊이 생각해봐야 할 것이다.

河間一舊家, 宅上忽有鳥十餘. 哀鳴旋繞, 其音甚悲, 若曰: "可惜! 可惜!" 知非佳兆, 而莫測兆何事. 數日後乃知其子鬻宅償博負. 鳥啼之時, 卽書券之時也. 豈其祖父之靈所憑歟? 爲人子孫者, 聞此宜愴然思矣.

57.

전대의 명사들

한 떠돌이 선비가 만유당(萬柳堂)[205]을 빌려 살았다. 여름날이면 상죽(湘竹)으로 만든 발을 쳐 놓고 비자나무 책상[206]에는 옛날 벼루 7~8개, 고기(古器)와 동기(銅器), 자기(磁器) 10여 점, 고서적과 화권(畫卷) 10여 권이 놓여 있었다. 또한 붓걸이, 연적,[207] 술잔, 다견(茶甄), 종이부채, 종려털 먼지떨이 등이 있었는데, 하나같이 모두 고상하고 빼어났다. 벽에 걸린 것들 역시 명사의 필적이었다. 그가 매일 향불을 피우고 편히 앉아 쉬면서 거문고 소리를 쟁하고 울리면 마치 신선처럼 보였다. 고대광실에 살면서 사마가 끄는 수레를 타는 고관대작이 아니면 그 방에 들어갈 수 없었다. 하루는 도사 두 명이 함께 유람하다가 우연히 그곳을 지나가며 이렇게 말했다.

---

205 만유당(萬柳堂): 도성의 광거문(廣渠門) 안에 위치해 있다. 만유당은 청나라 익도(益都) 사람 풍문의(馮文毅)의 별장이었다. 후에 창장시랑(倉場侍郎) 석문계(石文桂)의 소유가 되었다가 얼마 뒤에 절에 희사했다. 가장 오래된 만유당은 원나라 염희헌(廉希憲) 소유의 만유당이다. 우안문(右安門) 밖에 위치해 있었으나, 청나라 때는 사라지고 없었다.

206 비자나무 책상: 원문은 '비궤(棐几)'이다. 『진서』「왕희지전(王羲之傳)」에 보면, 왕희지가 예전에 한 문하생의 집에 갔다가 아주 반들반들하고 깨끗한 비자나무로 만든 책상을 보고 그곳에 글씨를 썼다고 한다.

207 연적: 원문은 '수주(水注)'이다.

"전인들 가운데 두공부(杜工部)[208]를 본 사람이 있는데, 그 모습이 영락없는 시골 노인네였다고 하네. 내가 예전에 변경(汴京)에서 황정견과 소동파(蘇東坡)[209]를 보았는데, 모두 가난한 선비[210]의 모습을 하고 있어 오늘날의 명사들처럼 많은 가재도구를 가지고 있지 않았네."

당시에 우연히 함께 길을 가던 주도강(朱導江)이 그 말을 듣고 이상하게 생각해 몰래 그 뒤를 밟았다. 수레와 말이 혼잡한 곳에 이르자, 먼지가 자욱이 일더니 온데간데없이 사라지고 없었다. 그리하여 결국 귀신이지 신선인지 알 수 없었다.

有游士借居萬柳堂. 夏日湘簾棐几, 列古硯七八, 古器銅器磁器十許, 古書册畵卷又十許. 筆床水注, 酒盞茶甌, 紙扇棕拂之類, 皆極精致. 壁上所粘, 亦皆名士筆迹. 焚香宴坐, 琴聲鏗然, 人望之若神仙. 非高軒駟馬不能登其堂也. 一日, 有道士二人相攜游覽, 偶過所居, 且行且言曰: "前輩有及見杜工部者, 形狀殆如村翁. 吾曩在汴京, 見山谷東坡亦都似措大風味, 不及近日名流有許多家事." 朱

---

208 두공부(杜工部): 당나라 두보(杜甫)이다. 두보(712~770)는 자가 자미(子美)로, 숙종(肅宗) 때 우습유(右拾遺)를 지냈다. 후에 공부 원외랑을 지냈기 때문에 사람들이 그를 두공부라 불렀다.

209 소동파(蘇東坡): 송나라 소식(蘇軾)으로, 호는 동파거사이다.

210 가난한 선비: 원문은 '조대(措大)'이다. 『오대사(五代史)』「동한세가(東漢世家)」에 보면, "나이 든 가난한 선비는 망령되이 우리 군사의 앞길을 막지 말라(老措大毋妄阻吾軍)."라는 구절이 있다. 또 『자하록(資暇錄)』에 보면, 가난한 서생은 시야가 좁다고 한다. 또한 세상에서는 선비들을 초대(醋大)라고 하는데, 가난하고 궁상맞은 사민의 우두머리를 말한다. 일설에는 과거에 선비의 의관이 근엄해서 근접할 수 없었는데, 마치 식초가 시어 마실 수 없는 것과 같았기 때문에 산자(酸子)라고도 불렀다. 또 일설에는 옛날에 한 선비가 신정(新鄭)의 들판에서 가난하게 살면서 당나귀 등에다 식초를 싣고 읍을 돌면서 팔았다. 읍 사람들은 식초를 낙타에 싣고 다닌 데서 이렇게 불렀다고 한다.

導江時偶同行, 聞之怪訝, 竊隨其後. 至馬車雜處, 紅塵漲合, 倏已不見. 竟不知是鬼是仙.

58.

죄수 유강

우루무치로 유배 온 죄수 유강(劉剛)은 힘이 비할 데 없이 세고 체격도 매우 건장했다. 하지만 고된 경작을 견디지 못하고 틈을 보아 몰래 달아나 구네커터(Ghunekte)[211]에 이르러 국경을 넘어가려 마음먹었다. 그날 밤, 한 노인을 만났는데, 노인이 말했다.

"자네는 도망자가 아닌가? 저 앞에 감시초소 원주: 잡륜(卡倫)은 멀리 바라보며 감시하는 감시초소를 말한다. 가 있어 그냥은 못 지나갈 걸세. 잠시 우리 집에 숨어 있다가 날이 밝으면, 일꾼들 틈에 섞여 빠져나가는 것이 더 나을 걸세."

유강은 노인의 의견을 따랐다. 그런데 날이 밝을 무렵,[212] 마치 꿈에서 깨어난 듯 정신이 혼미했고, 자신이 고목 안에 앉아 있다는 것을 알아차렸다. 다시 노인을 보니, 어제 밤에 만난 노인과는 다른 모습이었다. 자세히 살펴보니 예전에 자신이 칼로 찔러 죽인 뒤, 깊은 골짜기에 버린 그 사람이었다. 깜짝 놀란 유강이 급히 일어나려는 순간, 순찰병들이 이미 들이닥쳐

211 구네커터(Ghunekte): 원문은 '근극특(根克忒)'으로, 지금의 신장 위구르 자치구에 속해 있다.

212 날이 밝을 무렵: 원문은 '변색(辨色)'이다.

결국 머리를 숙인 채 사로잡히고 말았다.

군둔법(軍屯法)에 따르면 유배된 죄수가 몰래 도망갔다가 20일 이내에 스스로 돌아오면 그래도 사형은 면할 수 있었다. 유강은 붙잡힌 뒤 20일 이내에 관청에 도착해 그 기준에 해당하였기에, 둔관은 그를 살려주려 마음먹었다. 그러나 유강은 자신이 본 일을 자술하며, 스스로도 죽음을 면할 수 없음을 알고는 오히려 속히 벌을 받기를 원했다. 이에 군문(軍門)[213]으로 보내져 형이 집행되었다. 그는 7~8년 전에 사람을 죽이고도 오래도록 발각되지 않았다. 그러나 사자의 혼이 떠돌며 끝내 그를 미워하여 2만 리 밖에서 목숨을 독촉했으니, 가히 두려워할 만하구나!

烏魯木齊遣犯劉剛, 驍健絶倫. 不耐耕作, 伺隙潛逃, 至根克忒, 將出境矣. 夜遇一叟曰: "汝逋亡者耶? 前有卡倫, 原註:卡倫者戍守望之地也. 恐不得過. 不如暫匿我室中, 候黎明耕者畢出, 可雜其中以脫也." 剛從之. 比稍辨色, 覺恍如夢醒, 身坐老樹腹中. 再視叟, 亦非昨貌. 諦審之, 乃夙所手刃棄尸深澗者也. 錯愕欲起, 邏騎已至, 乃弭首就擒. 軍屯法遣犯私逃, 二十日內自歸者, 尙可貸死. 剛就擒在二十日將曙, 介在兩歧, 屯官欲遷就活之. 剛自述所見, 知必不免, 願早伏法. 乃送轅行刑. 殺人於七八年前, 久無覺者. 而游魂爲厲, 終索命於二萬里外, 其可畏也哉!

---

213 군문(軍門): 원문은 '원(轅)'으로, 원문(轅門)을 가리킨다. 원문은 수레의 끌채를 세워서 만든 문으로, 군문을 의미한다. 『주례(周禮)』「천관(天官)」의 장사(掌舍) 주에 따르면 수레를 세워 그 멍에로 문을 표하는데, 두 수레의 멍에를 마주 세워 문처럼 만들었다고 해서 원문이라고 한다.

59.

관리후보의 빚

도성 일남방(日南坊)의 책문(柵門)[214]을 지키는 병사 왕십(王十)은 요안공의 옛 하인으로, 그가 해준 이야기이다.

건륭 6년(1743) 신유년 여름날 밤에 고묘(高廟)에서 바람을 쐬다가 어둠 속에서 두 사람이 누각 아래에 앉아 있는 것을 보고 도둑이라 여겨 조용히 그들의 뒤를 살폈다고 한다. 때마침 소흥(紹興) 회관[215]에서 고리대금업[216]을 하는 서상(西商)이 굿을 벌이고 있어, 징과 북소리가 끊이지 않았다. 한 사

---

214 책문(柵門): 원문은 '책(柵)'으로, 대책란(大柵欄)이라고도 한다. 청나라 때 도성의 치안을 유지하기 위해 통금시간을 두었는데 통금이 되면 책문을 닫았다고 한다. 이 그림은 청나라 강희연간 왕원기(王原祁) 등이 편찬한 『만수성전초집(萬壽盛典初集)』에 나오는 거리 풍경으로, 현재 하버대학교에 소장되어 있다.

https://news.qq.com/rain/a/20200713A0Q32000 참조.

215 회관: 고향을 떠나 타지에서 활동하는 동향 혹은 동일 업종의 상인들이 설립한 상설기구이자 모임장소이다. 타지에서 경제활동을 하며 직면한 어려움에 대처하고 안정적인 교역활동을 하기 위해 생겨난 조직이다. 회관은 주로 사묘(祠廟)와 함께 있어서 동향의 고향신이나 동일 업종의 직업신을 모시고 복을 구하는 장소로도 사용되었는데, 산서상인은 관우(關羽)를, 복건상인은 마조(馬祖)를, 휘주상인은 주희(朱熹)를, 제지업에 종사하는 사람들은 채륜(蔡倫)을, 정육업에 종사하는 사람들은 장비(張飛)를, 목재업에 종사하는 사람들은 노반(魯班)을, 주류업에 종사하는 사람들은 이백(李白) 등을 모셨다고 한다.

216 고리대금업: 원문은 '방채(放債)'로, 돈놀이를 말한다. 봉건시대 중앙정부에서 새로 임명되

람이 말했다.

"이들은 정말 쾌락을 즐기는군요. 다만 교활한 방법으로 남의 돈을 뜯어 먹고 있어, 업보도 깊어질까 두렵습니다."

그러자 다른 사람이 말했다.

"그 안에서도 차이가 있소. 예전에 판사(判司)가 이 일에 대해 논의하는 걸 들은 적이 있소. 관리 후보 가운데 어떤 이는 정식관리가 되기까지 시간이 오래 걸려[217] 타향살이를 하며 돈이 부족하고, 어떤 이는 먼 곳으로 벼슬살러 나가 경비[218]가 떨어져 고생하기도 하지요. 그래서 부득이 돈을 빌리게 되는데, 그 사이의 고충이란 이루 다 말할 수 없소. 만약에 누군가가 그 사람의 위급함을 틈타 온갖 수단을 동원해 쪼며 그들을 진퇴양난에 빠뜨려[219] 문서를 작성하게 만든다면, 그 죄는 도둑과 다를 바 없소. 이승의 법에서는 곤장 몇 대로 끝나지만, 저승의 법에서는 지옥[220]감이지요. 성정이 음탕하고 교만함이 몸에 배여 있는 사람은 관직에 나가면 백성들의 재물을 빼앗아 빚을 갚을 수 있을 것이라 생각해요. 그래서 대담하게 돈을 빌리고 마음껏 화려한 생활을 누리면서, 빚이 산처럼 쌓여 있는데도 여전히 물 쓰

는 외지관리들은 도성을 나가기 전까지 행장을 마련하고 여비 등을 조달하기 위해 때때로 이율을 따지지 않고 돈을 빌렸다. 바로 남에게 돈을 빌려주고 이자를 받는 일을 하는 것을 말한다.

217 정식 관리가…걸려: 『송사(宋史)』「마정란전(馬廷鸞傳)」에 보면, 등순우(登淳祐)가 진사에 급제해 지주교수(池州教授)가 되는데 6년의 시간이 걸렸다고 한다.

218 경비: 원문은 '자부(資斧)'로, 여행경비를 말한다.

219 진퇴양난에 빠뜨려: 원문은 '촉번(觸藩)'이다. 『주역』「대장(大壯)」에 보면, "숫양이 울타리에 걸려서 그 뿔을 상한다(羝羊觸藩, 羸其角)"라는 문장이 있고, 『주역정의(周易正義)』에 보면, "번(藩)은 울타리, 이(羸)는 얽매이다, 구속되다의 뜻이다."라는 구절이 있다.

220 지옥: 원문은 '니려(泥犁)'이다. 『번역석명집(飜譯釋名集)』에 따르면, 지옥의 범어표현이다.

듯 돈을 쓰지요. 돈은 바닥나고 날마다 빚 독촉을 받게 되면, 관직을 받아도 도망칠 길이 없어 부득불 울분을 삼키고 한을 품게 되오. 그러나 결국 상위의 고기신세가 되어 저들 손에 놀아나게 되지요. 빚이 많이 쌓이면 빚 독촉도 어려움이 따르는 법. 그래서 빚쟁이들은 먼저 높은 이율을 요구하면서 잃은 돈을 메우려 하는데, 그들로서는 필연적인 일이고, 이쪽에서는 스스로 자초한 상황이지요. 이승의 관리는 명확한 조례에 따라 판결하지만, 귀신들은 그들을 심하게 꾸짖지 않는다고 하더이다."

왕십은 이들의 말을 들으며, 이들이 혹시 산 사람이 아닌지도 모른다는 의심이 들었다. 그때 갑자기 노랫소리가 멈추자 두 사람은 함께 일어나, 문이 열리기를 기다리지 않고 책문을 넘어갔다. 곧이어 길에서 떠들썩한 소리가 들려오더니 술에 흠뻑 취한 손님들이 흩어졌는데, 한 사람이 더위를 먹고 갑자기 숨졌다고 했다. 그제야 왕십은 두 사람이 사람을 잡아가는 귀신임을 알았다.

日南坊守柵兵王十, 姚安公舊僕夫也. 言乾隆辛酉夏, 夜坐高廟納凉, 暗中見二人坐閣下, 疑爲盜, 靜伺所往. 時紹興會館西商放債者, 演劇賽神, 金鼓聲未息. 一人曰: "此輩殊快樂. 但巧算剝削, 恐造業亦深." 一人曰: "其間亦有差等. 昔聞判司論此事. 凡選人或需次多年, 旅食匱乏, 或赴官遠地, 資斧艱難. 此不得已而擧借, 其中苦況, 不可殫陳. 如或乘其急迫, 抑勒多端, 使進退觸藩, 茹酸書券, 此其罪與劫盜等. 陽律不過笞杖, 陰律則當墮泥犁. 至於冶蕩性成, 驕奢習慣, 預期到官之日, 可取諸百姓以償補. 遂指以稱貸, 肆意繁華, 已經負債如山, 尙復揮金如土. 致澌形竭蹶, 日見追呼, 銓授有官, 逋逃無路, 不得不吞聲飮恨. 爲几上之肉, 任若輩之宰烹. 積數旣多, 取償難必. 故先求重息以冀得失之相當,在彼爲勢所必然, 在此爲事由自取. 陽官科斷, 雖有明條, 鬼神固不甚責之也." 王聞是語, 疑不類生人. 俄歌吹已停, 二人并起, 不待開鑰, 已過柵門. 旋聞道路傳喧酒闌客散, 有一人中暑暴卒. 乃知二人爲追攝之鬼也.

60.

아무개의 보은

포전(蒲田) 사람 임패(林霈)가 해준 이야기이다.

복건의 한 현령이 관직에서 물러나 관사에 살고 있었다고 한다. 어느 날 밤, 도적 떼가 문을 부수고 들어왔다. 깜짝 놀란 한 노파가 소리를 지르다 머리에 칼을 맞고 그 자리에서 쓰러졌다. 이에 하인들은 감히 나서지 못했고, 순라꾼들도 있었지만, 평소 현령의 행동을 못마땅하게 여겨 역시 그냥 보고만 있었다. 도적들은 마음대로 물건을 훔쳤다. 그때 열네댓 살 된 현령의 어린 아들이 비단 이불을 머리끝까지 덮고 누워 있었다. 도적 한 명이 이불을 걷어보니 아이가 여자처럼 곱고 예뻤다. 그는 히죽 웃으며 손으로 어루만지는데, 무례한 짓을 하려는 것 같았다. 그때 칼을 맞았던 노파가 갑자기 벌떡 일어나 도적의 칼을 낚아채더니, 아이를 업고 그대로 문밖으로 달아났다. 뒤쫓던 도적들은 모두 노파에게 상처를 입어, 결국 훔친 물건만 챙겨 달아날 수밖에 없었다.

현령은 노파가 이미 육순이 넘었고, 평소 격검(擊劍)[221]에 능하다는 소리

221 격검(擊劍): 『순자(荀子)』에 보면, "제나라 사람들은 기격을 길렀다(齊人隆技擊)."라는 문장이 있고, "용기와 힘으로 적군을 쳐서 목을 베었다(以勇力擊斬敵人也)."라는 주석이 달려 있다. 오늘날은 권술(拳術)을 기격(技擊)이라 한다.

를 듣지 못했는데, 어찌 이리도 용맹할 수 있는지 의아해했다. 급히 가서 살펴보니, 노파는 꼿꼿이 선 채로 크게 말했다.

"저는 아무 성의 아무개로, 예전에 새 삶을 살게 해주신 공의 은혜를 입었고, 죽은 뒤에는 토신의 사당에서 일을 하게 되었습니다. 공께서 습격당했다는 소식을 듣고 특별히 보러 왔습니다. 재물은 모두 공께서 형벌로 백성들을 핍박해 모은 것입니다. 그래서 저승 관리께서 도둑의 전대를 배부르게 하는 것으로 결정하셔서 제가 감히 나서서 구할 수 없었습니다. 하지만 공의 아들을 건드리는 일은 죽어 마땅한 죄였기에, 노파의 몸에 빙의해 싸운 것입니다. 공께서는 선하게 살도록 노력하십시오. 그럼, 저는 이만 가겠습니다."

그렇게 말한 뒤 노파는 술에 취한 사람처럼 혼절했다. 그녀가 깨어난 뒤 물어보니 어리둥절해하며 아무것도 기억하지 못했다. 아마도 이 현령은 평소 가난한 백성들 사이의 송사를 공정하게 판결해 준 덕에 이와 같은 보답을 받은 듯하다.

莆田林生霈言. 閩中一縣令, 罷官居館舍. 夜有盜破扉而入. 一媼驚呼, 刃中腦, 仆地. 僮僕莫能出, 有邏者素弗善所爲, 亦坐視. 盜遂肆意搜掠. 其幼子年十四五, 以錦衾蒙首臥. 盜掣取衾, 見姣麗如好女. 嘻笑撫摩, 似欲爲無禮. 中刃媼突然躍起, 奪取盜刀, 徑負是子奪門去. 追者皆被傷, 乃僅捆載所劫去.

縣令怪媼已六旬, 素不聞其能技擊, 何勇鷙乃爾. 急往尋視, 則媼挺立大言曰: "我某都某甲也, 曾蒙公再生恩, 歿後執役土神祠. 聞公被劫, 特來視. 宦貲是公刑求所得. 冥官判飽盜橐, 我不敢救. 至侵及公子, 則盜罪當誅, 故附此媼與之戰. 公努力爲善. 我去矣." 遂昏昏如醉臥. 救蘇問之, 懵然不憶. 蓋此令遇貧人與貧人訟, 剖斷亦甚公明, 故卒食其報云.

61.

지주, 지현의 하인

지주(知州)나 지현(知縣)의 하인[222]은 성명과 본적이 모두 확실하지 않다. 대개 그들의 뇌물죄가 드러나도 종적을 추적해 체포할 수 없게 하기 위해서이다. 요안공이 예전에 방사(房師) 진석창(陳石窓)의 한 하인을 본 적이 있는데, 그는 자칭 산동 사람 주문(朱文)이라고 소개했다. 그런데 후에 고순현(高淳縣) 현령 양윤당(梁潤堂)의 집에서 다시 그를 보았을 때는 하남 사람 이정(李定)이라고 했다. 양공은 그를 매우 신뢰하며 의지했다. 길을 떠나려던 어느 날, 그가 갑자기 이상한 병에 걸리자, 양공은 요안공에게 그를 맡기며 잠시 머물 수 있게 해달라고 부탁하고, 병이 완쾌되면 다시 뒤따라오라고 약속했다. 그러나 그는 양쪽 발목 아래부터 한 마디씩 썩어, 점점 올라가더니 흉격(胸膈)까지 구멍이 뚫려 죽고 말았다. 그가 죽은 뒤에 그의 보따리와 상자를 뒤지던 중, 작은 글씨[223]로 적은 소책자를 발견했는데, 그가 겪은

222 하인: 원문은 '장수(長隨)'이다. 명나라의 환관[中官]들은 대당(大璫: 집권 환관)에게서 하인들을 하사받는데, 이를 장수라 한다. 후에는 지부와 지현의 수행하인 혹은 고용한 노복을 모두 장수라 불렀다. 오늘날의 집사 혹은 수행비서 정도에 해당한다.

223 작은 글씨: 원문은 '승두자(蠅頭字)'이다. 육유(陸游)의 「서감(書感)」에 보면, "죽을 날 가까운 백발 늙은이가, 되레 파리 대가리만큼 잔글씨를 읽을 줄을 어찌 알았으랴(豈知鶴髮殘年叟, 猶讀蠅頭細字書)!"라는 구절이 있다.

17명의 관원에 대해 적고 있었다. 관원마다 음사가 적혀 있었는데, 언제 어디서 누구와 함께 들었고, 누가 옆에서 보았는지, 주고받은 서신과 판결 내용까지 하나도 빠짐없이 모두 적혀 있었다. 그를 잘 아는 동료가 말했다.

"그는 예전에 이것으로 여러 관원을 협박했습니다. 그의 처도 사실은 어떤 관원의 몸종이었는데, 그녀를 훔쳐 달아나면서 안석 위에 편지 한 장만 남기고 떠나 결국 관에서도 감히 추적하지 못했습니다. 지금 이런 병에 걸린 것도, 어찌 하늘의 뜻이 아니겠습니까?"

곽문역(霍文易)이 말했다.

"이런 사람들이 다른 집안에서 일하는 것은 본래 불법이네. 비유하자면 그들은 매를 기르는 것과 같아, 결코 곡식을 먹는다고 나무라서도 안 되고 주인이 잘 부리면 그뿐이네. 그의 민첩함을 좋아해 눈과 귀, 심복으로 삼는다면 이는 칼자루를 거꾸로 쥐고 그에게 병권을 주는 것과 같네.[224] 나는 이 사람을 꾸짖기보다는, 오히려 그들 17명의 관원을 꾸짖어야 한다고 보네."

그러자 요안공이 말했다.

"자네의 말은 도리어 사건의 본질을 고려하지 않은 것이네. 17명의 관원이 가히 책자에 적힐만한 어떤 음사도 저지르지 않았다면, 그가 날마다 붓을 매고 다닌다 한들 어찌 이런 짓을 할 수 있었겠는가?"

---

224 이는…것과 같네: 『한서』「매복전(梅福傳)」에 보면, "태아(太阿)를 거꾸로 잡고 칼자루를 남에게 준다."라는 문장이 있는데, 태아(太阿)는 보검(寶劍)의 이름이다. 즉 칼을 거꾸로 잡고 칼자루를 남에게 준다는 것은 남을 이롭게 해주고 오히려 본인은 해를 입는 것을 이르는 말이다.

州縣官長隨, 姓名籍貫皆無一定. 蓋預防姦贓敗露, 使無可踪迹追捕也. 姚安公嘗見房師石窗陳公一長隨, 自稱山東朱文. 後再見於高淳令梁公潤堂家, 則自稱河南李定. 梁公頗倚任之. 臨啓程時, 此人忽得異疾, 乃託姚安公暫留於家, 約痊時續往. 其疾自兩足趾, 寸寸潰腐, 以漸而上, 至胸膈穿漏而死. 死後檢其囊篋, 有小册作蠅頭字, 記所閱凡十七官. 每官皆疏其陰事, 詳載某時某地某人與聞, 某人旁睹, 以及往來書札, 讞斷案牘, 無一不備錄. 其同類有知之者曰: "是嘗挾制數官矣. 其妻亦某官之侍婢, 盜之竊逃, 留一函於几上, 官竟不敢追也. 今得是疾, 豈非天道哉?" 霍文易曰: "此輩依人門戶, 本爲舞弊而來. 譬彼養鷹, 斷不能責以食穀, 在主人善駕馭耳. 如善其便捷, 任以耳目心腹, 未有不倒持干戈, 授人以柄者. 此人不足責, 吾責彼十七官也." 姚安公曰: "此言猶未揣其本. 使十七官者, 絶無陰事之可書, 雖此人日日橐筆, 亦何能爲哉?"

62.

헌현의 두 이야기

이치상으로는 도무지 있을 수 없는 일도 간혹 있기 마련인데, 그것을 자세히 따져보면 결국 모두 이치에 맞는 일이다. 아집에 사로잡힌 사람만이 그것을 지나치게 고루하게 여길 따름이다.

근년에 헌현(獻縣)에서 두 가지 일이 있었다.

하나는 한수립(韓守立)의 처 유씨(兪氏)의 일로, 유씨는 시할머니를 지극정성으로 모셨다. 건륭 25년(1760) 경신년에 시할머니가 실명하자 백방으로 약을 구하며 기도했지만, 아무런 효험이 없었다. [그때] 어떤 교활한 사람이 등불 앞에서 자기 살점을 잘라 태우며 신께 보호해달라고 기도하면 빨리 나을 수 있다고 속여 말했다. 유씨는 그 말이 거짓임을 알아채지 못하고 결국 자신의 살점을 잘라 불에 태웠다. 10여 일 뒤에 시할머니의 두 눈이 다시 밝아졌다. 속은 것은 어리석은 일이지만, 그 우직함 때문에 정성을 다할 수 있었고, 그 정성 덕분에 귀신이 감동했다. 이는 이치에는 맞지 않지만, 지극히 당연한 도리이다.

다른 하나는 거지 왕희성(王希聖)의 일로, 그는 두발이 오그라들어 발 대신 엉덩이로 움직이고 팔꿈치로 몸을 지탱하며 길을 다녔다. 하루는 길에서 돈 200냥을 주웠다. 그는 돈 자루를 풀숲에 숨기고는 주인이 나타나기를 기다리며 앉아 있었다. 잠시 후, 돈의 주인[225]인 상인 장제비(張際飛)가 허둥지둥 달려오는 것을 보고 물어보니, 그의 말이 모두 사실과 맞아떨어져 기꺼이 돈을 돌려주었다. 장제비는 사례로 돈을 나누자고 했으나, 왕희성은 돈을 받지 않았다.

장제비는 그를 집으로 초대해 종신토록 넉넉히 보살피겠다고 제안했지만, 왕희성은 이렇게 말하며 의연하게 떠나갔다.

"제 몸이 이렇게 불구가 된 것은 다 하늘이 내린 벌입니다. 하늘의 뜻을 어기고 가만히 앉아 먹기만 한다면, 틀림없이 더 큰 화가 미칠 것입니다."

후에 왕희성은 피곤해 배성공(裵聖公) 원주: 어느 때 사람인지 알 수 없으며, 따라서 상세히 기록할 수도 없다. 그 지방 사람들의 말에 따르면 비를 내려 달라고 빌면 효험이 있었다고 한다. 의 사당아래서 잠을 자고 있었는데, 갑자기 한 취객이 그의 두 다리를 잡아당기는데, 참을 수 없을 만큼 고통스러웠다. 취객이 간 뒤에 그의 두 다리는 펴져 있었다. 그리하여 그때부터 걸을 수 있게 되었으며, 그는 이후 건륭 24년(1789) 을묘년에 세상을 떠났다. 장제비는 예부터 우리 집안 선조의 문객이었기에 그를 만날 수 있었는데, 내게 이 일을 아주 자세히 전해주었다. 아마도 왕희성이 착한 일을 해 그 보답을 받은 것이며, 또한 그가 하늘의 뜻을 받아들여 남의 보답을 받지 않았기에 신이 대신하여 상을 내려준 것이다. 이 또한 이치에는 맞지 않는 듯 보이나, 지극히 당연한 도리가 아닌가?

선배 과개주(戈芥舟)는 예전에 이 두 이야기를 『현지(縣志)』에 실었는데,

---

225 주인: 원문은 '주인(主人)'이다. 원래는 '임인(林人)'으로 되어 있으나, 문맥의 흐름상 도광본에 따라 '주인'으로 고쳐 번역한다.

강학가들이 그 내용이 기이하다고 나무랐다. 내가 생각하기에 과개주의 『현지』에는 계선(乩仙)의 시구와 왕생(王生)의 죽은 어린 아들 이야기 두 편만 빠져있을 뿐, 책 전체가 체계가 있고, 사가의 필법을 갖추고 있다. 그가 이 두 이야기를 『현지』에 실은 것은, 평범한 남녀라도 족히 신명을 감동시킬 수 있음을 보여주기 위해서이다. 또한 이를 통해 선한 마음을 일으키고 경박한 풍속을 교화할 수 있으니, 소설가들이 쓴 글을 함부로 지방지에 끼워넣는 것과는 다르다. 한나라 건안(建安)[226] 연간에 하간(河間) 태수 유조(劉照)의 처가 꿈속에서 후임 태수에게 고리 한 쌍을 전한 일이 『녹이전(錄異傳)』에 실려 있고,[227] 진(晉)나라 무제(武帝) 때 하간의 한 여자가 관(棺)을 가르고 살아난 일이 『수신기』에 실려 있다.[228] 이 모두는 헌읍(獻邑)의 옛일인데도, 언제 그 문장을 삭제하지 않은 적이 있었던가?

---

226 건안(建安): 동한(東漢) 헌제(獻帝)의 연호(196~220)이다.

227 한나라…실려 있고: 『녹이전』에 따르면, 유조는 하간 태수였다고 한다. 부인이 죽자 관청의 뜰에 관을 묻었다. 황건적의 난이 일어나자 유조는 군(郡)을 버리고 도망쳤다. 후임 태수가 와서 밤에 꿈에 한 부인이 자기를 찾아와서 동침하는 것이었다. 그리고는 또 고리 한 쌍을 주면서 말했다. "이것은 위유쇄(萎蕤鎖)입니다. 이는 금실로 연결되어 있고 사람 마음대로 늘였다 줄였다 할 수 있는, 실로 진귀한 물건입니다. 나는 이제 떠나야 하기 때문에 이것을 드리고 떠나는 것입니다." 후에 유조는 아들을 보내어 아내의 관을 운구해오도록 했다. 후임 태수는 비로소 그간의 일을 깨닫고 말해주었다. 유조의 아들은 그 고리를 보고 통곡했다.

228 진(晉)나라 무제(武帝) 때…실려 있다: 『수신기』에 따르면, 진나라 무제 때 하간의 한 남녀가 서로 사랑하여 결혼을 약속했다. 그런데 남편이 종군을 나가 몇 년이 지나도록 돌아오지 않자, 여자 집에서는 다른 사람에게 시집보내려했다. 여자는 원치 않았으나 부모의 핍박으로 다른 곳으로 시집을 가게 되었으나, 얼마 지나지 않아 병으로 죽었다. 그때 남편이 돌아와 여자의 행방을 물었기에 사실대로 말해주었다. 남편이 무덤에 가서 곡을 하며 슬픔을 표하다가 감정을 이기지 못해 결국 무덤을 파고 관을 열었다. 그러자 여자가 다시 살아났기에, 그녀를 업고 집으로 돌아왔다.

理所必無者, 事或竟有, 然究亦理之所有也. 執理者自泥古耳. 獻縣近歲有二事. 一爲韓守立妻俞氏, 事祖姑至孝. 乾隆庚辰, 祖姑失明, 百計醫禱, 皆無驗. 有黠者紿以刲肉燃燈, 祈神佑, 則可速愈. 婦不知其紿也, 竟刲肉燃之. 越十餘日, 祖姑目竟復明. 夫受紿亦愚矣, 然惟愚故誠, 惟誠故鬼神爲之格. 此無理而有至理也.

一爲丐者王希聖, 足雙攣, 以股代足, 以肘撐之行. 一日於路得遺金二百. 移槖匿草間, 坐守以待覓者. 俄商家主人張際飛, 倉皇尋至, 叩之語相符, 舉以還之. 際飛請分取, 不受. 延至家, 議養贍終其身, 希聖曰: "吾形残廢, 天所罰也. 違天坐食, 將必有大咎." 毅然竟去. 後困卧斐聖公祠下, 原註: 斐聖公不知何時人, 志乘亦不能詳. 士人云祈雨時有驗. 忽有醉人曳其足, 痛不可忍. 醉人去後, 足已伸矣. 由是遂能行, 至乾隆己卯乃卒. 際飛故先祖門客, 余猶及見, 自述此事甚詳. 蓋希聖爲善宜受報, 而以命自安, 不受人報, 故神代報也. 非似無理而亦有至理乎?

戈芥舟前輩嘗載此二事於『縣志』, 講學家頗病其語怪. 余謂芥舟此志, 惟乩仙聯句及王生殤子二條, 偶不割愛耳, 全書皆體例謹嚴, 具有史法. 其載此二事, 正以見匹夫匹婦足感神明. 用以激髮善心, 砥礪薄俗, 非以小說家言濫登輿記也. 漢建安中, 河間太守劉照妻, 葳蕤鎖事, 載『錄異傳』, 晉武帝時, 河間女子剖棺再活事, 載『搜神記』. 皆獻邑故實, 何嘗不删薙其文哉?

63.

서법을 흉내 낸 원숭이

외숙조 장자형(張紫衡)의 집에 작은 채소밭이 있다. 채소밭 가운데 인공산을 만들고, '설운(泄雲)'이라는 동굴도 만들어 두었다. 동굴 앞에는 예국(藝菊)을 심었고, 산 뒤에서는 학 몇 마리를 길렀다. 왕호려(王昊廬) 선생이 구양수(歐陽修)[229]와 당언겸(唐彦謙)[230]의 시구를 모아 시 한 수를 써 놓았는데, 아주 절묘하고 공교로웠다.

가을꽃은 봄꽃처럼 쉬이 지지 않으니,
속세의 꿈은 비로소 드높은 학의 꿈 알게 되었네.

어느 날, 동굴 안에 있던 붓과 벼루가 저절로 움직여 벽 가득 14자의 글씨를 흉내 내어 써놓았는데, 글자가 꺾이고 어그러지고 비뚤어져 점과 획이 구분되지 않았다. 필획은 아래에서 위로, 오른쪽에서 왼쪽으로 쓰는가

---

229 구양수(歐陽修): 자는 영숙(永叔)이고 길주(吉州) 여릉(廬陵) 사람이다. 구양수(1007~1072)는 만년에 육일거사(六一居士)라 불렸다.

230 당언겸(唐彦謙): 당나라 병주(幷州) 진양(晉陽) 사람으로, 자는 무업(茂業)이다. 책을 두루 읽고 재주가 많았으며, 문사(文詞)가 힘이 있고 화려했다. 특히 칠언시에 뛰어났으며, 저서로는 『녹문선생집(鹿門先生集)』이 있다.

하면 이어 써야 할 곳은 끊고, 끊어 써야 할 곳은 이어서 써놓았으니, 글씨를 모르는 이가 쓴 것 같았다. 아이들의 장난이라 여겨 벽을 다시 바르고 자물쇠로 문을 잠가두었다. 며칠 뒤에 문을 열어보니 같은 글씨가 또다시 쓰여 있어서 그제야 귀신의 짓임을 알게 되었다. 어느 날 저녁 먹 가는 소리가 들려 칼을 들고 갑자기 뛰어가 물체를 덮쳤다. 그러자 한 늙은 원숭이가 뛰어오르며 사람을 향해 돌진해 오더니 그대로 달아났는데, 그 이후로 다시는 나타나지 않았다. 그래서 무슨 의도로 서법을 배웠는지 알 수 없었다.

나는 예전에 소설 속에 나오는 문필에 능한 이물 중에 귀신과 여우만은 그래도 믿을 수 있다고 생각한 적이 있었다. 귀신은 본래 사람이었고, 여우는 사람에 가까운 존재지만, 기타 초목이나 새, 짐승 따위가 어떻게 시사(詩詞)의 성률(聲律)[231]을 알 수 있겠는가? 혼씨(渾氏) 댁의 객[232]과 쉬파리, 빗

231 시사(詩詞)의 성률(聲律): 원문은 '성병(聲病)'으로, 시를 지을 때 평측(平仄)과 운율을 맞추는 것을 말한다.

232 혼씨(渾氏) 댁의 객: 원문은 '혼가문객(渾家門客)'으로, '혼가(渾家)'의 '혼(渾)'은 '혼측(溷廁)'의 '혼(溷)'과 해음으로, 바로 측간을 말한다. 『현괴록(玄怪錄)』에 보면, 비릉(毗陵) 사람 등정준(滕庭俊)은 열병을 앓았다고 한다. 한번은 낙양(洛陽)에 갔다가 한 장원에 투숙하게 되었다. 장원의 주인이 잠시 외출하고 돌아오지 않았기 때문에 등정준은 아주 무료했다. 갑자기 머리가 드문드문 벗겨지고 헤진 옷을 입은 한 노인이 당(堂)의 서쪽에서 나오더니 자신은 화차야(和且耶)와 함께 혼씨 댁의 문객으로, 성은 마(麻)이고 이름은 대(大)라고 했다. 그리고는 맛있는 음식과 술잔을 내와 등정준을 초대했다. 또한 연구(聯句)를 지었는데, 마대는 이렇게 시를 지었다. "혼씨 댁과 이웃한 이래로, 그윽한 향기가 온 몸에서 나네. 무심히 조용히 지내는 것을 좋아할 뿐인데, 사람들은 나를 이용해 먼지를 쓸어내는구나." 잠시 뒤에 주인이 등정준을 부르는 소리가 들렸다. 그 순간 마대와 화차야 두 사람은 사라지고 없었고, 자신은 측간 안에 앉아 있었는데, 측간 옆에는 큰 파리 한 마리와 털이 빠진 빗자루만이 있을 뿐이었다.

자루도 모두 시를 지을 수 있는데,[233] 이는 모두 우언(寓言)[234]에 불과하며 이처럼 황당하지는 않다. 이 원숭이는 단지 시간이 흐르면서 신령에 통달해 사람을 따라 붓 가는 대로 쓴 것뿐이다. 그 졸렬한 본색은 굳이 취할 만한 뜻이 담겨 있는 것도 아니다.

外叔祖張公紫衡家有小圃. 中築假山, 有洞曰泄雲洞. 前爲藝菊地, 山後養數鶴. 有王昊廬先生, 集歐陽永叔·唐彦謙句題聯曰: "秋花不比春花落, 塵夢乃知鶴夢長." 頗爲工切. 一日洞中筆硯移動, 滿壁皆摹仿此十四字, 拗捩欹斜, 不成點劃. 用筆或自下而上, 自右而左, 或應連者斷, 應斷者連, 似不識字人所書. 疑爲童稚游戲, 重堊鐍而其戶. 越數日, 開視復然, 乃知爲魅. 一夕, 聞格格磨墨聲, 持刃突入掩之. 一老猴躍起衝人去, 自是不復見矣. 不知其學書何意也.

余嘗謂小說載異物能文翰者, 惟鬼與狐差可信. 鬼本人, 狐近於人也, 其他草

---

233 쉬파리…있는데: 『영괴집(靈怪集)』에 따르면, 요강성(姚康成)은 견농(汧隴)으로 가서 형군아(刑君牙)의 옛 집을 빌려 지냈다고 한다. 2경(更: 밤 9시~11시)이 지나 한 사람이 방 안으로 들어가는 것이었다. 그러더니 잠시 뒤에 몇 명이서 술을 마시고 즐기는 소리가 들려왔다. 요강성이 몰래 살펴보니 키가 크고 말랐으며, 얼굴빛이 아주 검은 한 사람과 역시 키가 크고 말랐으며 얼굴이 누렇고 곰보자국이 많은 한 사람이 각각 시를 읊었다. 또 키가 작고 뚱뚱하며 머리를 풀어헤친 한 사람이 이렇게 읊었다."머리는 다 타버리고 귀밑머리는 다 빠진 채 속만 남아있고, 먼지 속에서 기력 쇠진하여 더 이상 말도 할 수가 없네. 지금은 썩어버린 풀처럼 되었다고 웃지들 마시오. 한때는 종일토록 고관대작들의 문을 쓸었던 몸이니." 요강성이 문을 열고 그들을 찾아보았으나 이미 모두 사라지고 없었다. 날이 밝을 때를 기다렸다가 찾아보니 자루와 귀 달린 쇠 냄비, 망가진 피리, 그리고 털이 다 빠진 기장 수술 빗자루 각각 하나씩이 거기에 있었다.

234 우언(寓言): 『사기』「장주전(莊周傳)」에 보면, "저서 십여 만 마디의 말이 있는데, 대개가 말을 기탁한 것이다(著書十餘萬言, 大抵率寓言也)."라는 구절이 있다. "우(寓)는 기탁한다는 뜻으로, 가상의 인물을 만들어 내어 이를 통해 자신의 뜻을 전달하는 것이다. 따라서 『장자』에 「우언」편이 있게 된 것이다."라고 주 달려 있다.

木禽獸何自知聲病? 至於渾家門客, 并蒼蠅·草帚亦具能詩, 卽屬寓言, 亦不應荒誕至此. 此猴歲久通靈, 學人塗抹. 正其頑劣之本色, 固不必有所取義耳.

여시아문

如是我聞

2

관혁도인(觀奕道人) 찬(撰)

1.

개과천선

돌아가신 숙부 의남공(儀南公)[1]께서 들려주신 이야기이다.

왕(王) 아무개와 증(曾) 아무개는 평소 사이가 아주 좋았다고 한다. 왕 아무개는 증 아무개의 아내를 연모해, 증 아무개가 도적에게 무고를 당해 끌려간 틈을 타 몰래 관리에게 뇌물을 주고 옥중에서 죽게 하였다. 한창 매파를 구하던 중 갑자기 회개한 그는 그 계획을 철회하고 공덕을 쌓아 원한을 풀고자 하는 듯하였다. 얼마 지나지 않아 염불을 외며 참회하였으나, 효과가 있는지 확신할 수 없게 되자 결국 증 아모개의 부모와 처자를 집으로 모셔 와 지극정성으로 모셨다. 그렇게 몇 년이 지나자 그의 재산은 절반으로 줄어들었다. 증 아무개의 부모는 마음이 편치 않아 며느리를 왕 아무개에게 시집보내려 했으나, 왕 아무개는 한사코 사양하며 더욱 공손하게 그들을 봉양했다. 또다시 몇 해가 흐른 뒤, 증 아무개의 모친이 병에 걸리자, 왕 아무개는 의대도 풀지 않고 탕약 시중을 들었다. 임종을 앞둔 증 아무개의 모친이 말했다.

1 의남공(儀南公): 기윤의 종숙 기용아(紀容雅)이다. 기용아(1698~1758)는 기윤의 셋째 숙부로, 후선동지(候選同知)를 지냈다.

"오랫동안 많은 은혜를 입었네. 내세에 무엇으로 보답하면 좋겠나?"

왕 아무개는 머리를 땅에 찧으며 피를 흘린 채, 그간의 일을 모두 털어놓으며 저승에서 증 아무개를 만나거든 용서를 구해 달라고 간청하였다. 증 아무개의 모친은 깊이 탄식하며 그렇게 하겠노라고 대답했다. 증 아무개의 부친도 서찰 한 통을 써서 아내의 소매 속에 넣으며 말했다.

"죽어서 정말 아들을 만나거든 이 편지를 전해주게. 만약 원한을 갚으려 한다면 나는 황천에서도 만나지 않겠노라고 하게."

후에 왕 아무개는 증 아무개의 모친을 위해 장사를 지내며 감독하던 중 피곤해 무덤 옆에서 선잠이 들었는데, 갑자기 귓가에서 큰 소리가 들려왔다.

"원한은 모두 풀렸네. 자네에게 딸이 있다는 사실을 잊었는가?"

놀라 잠에서 깨어난 왕 아무개는 자신의 딸을 증 아무개의 아들에게 시집보냈다. 그는 훗날 천수를 다 누리고 죽었다. 도저히 풀 수 없는 원한이었음에도 불구하고, 용서할 수밖에 없는 정으로 사람의 마음을 감동하게 했으니, 정활 교활한 사람이구나! 그러나 이와 같은 깊은 원한을 풀 수 있다면 [세상에] 풀지 못할 원한이 없다는 것을 알 수 있으니, 이 이야기는 죄를 참회하고자 하는 이들에게 권할 만하다.

先叔儀南公言. 有王某曾某, 素相善. 王艷曾之婦, 乘曾爲盜所誣引, 陰賄吏斃於獄. 方營求媒妁, 意忽自悔, 遂輟其謀, 擬爲作功德解寃. 既而念佛法有無未可知, 乃迎曾父母妻子於家, 奉養備至. 如是者數年, 耗其家貲之半. 曾父母意不自安, 欲以婦歸王, 王固辭, 奉養益謹. 又數年, 曾母病, 王侍湯藥, 衣不解帶. 曾母臨歿曰: "久蒙厚恩. 來世何以爲報乎?" 王乃叩首流血, 具陳其實, 乞冥府見曾爲解釋. 母慨諾. 曾父亦作手書一札, 納曾母袖中曰: “死果見兒, 以此付之. 如再修怨, 黃泉下無相見也.” 後王爲曾母營葬, 督工勞倦, 假寐壙側, 忽聞耳畔大聲曰: “寃則解矣. 爾有一女, 忘之乎?” 惕然而寤, 遂以女許嫁其子. 後竟得善終. 以必不可解之寃, 而感以不能不解之情, 眞狡黠人哉! 然如是之寃有可解, 知無不可解之寃矣, 亦足爲悔罪者勸也.

2.

효부 거지

종형 욱승(旭升)이 해준 이야기이다.

시어머니에게 효를 다하는 한 여자 거지가 있었다고 한다. 어느 날 그녀는 배가 고파 길에 쓰러지면서도 밥그릇을 손에 들고 놓으려 하지 않았다. 그러면서 "시어머니께서 아직 식사를 못하셨어요."라고 말했다. 그녀는 자칭 처음부터 시어머니를 따라 걸식하며 시어머니의 분부만을 따랐다고 했다. 하루는 시어머니와 함께 오래된 사당에 묵었는데, 밤에 전각 위에서 잔뜩 화가 난 소리가 들려왔다.

"너는 어찌하여 효부를 피하지 않고, 그녀에게 음기를 씌워 오한이 들게 했느냐?"

한 사람이 "손에 급한 격문이 들려 있어 순간적으로 보지 못했습니다."라고 하자, 다시 질책하는 소리가 들려왔다.

"충신이나 효자는 머리 위에서 몇 길이나 되는 광채가 나거늘, 설마 앞이 안 보인단 말이냐?"

말이 끝나자 갑자기 매질하고 울부짖는 소리가 들리더니 한참 뒤에 조용해졌다. 다음날 마을에 갔다가 정말 밭으로 밥을 내가던 어떤 여자가 돌풍에 쓰러져 두통을 앓았다는 이야기를 들었다. 그녀의 일상 생활사를 물어보니 과연 효로 이름이 나 있었다. 이 이야기에 감동한 여자 거지는 자신이 시어머니를 정성껏 모시지 못할까 늘 두려워했다고 한다.

從兄旭升言. 有丐婦甚孝. 其姑嘗飢踣於路, 而手一盂飯不肯釋, 曰: “姑未食也.” 自云初亦僅隨姑乞食, 聽指揮而已. 一日同棲古廟, 夜聞殿上厲聲曰: “爾何不避孝婦, 使受陰氣發寒熱?” 一人稱手捧急檄, 倉卒未及睹, 又聞叱責曰: “忠臣孝子, 頂上神光照數尺, 爾豈盲耶?” 俄聞鞭箠呼號聲, 久之乃寂. 次日至村中, 果聞一婦饁田, 爲旋風所撲, 患頭痛. 問其行事, 果以孝稱. 自是感動, 事姑恒恐不至云.

3.

신에게 넘긴 판결

종형 욱승이 또 해준 이야기이다.

현리 이무화(李懋華)가 예전에 일 때문에 장가구(張家口)[2]에 간 적이 있었다고 한다. 거용관(居庸關)[3] 밖에서 밤에 길을 잃어, 산자락에 있는 신사(神祠)에서 잠시 쉬게 되었다. 그때 갑자기 등불이 훤히 밝아지더니, 멀리서 거마가 떠들썩하게 사당 문 쪽으로 다가오는 것이 보였다. 이무화는 속으로 '신령이 오시나 보다' 생각하며 처마 아래에 몸을 숨기고 엎드렸다. 몇몇 귀관(貴官)들이 사당 안으로 들어와 자리를 잡고 앉는데, 성황신으로 보이는 인물이 좌측에 앉았고, 가운데엔 정체를 알 수 없는 네댓 명의 신이 나란히 앉았다. 관리 몇 명이 장부를 안고 들어와 책상 위에 펼쳐 놓은 뒤 일일이 검사하기 시작했다. 그들의 대화를 잘 들어보니 어느 마을 사람들의 선과 악을 따지는 중이었다. 한 신이 말했다.

---

2 장가구(張家口): 지명으로, 직례성(直隸省) 만전현(萬全縣) 동쪽에 위치한다. 만리장성의 요새로, 청나라 때 장가구에 관청을 설치했는데, 민국에 와서는 장북현(張北縣)으로 개명했다.

3 거용관(居庸關): 직례성 창평현(昌平縣) 서북쪽에 위치한다. 땅의 지세가 험하다. 『회남자(淮南子)』에 따르면, 천하에 구새(九塞)가 있는데, 거용관이 그중 하나로, 군도관(軍都關)이라고도 한다.

"아무개 부인은 예법에 어긋남 없이 부모님을 섬기고는 있지만, 그저 겉모습만 극진할 뿐, 마음속은 그렇지 않소. 아무개 부인 역시 시아버지와 시어머니를 기쁘게 해드리지만, 돌아서서는 남편에게 원망을 늘어놓고 있소."

또 다른 신이 말했다.

"풍속은 날로 타락하고 있지만, 신도(神道)는 사람들에게 좋은 일을 해야 하오. 저승의 법에 따르면 효부는 목숨이 12년 연장되니, 이 두 부인은 절반으로 줄이는 것이 좋겠습니다."

그러자 모두 "좋소."라고 했다. 잠시 뒤에 한 신이 말했다.

"아무개 부인은 지극히 효성스러우면서도 매우 음란한데, 어떻게 처리하면 좋겠소?"

다른 신이 말했다.

"이승의 법률에서는 음란죄는 곤장 몇 대에 불과하지만, 불효죄는 죽음으로 처리하는데, 그것은 불효죄가 음란죄보다 훨씬 더 무겁기 때문이요. 불효죄가 무겁다면 효도의 복도 그만큼 중요합니다. 또한 가벼운 죄로 중요한 복을 깎아낼 수 없으니, 음란함은 제외하고 효만을 가지고 논해야 하오."

그러자 또 다른 신이 말했다.

"부모를 잘 모시는 것은 효 가운데 작은 부분에 해당하고, 잘못된 행동으로 부모를 욕보이는 것은 불효 가운데 큰 부분에 해당하오. 따라서 작은 효로 큰 불효를 속죄하기는 어려우니, 효는 제외하고 음란한 행동만 따져야 하오."

그러자 한 신이 말했다.

"효는 큰 덕으로, 다른 악행으로 가릴 수 없소. 음란함은 큰 죄악으로, 다른 선행으로 속죄할 수 없소. 마땅히 죄와 복은 각각 그에 맞는 대가를 치러야하오."

옆에 앉아 있던 신이 허리를 굽히며[4] "죄와 복은 서로 상쇄될 수 있습니까?"라고 묻자, 신이 고개를 가로저으며 말했다.

"음란함을 이유로 효의 복을 깎는다면, 사람들이 효를 행해도 복이 없다고 의심하게 될 것이고, 효로 음란죄를 면해 준다면 음란함은 죄가 아니라고 여길 수 있으니, 죄와 복을 상쇄시키는 것은 옳지 않습니다."

떨어져 앉아 있던 신이 말했다.

"효자라는 이유로 음란한 행동을 하는데도 벌을 주지 않으면 사람들이 효를 더 신경 쓰지 않을까요? 반대로 음란하다는 이유로 효자에게 복을 주지 않으면, 사람들이 음란함을 더 경계하지 않을까요? 따라서 서로 상쇄시키는 것이 옳습니다."

다른 신이 한참동안 깊이 생각하더니 말했다.

"이 일은 처리가 매우 중요하니, 하늘에 물어보는 것이 좋겠소."

말을 다하고는 모두 일어나 각자 수레를 타고 제갈 길을 떠났다.

이무화는 본래 노련한 관리였고, 공문서에 익숙한 사람이었기에 그 말을 몰래 기록해 두고 여러 번 생각해보았지만, 결론을 내릴 수 없었다. 하늘이 어떤 판결을 내렸는지는 알 수 없었다.

---

4 허리를 굽히며: 원문은 '경절(磬折)'로, 몸을 경쇠처럼 굽히는 것을 말한다. 『예기(禮記)』「곡례(曲禮)」(하)에 보면 "서 있을 때는 경쇠처럼 몸을 굽히어 패옥(佩玉)을 드리운다(立則磬折, 垂佩)."라는 문장이 있다.

旭升又言. 縣吏李懋華, 嘗以事詣張家口. 於居庸關外夜失道, 暫憩山畔神祠. 俄燈光晃耀, 遙見車騎雜遝, 將至祠門. 意是神靈, 伏匿廡下. 見數貴官并入祠, 坐左側似是城隍, 中四五座則不識何神. 數吏抱簿陳案上, 一一檢視. 竊聽其語, 則勘驗一郡善惡也. 一神曰: "某婦事親無失禮, 然文至而情不至. 某婦亦能得舅姑歡, 然退與其夫有怨言." 一神曰: "風俗日偷, 神道亦與人爲善. 陰律孝婦延一紀, 此二婦減半可也." 僉曰: "善." 俄一神又曰: "某婦至孝而至淫, 何以處之?" 一神曰: "陽律犯淫罪止杖, 而不孝則當誅, 是不孝之罪重於淫也. 不孝之罪重, 則能孝者福亦重. 輕罪不可削重福, 宜舍淫而論其孝." 一神曰: "服勞奉養, 孝之小者, 虧行辱親, 不孝之大者. 小孝難贖大不孝, 宜舍孝而科其淫." 一神曰: "孝大德也, 非他惡所能掩. 淫大罰也, 非他善所能贖. 宜罪福各受其報." 側坐者磬折請曰: "罪福相抵可乎?" 神掉首曰: "以淫而削孝之福, 是使人疑孝無福也, 以孝而免淫之罪, 是使人疑淫無罪也, 相抵恐不可." 一神隔坐言曰: "以孝之故, 雖至淫而不加罪, 不使人愈知孝乎? 以淫之故, 雖孝而不獲福, 不使人愈戒淫乎? 相抵是." 一神沉思良久曰: "此事出入頗重大, 請命於於天曹可矣." 語訖俱起, 各命駕而散. 李故老吏嫻案牘, 陰記其語, 反覆思之不能決. 不知天曹作何判斷也.

4.

침묵과 벼락

동곡강(董曲江)[5]이 해준 이야기이다.

이웃 현에 한 과부가 살고 있었는데, 여름날 밤에 도둑이 창문을 열고[6] 들어와, 과부가 잠든 틈을 이용해 그녀를 욕보였다고 한다. 과부가 깨어나 깜짝 놀라 소리치자, 도둑이 달아났다. 분통이 터진 과부가 병을 얻어 죽는 바람에, 도둑의 이름은 끝내 밝혀지지 않았다. 그로부터 4여 년 뒤에 마을 사람 이십(李十)이 갑자기 벼락에 맞아 죽었다. 그때 한 노파가 합장하며 염불을 외웠다.

"아무개 부인의 원한이 이제야 풀렸나 봅니다. 그날 부인이 살려달라고 소리쳤을 때 저는 이십이 담을 넘는 모습을 똑똑히 보았지만, 그의 흉포한 기세가 두려워 감히 말하지 못했습니다."

---

5 동곡강(董曲江): 동곡강(1712~1787)은 이름이 원도(元度)이고, 평원(平原) 사람이다. 그는 건륭 17년(1752) 임진년의 진사(進士)로 한림원(翰林院)에 들어가 서길사(庶吉士)로 있다가, 후에 부학교수(府學敎授)를 지냈다.

6 열고: 원문은 '효(撬)'로, 들어 올린다는 뜻이다. 민간에서는 물건을 묶어서 들어 올리는 것을 의미한다.

董曲江言. 鄰縣一嫠婦, 夏夜爲盜撬窗入, 乘夜睡污之. 醒而驚呼, 則逸矣. 憤恚病卒, 竟不得賊之主名. 越四載餘, 忽村民李十雷震死. 一媼合掌誦佛曰: “某婦之寃雪矣. 當其呼救之時, 吾親見李十躍墻出, 畏其悍而不敢言也.”

5.

고상한 여우 강묵

서성구(西城區)[7] 장군 교련장에 있는 어떤 집에 주란파(周蘭坡)[8] 학사가 예전에 살았다. 간혹 밤에 건물 위에서 시부(詩賦) 읊는 소리가 들리기도 해, 여우의 짓이라 생각하고 놀라지 않았다. 주란파 선생이 집을 옮기자, 여우도 다른 곳으로 갔다. 후에 전백암(田白岩) 선생이 그곳에 세 들어 산지 몇 개월 뒤에 여우가 다시 돌아왔다. 전백암은 술과 포를 차려 제사를 지내고, 책상에 축사를 펼쳐 놓은 채 이렇게 말했다.

"이 달팽이집처럼 작고 누추한 집[9]에 일찍이 선인[10]이 머물렀다고 들었

---

7 서성구(西城區): 서성은 선무문(宣武門) 밖으로, 풍광이 좋아 청나라 황제의 아들이나 형제들이 거주하던 친왕부가 이곳에 밀집되어 있었다. 또한 오부육부(五府六部), 칠사삼원(七司三院)이 모두 정양문(正陽門) 안쪽에 위치해 있어, 도성의 관료들이 정양문에서 멀지 않은 선무문 밖에 많이 거주했다.

8 주란파(周蘭坡): 이름은 장발(長發)이고, 호는 석범(石帆)이며, 청나라 절강성 회계(會稽) 사람으로 시독학사(侍讀學士)를 지냈다. 시재가 민첩하며, 저서로는 『사서당집(賜書堂集)』이 있다.

9 달팽이집처럼 작고 누추한 집: 원문은 '와려(蝸廬)'이다. 『위략(魏略)』에 보면, "양패(楊沛)는 모아둔 재산이 없어 달팽이집처럼 작고 누추한 집(瓜牛廬)을 짓고 그곳에 살았다. 또 초선(焦先)이 스스로 달팽이집처럼 작고 누추한 집을 지었다."라는 구절이 있고, "과(瓜)는 와(蝸)가 맞다. 와(蝸)는 나충(螺蟲) 가운데 뿔이 있는 것이다. 초선 등이 달팽이 껍질과 같은 둥근 모양의 집을 지었기 때문에 와우려(蝸牛廬)라고 했다."라는 주석이 달려 있다.

10 선인: 원문은 '학어(鶴馭)'이다. 『열선전(列仙傳)』에 보면, 주나라 영왕(靈王)의 태자 진(晉)은

습니다. 또 듣자 하니 선인께서 표연히 떠나가셨다 하는데, 그 모습이 마치 뽕나무 아래의 스님[11] 같으셨다 하더이다. 저는 일개 보잘것없는 관리[12]로 부평초처럼 10여 년 떠돌아다니다 형편이 좋지 않아 돈을 빌려 이곳에 살게 되었습니다. 며칠 밤 동안 기침 소리와 웃음소리가 간간이 들려 선인께서 다시 돌아오신 듯한 느낌을 받았습니다. 설마 제가 부덕하여 저를 침범하신 것입니까? 아니면 지난 인연이 있어 이곳에 오셔서 거하시는 것입니까? 이미 저를 돌봐주고 계시니 어찌 감히 훌륭하신 손님을 내치겠습니까? 오직 각자의 가문을 지키며 저승과 이승에서 각자의 길을 가길 바라며, 또한 서로 다른 이끼가 같은 봉우리에서 자라도 해가 되지 않듯[13] 각자 돌아가 평안하게 지내기를 바랍니다. 삼가 저의 진심을 펼쳐 보였으니, 엎드려 바라건대 살펴주십시오."

다음날 건물 앞에 편지 한 통이 떨어졌는데, 이렇게 적혀 있었다.

"제가 비록 이물이기는 하지만, 시서(詩書)를 좋아하여 평소 속세의 사람들과 어울리고 싶지 않았습니다. 이 집은 수십 년 이래로 모두 문인들이

7월 7일에 백학을 타고 산꼭대기에 있다가 당시 사람들에게 인사하고 하늘로 날아 올라갔다고 한다. 원호문의 『구산치주(緱山置酒)』에 보면, "사람들의 말이 왕자교는 선인으로 이곳의 상빈이라네(人言王子喬, 鶴馭此上賓)."라는 시구가 있다.

11 뽕나무 아래의 스님: 원문은 '상하부도(桑下浮圖)'이다. 『후한서(後漢書)』「양해전(襄楷傳)」에 보면, 스님은 뽕나무 아래서 삼일을 묵지 않는다고 한다. 오래 머물러 [한곳에 집착하는] 은애하는 마음이 생겨나지 않기 위해서인데, 이는 그야말로 정진(精進)의 극치이다.

12 보잘것없는 관리: 원문은 '포계(匏繫)'이다. 『논어(論語)』「양화(陽貨)」에 보면, "내가 어찌 박이겠는가! 어찌 매달려서 먹지 않을 수 있겠는가(吾豈匏瓜也哉! 焉能繫而不食)?"라는 구절이 있다.

13 서로…않듯: 곽박(郭璞)의 『답온교시(答溫嶠詩)』에 보면, "사람들이 말하기를 소나무와 대나무는 숲을 이루어 산다고 하네. 나도 그대와 함께 냄새 맡고 맛보려 하네. 다른 이끼들이 같은 멧부리에 모여 살 듯(人亦有言, 松竹有林. 及爾臭味, 異苔同岑)."라는 시구가 있다.

살아 평소 저와 아주 잘 맞아 식구들을 데리고 와 편히 살았습니다. 주란파 선생께서 무심히 저를 버리고 떠나가신 이후로 이곳에 온 사람들은 중개상[14]으로 그 모습은 차마 눈 뜨고 볼 수 없고, 그들의 노랫소리와 피리 소리는 도저히 들을 수 없었으며, 또한 술과 고기 냄새를 맡을 수 없었습니다. 이에 어쩔 수 없이 산림으로 달아나 종적을 감추었습니다. 지금 선생이 산강(山薑)[15]의 막내아들이라는 소리를 듣고는 문장에 내력이 있을 것으로 생각해 이렇게 그 모습을 뵈러 돌아온 것이니, 당신을 귀찮게 하지는 않겠습니다. 오늘 이후 가끔 책을 많이 펼쳐 놓고 참고하거나,[16] 책갈피[17]를 사용하거나, 붓을 빌려 먹칠을 할 때나[18] 잠시 벼루[19]에 먹을 갈려고 합니다. 이 이

14 중개상: 원문은 '장회(駔會)'이다. 『사기(史記)』「화식열전(貨殖列傳)」에 보면, 장회는 두 장사꾼을 모아 교역시키는 사람으로, 지금의 도시(度市)와 같다고 한다. 또 『철경록(輟耕錄)』에 보면, 지금의 장회는 바로 아랑(牙郞)이라 한다고 되어 있다. 본래는 호랑(互郞)이라 불렀는데, 교역을 성사시키는 일을 주관하는 사람을 말한다.

15 산강(山薑): 성은 전씨(田氏)이고, 이름은 문(雯)이며, 자는 자윤(紫倫)으로 청나라 산동 덕주(德州) 사람이다. 호부우시랑(戶部右侍郞)을 지냈고, 고학(古學)과 시문(詩文)에 힘썼다. 각고의 노력을 해서 일가지언을 이루었다. 저서로는 『고환당집(古懽堂集)』이 있다.

16 책을 많이 펼쳐 놓고 참고하거나: 원문은 '달제(獺祭)'이다. 『담원(談苑)』에 보면, 이상은(李商隱)은 문장을 지을 때 자주 서책을 좌우에 죽 늘어놓고 참고했기 때문에 달제어(獺祭魚)라 불렀다고 한다.

17 책갈피: 원문은 '운첨(芸籤)'이다. 운(芸)은 향초이름이다. 이것을 책 사이에 끼워두면 좀을 방지할 수 있다.

18 먹칠을 할 때나: 원문은 '아도(鴉塗)'이다. 당나라 노동(盧仝)이 말했다. "저의 아들이 어렸을 때 시서에 칠을 해 종종 거멓게 만들었습니다." 이에 대해 노동이 「아들 첨정에게 보여주는 시(示添丁)」를 지어 말했다. "갑자기 책상 위 먹물을 뒤집어서, 시서를 까마귀처럼 꺼멓게 칠했네(忽來案上飛墨汁, 塗抹詩書如老鴉)." 이후로 글씨를 못 쓰는 사람을 아도라 했는데, 여기서 나왔다.

19 벼루: 원문은 '구안(鸜眼)'이다. 유공권(柳公權)의 『연론(硯論)』에 보면, 먹물이 고여 있는 곳에 적색, 백색, 황색의 점이 생겨나서 구욕안이라 불렀다고 한다. 또한 구양수(歐陽修)의 『연보(硯譜)』에 보면, 단석(端石)은 단계(端溪)에서 나는데 구욕안이 있는 것을 가장 귀하게

외에 만일 조금이라도 공을 침범하면 그대의 뜻대로 신명께 알리십시오. 저의 마음을 깨끗하게 밝혔으니, 공께서는 두 번 다시 의심하시지 않기를 바랍니다."

끝에 '강묵(康黙) 올립니다.'라고 적혀 있었다. 이로부터 소리가 그치고 들리지 않았다.

전백암이 이 편지를 손님께 보여 주었는데, 글자가 비뚤비뚤하고 묵 색깔이 연한 것으로 보아 급히 쓴 것 같았다. 어떤 사람이 말했다.

"전백암 선생은 보잘것없는 관리로 세상을 풍자하고자 해 이 문장을 써서 풍자했을 것입니다. 그의 우언은 대개 열에 아홉이 이러한데, 이것도 그런 류가 아닐까요?"

그런데 이 일은 이경자(李慶子)가 여우 노인을 만난 사건과[20] 줄거리가 아주 비슷하다. 속인을 응대하지 않는 고상한 귀신이 일시에 연이어 보였고, 또한 마찬가지로 산동(山東) 출신의 사람에게서 나왔다. 알 수는 없지만, 어쩌면 이경자가 전백암 선생의 사건에 이야기를 덧붙였을 수도 있고, 아니면 전백암 선생이 이경자의 사건을 확대하여 썼을 수도 있다. 전해들은 기이한 이야기는 잠시 세상에 일침을 가하려는 의도가 있을 뿐이다.

여긴다고 한다. 또 장세남(張世南)의 『유환기문(游宦紀聞)』에 보면, 누군가는 석안(石眼)이 있는 것 중에는 단계의 것이 가장 아름답다 여기고, 누군가는 석안이 없는 것을 귀하게 여긴다고 한다. 그런데 돌중에 푸른 무늬(靑脈)가 있는 것은 석안이 있기 마련이고, 돌이 부드러우면 석안이 많고, 돌이 단단하면 석안이 적다. 돌이 부드러우면 반질하고 윤기가 흘러 먹이 잘 갈린다. 그래서 석안이 있는 것을 귀하게 여긴다. 석안의 종류에 따라 앵가안(鸚哥眼: 앵무새의 눈으로, 비취색이 가장 귀함), 구욕안, 료가안(了哥眼: 구관조秦吉了의 눈), 작안(雀眼: 참새 눈), 계옹안(鷄翁眼: 수탉의 눈), 묘안(貓眼: 고양이 눈), 녹두안(菉豆眼: 녹두)으로 구분되는데, 모두 석안의 생긴 모양을 본떠 명명했다고 한다.

20 이경자(李慶子)가…사건과: 『난양소하록』(4)에 보인다.

西城將軍教場一宅, 周蘭坡學士嘗居之. 夜或聞樓上吟哦聲, 知爲狐, 弗訝也. 及蘭坡移家, 狐亦他徙. 後田白岩僦居數月, 狐乃復歸. 白岩祭以酒脯, 併陳祝詞於几曰: "聞此蝸廬, 曾停鶴馭. 復聞飄然遠引, 似桑下浮圖. 鄙人匏繫一官, 萍飄十載, 拮据稱貸, 卜此一廛. 數夕來欬笑微聞, 似仙輿復返. 岂鄙人德薄, 故爾見侵? 抑夙有因緣, 來茲聚處歟? 既承惠顧, 敢拒嘉賓? 惟冀各守門庭, 使幽明異路, 庶均歸寧謐, 異苔不害於同岑. 敬布腹心, 伏惟鑒燭."

次日, 樓前飄墮一帖云: "僕雖異類, 頗悅詩書, 雅不欲與俗客伍. 此宅數十年來, 皆詞人棲息, 愜所素好, 故挈族安居. 自蘭坡先生惄然舍我後, 來居者, 目不勝駔儈之容, 耳不勝歌吹之音, 鼻不勝酒肉之氣. 迫於無奈, 竄跡山林. 今聞先生山薑之季子, 文章必有淵源, 故望影來歸, 非期相擾. 自今以往, 或檢書獺祭, 偶動芸籤, 借筆鴉塗, 暫磨鸜眼. 此外如一毫陵犯, 任先生訴諸明神. 願廓清襟, 勿相疑貳." 末題康默頓首頓首. 從此聲息不聞矣. 白岩嘗以此帖示客, 斜行淡墨, 似匆匆所書. 或曰: "白岩託跡微官, 滑稽玩世, 故作此以寄詼嘲. 寓言十九, 是或然歟?"

然此與李慶子遇狐叟事, 大旨相類. 不應俗人雅魅, 疊見一時, 又同出於山左. 或李因田事而附會, 或田因李事而推演, 均未可知. 傳聞異詞, 姑存其砭世之意而已.

6.

어머니의 복수

한 명문세족의 아들이 사치와 방종으로 인해 법망에 걸려 결국 사형당했다. 그가 죽은 지 몇 년 뒤에 한 친척이 계선을 불렀다. 그런데 갑자기 그 아들이 계선에게 붙어 스스로 이름을 밝히고 크게 뉘우치고 있다고 말했다. 잠시 뒤에 다시 계판에 이렇게 적었다.

"우리 집안은 본래 법도가 엄하였는데, 내가 화를 당한 것은 어머님의 지나친 편애 때문이네. 그 편애가 나를 교만하게 만들었고, 그로 인해 함정에 빠졌지만 나는 알아차리지 못했네. 비록 그렇다 하더라도 나는 어머님을 원망하지 않네. 내가 전생에 어머님을 거역했기 때문에, 현생에서는 어머니가 나를 편애하여 죽음에 이르게 함으로써 은연중에 그 원한을 갚은 것이네. 이런 인과응보에 걸려든 것은 결코 우연이 아니네."

이를 지켜보던 사람들은 길게 탄식했다.

대개 원수를 갚기 위해 자식으로 태어나 불효하는 일은 예로부터 있어왔다. 그러나 어머니로 태어나 원수를 갚는 경우는 일찍이 책에서도 보지 못했다. 그러나 그 말에 근거해 보면 확실히 이치에 맞아 떨어진다.

一故家子, 以奢縱嬰法網. 歿後數年, 親串中有召仙者. 忽附乩自道姓名, 且陳愧悔. 既而復書曰: "僕家法本嚴, 僕之罹禍, 以太夫人過於溺愛. 養成驕恣之性, 故蹈陷穽而不知耳. 雖然僕不怨太夫人. 僕於過去生中負太夫人命, 故今以愛之者殺之, 隱藏其寃. 因果牽纏, 非偶然也." 觀者皆爲太息. 夫償寃而爲逆子, 古有之矣. 償寃而爲慈母, 載籍之所未覩也. 然據其所言, 乃鑿然中理.

7.

동지 하화봉

완평(宛平) 사람 하화봉(何華峰)이 보경동지(寶慶同知)로 있을 때, 하루는 산길을 가다가 몹시 피곤해졌다. [마침] 물가에 한 암자가 보여 그곳에 들러 잠시 쉬었다. 암자에는 고송암(孤松庵)이라는 편액이 걸려 있고, 다음 문련(門聯)이 적혀 있었다.

고니는 다정하게 나를 붙잡고,
푸른 산은 말없이 분주한 세상 바라보네.

한 노승이 문 앞에서 그를 맞이해 안으로 들이고는 차를 내왔다. 차 향기는 아주 깨끗했지만, 스님은 묵묵히 앉아 손님을 맞을 뜻이 없어 보였다. 세 개의 기둥은 소박하고 단아해 보였다. 가운데 기둥에는 불상을 그린 한 폭의 두루마리가 걸려 있었는데, 그림에 다음 예서(隸書)[21]가 적혀 있었다.

---

21 예서(隸書): 원문은 '팔분서(八分書)'이다. 장회관(張懷瓘)의 『서단(書斷)』에 따르면, 동한(東漢)의 상곡(上谷) 사람 왕차중(王次仲)이 만든 글씨체이다. 채문희(蔡文姬)의 말에 따르면, 정막(程邈)의 글자 팔분(八分)에서 2할을 가져오고, 이사의 글자 즉 전서(篆書)에서 2할을 취해 만들었기 때문에 팔분(八分)이라고 한다.

한밤에 종과 경소리 끊기니,
맑은 바람과 이슬 뜰 안에 가득하네.
검푸른 잠자리,[22]
조용히 부처[23]만 바라보네.

그러나 서명은 없었고, 인장은 흐릿해 알아볼 수 없었다.

옆에는 "꽃은 조용히 피어나 나비 피하고, 구름은 깊이 걸려 바람 피하네."라는 대련이 있었으나, 역시 낙관이 없었다. 하화봉이 대련을 가리키며 "이것은 노승께서 쓰신 것입니까?"라고 묻자, 노승은 관심이 없다는 듯 대답하지 않고, 손가락으로 자신의 귀만 가리킬 뿐이었다.

돌아오는 길에 다시 그곳을 지나가는데, 산 그림자와 물빛만 있을 뿐 사방은 고요하고 적막했으며, 예전에 있던 암자는 보이지 않았다. 하인이 잃어버렸던 담뱃대를 생각해내고 찾는데, 담뱃대는 오래된 측백나무 아래에 놓여 있었다. 결국 그 노승이 불조(佛祖)였는지 귀매(鬼魅)였는지는 알 수 없었다.

하화봉은 「불광시현권(佛光示現卷)」 그림을 간직하고 있었고, 스스로도 그 일을 자세히 기억하고 있었다. 그러나 하화봉이 세상을 떠난 뒤, 생각해 보니 그 그림 또한 구름과 연기처럼 사라졌다.

宛平何華峰, 官寶慶同知時, 山行疲困. 望水際一草庵, 投之暫憩. 榜曰孤松

---

22 잠자리: 원문은 '유리(琉璃)'로, 왕잠자리를 말한다.

23 부처: 원문은 '고선생(古先生)'이다. 부처는 일명 법왕(法王), 금선(金仙), 대웅(大雄), 고선생이라고도 한다.

庵, 門聯曰: “白鳥多情留我住, 青山無語看人忙.” 有老僧應門, 延入具茗. 頗香潔, 而落落無賓主意. 室三楹, 亦甚朴雅. 中懸畫佛一軸, 有八分書題曰: “半夜鍾磬寂, 滿庭風露淸. 琉璃青黯黯, 靜對古先生.” 不署姓名, 印章亦模糊不辨. 旁一聯曰: “花幽防引蝶, 雲深怯隨風.” 亦不題款. 指問: “此師自題耶?”, 漠然不應, 以手指耳而已. 歸途再過其地, 則波光嵐影, 四顧蕭然, 不見向庵所在. 從人記遺煙筒一枝, 尋之, 尙在老柏下. 竟不知是佛祖是鬼魅也. 華峰畫有「佛光示現卷」, 并自記始末甚悉. 華峰歿後, 想已雲煙過眼矣.

8.

각성한 여우

집안 형 기차진(紀次辰)이 해준 이야기이다.

강희(康熙) 53년(1714) 갑오년에 함께 합격한 효렴 아무개가 예전에 숭산(嵩山)[24]으로 놀러갔다고 한다. 어느 시냇가에서 물을 긷는 여인을 보고 물을 좀 달라고 했더니, 여인은 흔쾌히 물 한 바가지를 주었다. 다시 길을 묻자, 역시 기꺼이 알려 주었다. 그리하여 함께 나무 아래에 앉아서 이야기를 나누는데 여염집 아낙들과 달리 글을 제법 읽은 듯했다. 혹시 호매(狐魅)가 아닌가 의심했으나, 그녀의 아름다운[25] 용모에 끌려 친밀하게 대했으며, 마음도 잘 맞았다. 그런데 여인이 갑자기 옷을 떨치며 벌떡 일어나 말했다.

"위험해! 하마터면 그간의 공이 모두 물거품이 될 뻔 했네."

여인은 아무개 효렴을 나무라며 얼굴을 붉히고 말했다.

---

24 숭산(嵩山): 하남성(河南省) 등봉현(登封縣) 북쪽에 위치한다. 오악 가운데 중악(中嶽)에 해당한다.

25 아름다운: 원문은 '연수(娟秀)'이다. 『구당서(舊唐書)』「고병전(高騈傳)」에 보면, 여용지(呂用之)가 100자 높이의 누각을 세우고 좌우에 시희(侍姬) 100여 명을 두었다고 한다. 모두 용모가 빼어나고 아름다웠으며 가무에 능했다고 한다.

"내가 사부로부터 도를 배워 닦은 지 100여 년이 되어 스스로 마음이 잔잔한 물과 같다고 생각했소. 사부님께서 그러시더군요. '너는 이제 망념을 다스릴 수는 있지만, 망념은 본디 네 마음속에 있는 것이다. 욕심나는 것을 보지 않아서 흔들리지 않을 뿐, 보게 되면 마음이 어지러워질 것이다.[26] 만 마지기나 되는 모래벌판에 풀씨 하나만 있어도 비가 내리면 싹이 튼다. 장차 마귀가 나타날 터이니 내일 실험해 보면 절로 알게 될 것이다.' 그런데 오늘 과연 그대를 만나 이야기를 주고받는 사이에 내 마음이 약간 흔들렸소. 시간이 조금만 더 흘렀다면 스스로 자제하지 못했을 것이오. 정말 위험했소! 하마터면 망칠 뻔 했어요."

이렇게 말한 뒤 그녀는 몸을 솟구쳐 나무 끝으로 올라가더니, 눈 깜짝할 사이에 새처럼 날아 달아났다.

族兄次辰言. 其同年康熙甲午孝廉某, 嘗游嵩山. 見女子汲溪水, 試求飮, 欣然與一瓢. 試問路, 亦欣然指示. 因共坐樹下語, 似頗涉翰墨, 不類田家婦. 疑爲狐魅, 愛其娟秀, 且相款洽. 女子忽振衣起曰: "危乎哉! 吾幾敗." 怪而詰之, 赧然曰: "吾從師學道百餘年, 自謂此心如止水. 師曰: '汝能不起妄念耳, 妄念故在也. 不見可欲故不亂, 見則亂矣. 平沙萬頃中留一粒草子, 見雨卽芽. 汝魔障將至, 明日試之, 當自知.' 今果遇君, 問答流連, 已微動一念. 再片刻, 則不自持矣. 危乎哉! 吾幾敗." 踊身一躍, 直上木杪, 瞥如飛鳥而去.

---

26 욕심나는 것을…어지러워질 것이다: 『노자(老子)』에 보면, "욕심나는 것을 보지 않으면 마음이 평정해진다(不見可欲使心不亂)."라는 구절이 있다.

9.

단연(端硯)

기차진이 또 해준 이야기이다.

집안 어른 기징군(紀徵君) 공은 휘가 경(炅)이다. 강희 18년(1679) 기미년에 박학홍사과(博學鴻詞科)[27]가 열렸다. 그는 천성이 구속받지 않고 자유로워 벼슬길이 유람생활에 방해될까 염려해 병을 핑계로 시험을 보지 않았다. 예전에 신기루[28]를 구경하려고 등주(登州)[29]에 갔다가, 한 시골 서당에 잠시 머물게 되었다. 탁자위에 놓인 오래된 단연(端硯)이 눈에 들어왔는데, 벼루 뒷면에 광초(狂草)로 쓰인 16자의 글귀가 적혀 있었다.

---

27 박학홍사과(博學鴻詞科): 과거이름이다. 청나라 강희 17년(1678)에 박학홍사과를 마련하고, 이듬해 체인각(體仁閣)에서 처음으로 시행해 50여 명의 인재를 선발하고 관직을 수여했다.

28 신기루: 원문은 '해시(海市)'이다. 『삼제기략(三齊紀畧)』에 보면, 해상에서 신기루를 일으키면 그때 누대가 나타나는데, 이를 해시라고 한다. 소식의 『등주의 신기루(登州海市, 幷序)』에 보면, "'내가 등주의 해시를 들은 지 오래되었소(予聞登州海市舊矣)!'라고 하자, 현지의 노인들이 말했다. '늘상 봄, 여름에 나타나는데, 올해는 해가 늦어 더 이상 볼 수 없을 것입니다.'라고 했다. 나는 여름에 부임한지 5일 만에 이곳을 떠나게 되어 보지 못하는 것을 아쉽게 생각했다. 광덕왕(廣德王)의 사당에 가서 기도했더니, 이튿날 신기루를 보게 되었기에 이 시를 짓는다." 나머지는 『난양소하록』(6) 「신기루」에 보인다.

29 등주(登州): 지금의 산동성 봉래현(蓬萊縣)이다.

빽빽하게 들어선 많은 나무,
길은 예스럽고 산은 깊네.
나는 그 사이에 앉아,
「상도음(上堵吟)」[30]을 쓰네.

옆에 '석재차수(惜哉此叟)' 네 글자가 적혀 있는데, 아마도 이 글귀를 남긴 이의 호인 듯하다. 단연의 내력을 묻자, 훈장이 말했다.

"마을 남쪽 숲에 악귀가 있는데, 밤중에 길 가던 이들이 그를 만나면 으레 병에 걸리곤 했습니다. 하루는 사람들이 그 악귀가 나타나기를 기다렸다가, 몽둥이를 들고 가서 그를 때렸습니다. 무덤까지 쫓아갔는데, 그 순간 악귀가 돌연 사라졌습니다. 그래서 사람들이 함께 묘를 팠는데, 그 안에서 이 벼루가 나왔습니다. 제가 조 한 되를 주고 바꾸어 왔습니다."

생각건대 「상도음」은 맹달(孟達)이 지은 시이다. 그는 망국[31]의 신하로, 위(魏)나라에 항복하였다가 다시 위를 배반하고 산으로 달아나 그곳에서 죽었다. 살아서는 나아감과 물러섬에 근거가 없더니, 죽어서도 스스로 숨지 못해 부관참시의 화를 당한 것이다. 진실로 고집스럽고 신통치 못한 귀신이로다!

30 「상도음(上堵吟)」: 『수경주(水經注)』에 따르면 맹달이 신성(新城)을 지키다가 백마산에 올라 이렇게 탄식했다. "유봉은 자주 술과 여자에 빠져 있구나. 일찍이 금성천리를 지켜야 하거늘, 다시 잃어버리려 하는가!" 맹달은 이렇게 말하고는 「상도음」을 지었다. 그 소리가 애절하여 사람의 마음을 슬프게 했다고 한다.

31 망국: 원문은 '승국(勝國)'이다. 『주례(周禮)』「지관(地官)·매씨(媒氏)」에 보면, "남자와 여자의 집안 송사는 망국의 사직에서 듣고(凡男女之陰訟, 聽之於勝國之社)"라는 구절이 있다. 정현(鄭玄)의 주석에 따르면, 승국은 망국이라고 한다.

次辰又言. 族祖徵君公諱炅. 康熙己未擧博學鴻詞. 以天性疏放, 恐妨游覽, 稱疾不預試. 嘗至登州觀海市, 過一村塾小憩. 見案上一舊端硯, 背刻狂草十六字曰: "萬木蕭森, 路古山深. 我坐其間, 寫「上堵吟」." 側書'惜哉此叟'四字, 蓋其號也. 問所自來, 塾師云: "村南林中有厲鬼, 夜行者遇之輒病. 一日衆伺其出, 持其杖擊之. 追至一墓而滅. 因共發掘, 於墓中得此硯. 我以粟一斗易之也." 按「上堵吟」乃孟達作. 是必勝國舊臣, 降而復叛, 敗竄山林以死者. 生旣進退無據, 歿又不自潛藏, 取暴骨之禍. 眞頑梗不靈之鬼哉!

10.

바다 야차

바다에도 야차가 있는데, 이는 산에 산소(山魈)가 있는 것과 같다. 야차는 귀(鬼)도 아니고 매(魅)도 아니며 따로 한 종류를 이루어 사람과 짐승의 중간쯤 되는 존재이다. 참지(參知) 유석암(劉石庵)[32]이 해준 이야기이다.

제성(諸城)의 물가에 집을 짓고 물고기를 잡으며 살아가는 이가 있었다고 한다. 하루는 사람들과 배를 타고 노를 저어 바다로 나갔는데, 그때 야차가 그의 집에 들어와 술 한 동이를 훔쳐 마시고 취해 잠이 들었다. 결국 야차는 사람들에게 붙잡혀 묶인 채로 매를 맞았는데, 신기한 재주 하나 부리지 못하고 그대로 맞아 죽고 말았다.

海之有夜叉, 猶山之有山魈. 非鬼非魅, 乃自一種類, 介乎人物之間者也. 劉石庵參知言. 諸城濱海處, 有結寮捕魚者. 一日衆皆掉舟出, 有夜叉入其寮中, 盜飮其酒盡一罌, 醉而卧. 爲衆所執, 束縛捶擊, 毫無靈異, 竟困踣而死.

32 유석암(劉石庵): 유용(劉墉)이다. 유용(1719~1804)은 자가 숭여(崇如)이고, 호는 석암으로, 청나라 산동성 제성(諸城) 사람이다. 시호는 문청(文淸)이고, 서법으로 이름을 날렸으며, 체인각대학사를 지냈다. 군기대신 유통훈(劉統勛)의 아들이다.

11.

그림자

집안의 조카 기이손(紀貽孫)이 해준 이야기이다.

그가 예전에 동관(潼關)[33]의 한 역사에서 묵게 되었다고 한다. 달빛 가득한 창에 사람 그림자 두 개가 비쳤다. 도둑인가 싶어 자세히 살펴보니, 허리와 팔다리가 가늘고 머리를 쪽진 모습이 여자 한 명이 시비를 데리고 있는 듯했다. 창문에 구멍을 내어 몰래 살펴보니[34] 아무 것도 보이지 않아 요괴임을 알아차렸다. 패도(佩刀)를 들고 격자창 너머로 내리치자, 검은 연기 두 줄기가 우는 화살 같은 소리를 내며 용마루 너머로 사라졌다. 다음날 밤에 다시 나타날까 두려워 하인에게 총을 빌려와 기다리며 방비하라고 했다. 한밤중에 다시 그림자가 어른거리기에 살펴보니 이번에는 호랑이 두 마리가 쪼그리고 앉아 있었다. 하인과 함께 총을 쏘자, 총성이 울림과 동시에 호랑이 두 마리가 흔적도 없이 사라졌다. 그 뒤로 다시는 나타나지 않았다. 아마도 떠도는 혼령이었기에 실체가 없었던 듯하다. 총의 섬광에 놀라 기운이 흩어져 다시는 형체를 이루지 못한 것이다.

---

33 동관(潼關): 관(關)이름이다. 현의 이름으로도 사용되며 섬서성에 위치한다.

34 살펴보니: 원문은 '처(覰)'로, 살펴본다는 뜻이다.

族侄貽孫言. 昔在潼關宿一驛. 月色滿窗, 見兩人影在窗上. 疑爲盜, 諦視則腰肢纖弱, 鬟髻宛然, 似一女子將一婢. 穴紙潛覷, 乃不覩其形, 知爲妖魅. 以佩刀隔櫺斫之, 有黑煙兩道, 聲如鳴鏑, 越屋脊而去. 惡其次夜復來, 戒僕借鳥銃以俟. 夜半果復見影, 乃二虎對蹲. 與僕發銃并擊, 應聲而滅. 自是不復至. 疑本游魂, 故無形質. 陽光震鑠, 消散不能聚矣.

12.

반운술

헌현(獻縣)의 왕상어(王相御)가 아들을 낳았는데, 누군가가 그 아이를 안기만 하면 공중에서 번번이 돈 수십 전이 떨어졌다. 지현(知縣) 양(楊) 아무개가 직접 가서 보니 정말 백금(白金) 5전[35]이 떨어졌다. 이 아이는 얼마 지나지 않아 요절했으나, 별다른 일은 일어나지 않았다.

이 일을 두고 어떤 사람이 말했다.

“왕생이 반운술(搬運術) 하는 사람을 청해 이를 이용해 재물을 모으려고[36] 한 것입니다.”

그러자 다른 사람이 “여우가 벌인 짓이야.”라고 했지만, 이 진실은 알 수 없다. 그러나 관리된 자라면 이와 같은 일을 맞닥뜨렸을 때, 비록 귀신의 소행이 분명하다 하더라도 이를 엄금하여 백성들이 미혹되지 않도록 하는 것이 마땅하며, 굳이 그 진위를 논할 필요는 없다.

---

35 5전: 원문은 ‘오성(五星)’이다. 저울에 적혀 있는 숫자의 눈금을 성(星)이라고 한다. 그래서 은을 사용하던 시대에는 성을 숫자의 눈금으로 삼았다. 옛날 풍속에 혼례첩이나 상례첩을 돌리는 심부름꾼에게 항상 심부름 값으로 몇 성(星)을 주었다. 대체로 성은 약간 푼을 의미한다.

36 재물을 모으려고: 원문은 ‘기렴(箕斂)’이다. 『사기』「장이진여열전(張耳陳餘列傳)」에 보면, “사람의 머릿수대로 세금을 내게 해 군비를 조달했다(頭會箕斂, 以供軍費).”라는 문장이 있다.

獻縣王生相御, 生一子, 有抱之者, 輒空中擲與數十錢. 知縣楊某往視, 乃擲下白金五星. 此子旋夭亡, 亦無他異. 或曰: "王生倩作戲術者般運之, 將託以箕斂." 或曰: "狐所爲也." 是皆不可知. 然居官者遇此等事, 卽確有鬼憑, 亦當禁治, 使勿熒民聽, 正不必論其眞妄也.

13.

흉살

이우담(李又聃) 선생이 해준 이야기이다

옹정(雍正)[37] 말년 어느 날 밤, 갑자기 동광성(東光城) 안의 집집마다 개들이 짖어대기 시작했는데, 그 소리가 마치 철썩이는 파도 소리처럼 들렸다. 모두 놀라 밖으로 나와 보니, 달빛 아래 어떤 사람이 머리를 허리까지 풀어헤치고 마대(麻帶)를 차고 상복을 입은 채 손에 큰 자루를 들고 서 있었는데, 그 자루 안에는 거위와 오리 천여 마리가 들어 있었다. 그 사람은 인가의 용마루 위에 우뚝 서 있다가 한참 뒤에 다른 집으로 옮겨갔다. 이튿날 그가 서 있었던 곳에서 거위나 오리 두세 마리가 처마 아래로 떨어졌다. 어떤 사람이 삶아 먹었는데, 평소 집에서 기르던 것과 맛이 다르지 않았다고 했다. 그러나 무슨 조화인지 알 수 없었다. 훗날 거위나 오리를 주운 집에서는 모두 상사(喪事)가 났다. 그제야 사람들은 그것이 흉살(凶煞)이 우연히 모습을 드러낸 것임을 깨달았다. 돌아가신 장인어른 마주록(馬周籙)의 집에서도 그날 밤에 역시 오리 두 마리를 주웠다. 그해 감숙(甘肅) 정역성(靖逆

37 옹정(雍正): 청나라 제5대 황제 애신각라윤진(愛新覺羅胤禛)의 연호(1722~1735)이다.

城)[38] 동지(同知)로 있던 그의 동생 마경장(馬庚長) 공이 세상을 떠나, 이우담 선생의 말이 거짓이 아님을 믿게 되었다.

예로부터 지금까지 살펴보건대 상을 당하는 사람은 갠지스강의 모래알만큼이나 많은데,[39] 어째서 유독 그날 밤에만 그런 징조가 나타났을까? 또 어째서 [그 많은 집들 가운데] 하필 몇 집에만 징조가 나타났을까? 그 징조로 모두 거위나 오리를 던졌는데, 거기에는 과연 어떤 뜻이 담겨 있을까? 귀신이 하는 일은 그 까닭을 알 수 있는 것도 있고, 알 수 없는 것도 있다. 그러므로 의문이 있다하더라도 그대로 두고 논하지 않는 것이 좋다.

李又聃先生言. 雍正末年東光城内, 忽一夜家家犬吠, 聲若潮涌. 皆相驚出視, 月下一人, 披髮至腰, 蓑衣麻帶, 手執巨袋, 袋内有千百鵝鴨聲. 挺立人家屋脊上, 良久又移過別家. 次日, 凡所立之處, 均有鵝鴨二三隻, 自檐擲下. 或烹而食, 與常畜者味無異. 莫知何怪. 後凡得鵝鴨之家, 皆有死喪. 乃知爲凶煞偶現也. 先外舅馬公周籙家, 是夜亦得二鴨. 是歲其弟靖逆同知庚長公卒, 信又聃先生語不謬. 顧自古及今, 遭喪者恒河沙數, 何以獨示兆於是夜? 是夜之中, 何以獨示兆於數家? 其示兆皆擲以鵝鴨, 又義何所取? 鬼神之故, 有可知有不可知. 存而不論可矣.

---

38 정역성(靖逆城): 청대 관서(關西) 오위(五衛) 중 하나로, 지금의 감숙성 옥문시(玉门市)에 위치해 있다. 청대 강희 때에 하서주랑(河西走廊) 서부에 건설된 군사 요새이다.

39 갠지스강의…많은데: 불경에서 말하는 갠지스강의 모래 수라는 것은 대단히 많은 수를 비유한 것이다.

14.

귀신의 흥취

도사 왕곤하(王崑霞)가 해준 이야기이다.

그가 예전에 가화부(嘉禾府)[40]에서 노닌 적이 있었는데, 어느 초가을 맑은 날에 호숫가를 산책하게 되었다고 한다. 인가에서 조금 떨어진 곳에서 우연히 벼슬아치의 버려진 채소밭을 보았는데, 대나무 숲과 고목만 우거져 있고, 인적이라곤 없었다. 그 사이를 배회하다[41] 자신도 모르게 낮잠이 들었다. 꿈에 옛 의관을 입은 사람이 길게 읍하면서 말했다.

"이 쓸쓸하고 황폐한 숲속에서 귀한 손님을 만나는 일은 드뭅니다. 그대와 같은 군자를 뵙게 되어 제 마음이 위로를 받습니다. 부디 이물이라고 물리치지 마십시오."

왕곤하는 내심 귀신임을 알아차렸지만, 어디에서 왔는지 물어보았다. 그가 말했다.

"저는 내양현(來陽縣) 사람 장식(張湜)으로, 원나라 말에 이곳으로 흘러 들어와 살다가 죽어서 여기 묻혔습니다. 이곳의 풍토를 좋아하게 되어, 더

40 가화부(嘉禾府): 청대 절강성(浙江省) 가흥부(嘉興府)를 말한다.

41 배회하다: 원문은 '사의(徙倚)'이다. 사마상여(司馬相如)의 「장문부(長門賦)」에 보면, "한가로이 동편곁채에서 배회하는구나(閒徙倚於東廂兮)."라는 문장이 있다.

는 고향으로 돌아갈 생각이 없습니다. 이 원림은 주인이 이미 열 번도 넘게 바뀌었지만, 저는 여전히 이곳에 살면서 미적대며 떠날 수 없었습니다."

왕곤하가 다시 물었다.

"사람들은 모두 죽음을 두려워하고 삶을 즐긴다고 하던데, 그대는 어찌하여 유독 귀신의 세계에 빠져 있습니까?"

그가 대답했다.

"삶과 죽음은 비록 다르지만 사람의 성정은 바뀌지 않으며, 환경도 쉽게 달라지지 않습니다. 산천과 풍월은 사람도 보지만 귀신도 볼 수 있습니다. 높은 곳에 오르면 시를 읊게 되는데, 이는 사람도 그러하지만 귀신도 마찬가지입니다. 귀신이라고 해서 사람과 무슨 차이가 있겠습니까? 또한 심산유곡의 뛰어난 경치는 사람은 갈 수 없지만, 귀신은 혼이라 오히려 쉽게 가서 즐길 수 있습니다. 적막하고 고요한 절경은 사람은 볼 수 없지만, 귀신은 밤에도 볼 수 있습니다. 또한 [어떤 경우는] 사람이 귀신보다 못할 때도 있습니다. 무릇 죽음을 두려워하고 삶을 즐기는 사람은 자기가 좋아하는 것만 하고자 해 마음을 어지럽히고, 또한 처자나 세속의 인연을 그리워하지요. 그러나 일단 이 모든 것을 버리고 저승으로 오면, 고관대작이 벼슬에서 물러나 깊은 산속에 들어가 은거하면 어쩔 수 없이 처연해지는 것처럼 귀신도 그러하게 됩니다. 본디 산중에서 밭을 갈고 우물을 파며 조용히 편안하게 살면 애초에 슬픔이 끼어들 틈조차 없는 법입니다."

왕곤하가 다시 물었다.

"육도(六道)[42] 윤회의 일을 주관하는 자가 있을 텐데, 당신은 어떻게 자

42 육도(六道): 불가에 따르면, 인간 세상의 중생들은 육도 속에서 윤회한다고 한다. 육도는

유를 얻었습니까?"

그가 대답했다.

"삶을 구하는 것은 관직을 구하는 것과 같아 그저 다른 사람의 명을 따르면 됩니다. 그러나 삶을 원치 않는 것은 세속의 명성을 버리는[43] 것과 같아 오직 자기 뜻대로 하면 됩니다. 진실로 세속의 삶을 원치 않는다면, 신도 강요하지 않습니다."

왕곤하가 말했다.

"그대가 품은 뜻이 고상하니, 지은 시문도 틀림없이 많을 것입니다."

그가 대답했다.

"흥이 날 때마다 한두 구절씩 짓기는 했지만, 대부분 완성하지 못했습니다. 그래서 그 순간이 지나면 금세 잊혀져, 다시는 떠올릴 수 없습니다. 간혹 [그대처럼] 뛰어난 현자를 만났을 때만 [몇 구절이] 떠오르기도 하지만, 그래봐야 서너 문장에 지나지 않습니다."

그리고는 맑은 소리로 시를 읊었다.

> 빈산의 저녁노을,
> 어슴푸레한 땅거미와 어우러지네.

왕곤하가 박자를 맞추자, 그가 다시 "누런 잎-" 하고 읊는데, 갑자기 시

천도(天道)·인도(人道)·아수라도(阿修羅道)·귀도(鬼道)·축생도(畜生道)·지옥도(地獄道)를 말한다.

43 명성을 버리는: 원문은 '도명(逃名)'이다. 『한서(漢書)』「법진전(法眞傳)」에 보면, "명성을 피하려 하나 명성이 나를 따르고(逃名而名我隨)"라는 문장이 있다.

끄러운 소리가 나는 바람에 왕곤하는 잠을 깼다. 어부들이 거룻배에서 노를 저으며 서로 부르는 소리였다. 다시 눈을 감고 잠을 청해보았지만, 더 이상 꿈을 꿀 수 없었다.

道士王崑霞言. 昔游嘉禾, 新秋爽朗, 散步湖濱. 去人稍遠, 偶遇宦家廢圃, 叢篁老木, 寂無人蹤. 徙倚其間, 不覺晝寢. 夢古衣冠人長揖曰: "岑寂荒林, 罕逢嘉賓. 既見君子, 實慰素心. 幸勿以異物見擯." 心知是鬼神, 詰所從來. 曰: "僕來陽張湜, 元季流寓此邦, 歿而旅葬. 愛其風土, 無復歸思. 園林凡易十餘主, 栖遲未能去也." 問: "人皆畏死樂生, 爾何獨耽鬼趣?" 曰: "死生雖殊, 性靈不改, 境界亦不改. 山川風月, 人見之, 鬼亦見之. 登臨吟咏, 人有之, 鬼亦有之. 鬼何不如人? 且幽深險阻之勝, 人所不至, 鬼得以魂游. 蕭寥清絶之景, 人所不睹, 鬼得以夜賞. 人且有時不如鬼. 彼夫畏死而樂生者, 由嗜欲攖心, 妻孥結戀. 一旦舍之入冥漠, 如高官解組, 息跡林泉, 勢不能不戚戚. 不知本住林泉, 耕田鑿井, 恬熙相安, 原無所戚戚於中也." 問: "六道輪回, 事有主者, 何以竟得自由?" 曰: "求生者如求官, 惟人所命. 不求生者如逃名, 惟己所爲. 苟不求生, 神不强也." 又問: "寄懷既遠, 吟咏必多." 曰: "興之所至, 或得一聯一句, 率不成篇. 境過卽忘, 亦不復追索. 偶然記憶可質高賢者, 才三五章耳." 因朗吟曰: "殘照下空山, 暝色蒼然合." 崑霞擊節, 又吟曰: "黃叶", 甫得二字, 忽聞噪叫聲, 霍然而悟. 則漁艇打槳相呼也. 再倚杖瞑坐, 不復成夢矣.

15.

왕곤하의 스승

왕곤하가 또 해준 이야기이다.

그의 스승은 육임술(六壬術)에 정통했지만, 사람을 위해 점을 쳐주지는 않았다고 한다. 왕곤하가 어렸을 때, 어느 날 아침 일찍 일어났더니, 스승이 서찰을 하나 주며 말씀하셨다.

"이 서찰을 가지고 아무개 집으로 가서 책을 빌려 오너라. 반드시 신각(申刻)에 도착해야 한다. 빠르거나 늦어도 매를 맞을 것이다."

그곳은 여기서 70~80리 떨어진 곳으로, 왕곤하는 있는 힘을 다해 그 집에 겨우 [정해진 시각에] 도착했다. 그 집에 도착해서 보니 두 형제가 화를 내며 다투고[44] 있었다. 형제가 서찰을 펴보니 작은 글씨로 단 한 줄만 적혀 있었다.

"『진서(晉書)』「왕상전(王祥傳)」[45]을 빌려 볼까 합니다."

---

44 화를 내며 다투고: 원문은 '혁장(鬩牆)'이다. 『시경』「소아·당채(棠棣)」에 보면, "형제가 집 안에서는 다툰다 해도, 밖으로부터 해가 있으면 함께 막네(兄弟鬩於牆, 外禦其侮)."라는 구절이 있다. '혁'은 싸우다, 분쟁하다의 뜻이다.

45 『진서(晉書)』「왕상전(王祥傳)」: 『진서』「왕상전」에 따르면, 왕상은 자가 휴징(休徵)으로, 낭야(瑯琊) 임기(臨沂) 사람이며, 아주 효성스러웠다고 한다. 일찍이 양친을 여의어, 계모 주씨(朱氏)는 왕상에게 무례하게 대했다. 동생 왕람(王覽)은 그때 몇 살밖에 되지 않았다. 왕상

형제는 서로 말없이 바라보더니, 더 이상 싸우지 않았다. 아마도 동생은 계모의 소생인 것 같다.

崑霞又言. 其師精曉六壬, 而不爲人占. 崑霞爲童子時, 一日蚤起, 以小札付之曰: "持此往某家借書. 定以申刻至. 先期後期皆笞汝." 相去七八十里, 竭蹶僅至. 則某家兄弟方鬩牆. 啓視其札, 惟小字一行曰: "借『晉書』「王祥傳』一閱." 兄弟相顧默然, 鬪遂解. 蓋其弟正繼所生云.

이 매를 맞을 때마다 눈물을 흘리며 그를 껴안고 보호했다. 주씨가 이치에 맞지 않게 왕상에게 일을 시키면 꼭 왕람이 함께 일을 했다. 후에 주씨가 왕상을 독살하려 했는데, 그 사실을 왕람이 먼저 알게 되었다. 왕람이 바로 일어나 술을 마시려 하자 왕상은 독이 들어있을 것이라 의심해 다투며 먹지 못하게 했다. 주씨가 급히 그것을 빼앗았다. 그 이후로 주씨가 왕상에게 밥을 줄 때마다 왕람이 먼저 맛을 보았다. 주씨는 왕람이 먼저 죽을까 두려워 마침내 왕상을 죽이는 일을 그만두었다고 한다.

16.

땅속 대기(大氣)

가욕관(嘉峪關)[46] 밖에 사막[47]이 펼쳐져 있는데, 120리에 걸쳐 1치의 흙도 없이 모래만 쌓여 있다. 사막 한가운데에 '천생돈(天生墩)'이라 불리는 돈대가 있는데, 국경 수비병을 두어 이곳을 지켰다. 겨울에는 얼음을, 여름에는 물을 모아두었다가 이곳을 오가는 사절에게 나누어 주었다. 처음 위신공(威信公) 악종기(岳鍾琪)[48]가 서쪽을 정벌할 때, 그는 이 돈대가 본래 흙산으로, 모래바람에 파묻혀 꼭대기만 남았을 것이라 여겼다. 산이 있으면 물이 있기 마련이라 병사를 보내 그곳을 파게 했다. 수십 길을 파내려가던 중, 갑자기 삽질하던 병사들이 모두 아래로 떨어졌다. 웅덩이 위에 남아있던 병사들이 땅에 엎드려 귀를 기울이니, [땅 밑에서] 천둥 같은 바람소리가 울려 퍼져, 이에 하던 일을 모두 멈추었다. 그 웅덩이는 지금은 모두 무너졌지만, 내가 변방에 갔을 때까지만 해도 그 흔적을 희미하게나마 확인

---

46 가욕관(嘉峪關): 감숙성(甘肅省) 주천현(酒泉縣) 서쪽에 위치한다.

47 사막: 원문은 '과벽(戈壁)'으로, 몽고인들은 사막을 고비(Gobi)라고 불렀다.

48 악종기(岳鍾琪): 악종기(1686~1754)는 자가 동미(東美)이고, 호는 용재(容齋)이며, 탕음현(湯陰縣) 사람이다. 송나라 충무왕(忠武王) 악비(岳飛)의 21세손이다. 강희 옹정연간에 서장(西藏) 청해(青海)를 정벌한 공으로 삼등후(三等侯)에 봉해졌다. 건륭 14년(1749) 금천(金川)을 평정하고 위신공에 임명되었다. 죽은 뒤 양근(襄勤)의 시호가 내려졌다.

할 수 있었다.

살펴보건대 불씨(佛氏)에서는 지혈(地穴), 수혈(水穴), 풍혈(風穴), 화혈(火穴) 등 다양한 기운이 있다고 한다.[49] 내가 듣기로는 섬서(陝西)의 어떤 사람이 관을 이장하기 위해 무덤을 파보니 관이 반쯤 새까맣게 타있었다고 한다. 이 일을 천총(千總) 여대업(茹大業)[50]이 직접 목격했는데, 모두 지화(地火)에 탔다고 했다. 또 헌현의 유씨(劉氏)는 모친이 돌아가신 뒤, 합장하려고 무덤을 파보았는데, 부친의 관이 보이지 않았다. 흔적을 따라가 보니, 관은 이미 7~8보 밖으로 옮겨져 땅속에 거꾸로 박혀 있었다. 돌아가신 아버지 요안공께서 직접 이 일을 보셨다고 한다.

참지(參知) 팽운미(彭芸楣)[51]도 이와 비슷한 이야기를 했다. 그의 고향에 관을 이장하려던 사람이 무덤을 파 보니 관 속의 유골이 한쪽 구석에 땔감처럼 빽빽이 모여 있었는데, 아마도 지풍(地風)에 의해 그렇게 된 것 같다고 했다.

이로보아 대기(大氣)가 땅 속에서 돌고 돌아 음기는 물로 변하고, 양기는 바람이나 불로 변함을 알 수 있다. 물이나 흙은 모두 음기로, 기가 상생

---

49 불씨(佛氏)에서는…있다고 한다: 『잠확류서(潛確類書)』에 따르면, 땅·물·바람·불을 4대 원소라고 한다. 땅은 견성(堅性)이 없고, 물은 한 곳에 머물러 있지 않고, 바람은 막힘이 없고, 불은 다른 것에 의지해 생겨난다고 한다.

50 여대업(茹大業): 기윤의 『우루무치잡시』에 따르면, 여대업은 우루무치의 천총으로, 얼굴이 검어 흑호(黑虎)라 불렸다고 한다. 호사가들은 그의 부인을 재물의 신인 원단신이라 불렀는데, 그녀는 식초를 잘 빚어 식초 맛이 우루무치 전체에서 최고였다. 음식을 만들어 손님에게 권하면서 식초는 팔지 않아 사람들이 더욱 귀하게 여겨, 원단초라 불렀다고 한다.

51 팽운미(彭芸楣): 팽원서(彭元瑞)이다. 자는 장잉(掌仍)으로, 집오(輯五)라고도 한다. 호는 운미이고 청나라 강서(江西) 남창(南昌) 사람이다. 공부상서(工部尙書)·박학대학사(博學大學士)를 지냈다. 시호는 문근(文勤)이다.

하는 것은 도처에 기가 존재하기 때문이다. 양기가 음기 속에 내포되어 있을 경우, 약한 양기는 음기에 의해 녹아 움직이는 성질이 사라진다. 하지만 양기가 조금이라고 강하면, 그것은 모여서 유황(硫黃)·단사(丹砂)·여석(礜石)[52] 등이 된다. 가장 강한 양기는 빽빽이 모여 바람이나 불이 된다. 그래서 지풍이나 지화는 항상 한곳에 모여 있기 때문에, 도처에서 볼 수 있는 것은 아니다.

嘉峪關外有戈壁, 徑一百二十里, 皆積沙無寸土. 惟居中一巨阜, 名'天生墩', 戍卒守之. 冬積冰, 夏儲水, 以供驛使之往來. 初威信公岳公鍾琪西征時, 疑此墩本一土山, 爲飛沙所沒, 僅露其頂. 既有山必有水, 發卒鑿之. 穿至數十丈, 忽持鍤者皆墮下. 在穴上者俯聽之, 聞風聲如雷吼, 乃輟役. 穴今已圮, 余出塞時, 仿佛尙見其遺迹.

案佛氏有地水風火穴之說. 余聞陝西有遷葬者, 啓穴時棺已半焦. 茹千總大業親見之, 皆地火所灼. 又獻縣劉氏母卒, 合葬啓穴, 不得其父棺. 跡之, 乃在七八步外, 倒植地中. 先姚安公親見之. 彭芸楣參知亦云. 其鄕有遷葬者, 棺中之骨, 攢聚於一角, 如積薪然, 蓋地風所吹也.

是知大氣斡運於地中, 陰氣化水, 陽氣則化風化火. 水土同爲陰類, 一氣相生, 故無處不有. 陽氣則包於陰中, 其微者, 鑠動之性爲陰所解. 其稍壯者, 聚而成硫黃·丹砂·礜石之類. 其最盛者, 鬱而爲風爲火. 故恒聚於一所, 不處處皆見耳.

---

52 여석(礜石): 『설문해자(說文解字)』에 보면, 여(礜)는 독석(毒石)이라고 한다. 화학자들은 유비철광(硫砒鐵鑛), 유비철석(硫砒鐵石)이라 부른다.

17.

일리의 우물과 보루

일리(Ili)[53] 성내에는 우물이 없어, 모두 강에서 물을 길어왔다. 어느 날 한 좌령(佐領)[54]이 말했다.

"사막에는 물이 없고 모래만 쌓여 있기 때문에 초목이 자라지 않습니다. 그런데 지금 성안에는 고목이 많은데, 그 아래에 물이 없다면 나무가 어찌 자랄 수 있겠습니까?"

그래서 나무를 뽑고 뿌리 밑으로 우물을 파니, 과연 샘이 있었다. 다만 물을 길으려면 긴 두레박줄[55]이 필요했다. 옛날에 옹주(雍州)는 흙이 두터워 물이 깊다고 했는데, 그 말이 확실히 거짓이 아님을 알게 되었다. 사인(舍人) 서증원(徐蒸遠)이 그 일에 참여했었는데, 예전에 내게 이렇게 말했다.

"그 좌령은 사물의 원리를 잘 아는 사람이라 할 수 있습니다."

---

53 일리(Ili): 원문은 '이리(伊犁)'로, 지금의 신강 위구르 자치구에 해당한다.

54 좌령(佐領): 청대 팔기군의 관직명으로, 만주어로는 니루(niru)라고 한다. 또한 니루의 장관은 니루어전(niru ejen)으로, 우록액진(牛彔額眞)으로 번역된다. 다시 니루장긴(niru janggin)으로 명칭이 바뀌었는데, 바로 우록장경(牛彔章京)이다.

55 긴 두레박줄: 원문은 '수경(修綆)'으로, 물 긷는 두레박줄을 말한다. 수(修)는 길다의 뜻이다. 한유의 「가을 상념 11수 제5수(秋懷詩十一首 其五)」에 보면, "옛 것을 길으려면 긴 두레박줄을 얻어야 하리(汲古得修綆)."라는 시구가 있다.

서증원이 그의 이름을 말해 주었으나, 안타깝게도 잊어버렸다.

후에 우루무치에서 성을 쌓을 때, 물이 없었던 일리의 상황을 참작하여 점을 쳐 땅을 정하고 나루터를 개통하니, 물이 흘렀다. 이 일로 나는 다음 잡시를 지었다.

> 성의 절반은 높은 언덕에, 성의 절반은 저지대에 있어,
> 성안의 맑은 샘물은 모두 서쪽으로 흐르네.
> 우물[56]가 난간[57] 더는 쓸 데 없어,
> 멋대로 꽃밭에 가져다가 쓰네.

이는 당시의 상황을 기록한 것이다. 그러나 간혹 눈이 녹아 물이 불어날 때에는 남문을 열지 않았다. 북산 기슭은 초루(譙樓)[58]에 가까워, 산등성이 꼭대기 있는 관제사(關帝祠)의 희루(戲樓)에 올라가면 성안의 크고 작은

---

56 우물: 원문은 '금정(金井)'이다. 『형주기(荊州記)』에 따르면, 익양현(益陽縣)에 금정 수백 개가 있다고 한다. 노인들이 "금인(金人)들이 지팡이로 땅을 측량하고 번번이 그곳에다가 우물을 파고는 금정이라고 했다."라고 했다. 또 『이물지(異物志)』에 보면, 여릉성(廬陵城) 내에 우물이 하나 있는데, 물의 색깔이 반은 파랗고 반은 누랬다고 한다. 누런 물은 잿물인데, 이것을 가져다가 죽을 끓이면 모두 잿색 빛깔이 되었다. 그리하여 이 우물을 금정이라 부르게 되었다. 시인들이 말하는 금정은 특별한 뜻이 없고, 우물 난간이 아름답게 꾸며져 있는 것을 지칭할 따름이다.

57 난간: 원문은 '은상(銀床)'이다. 『어은시화(漁隱詩話)』에 보면, 가우(嘉佑) 연간에 한 어부가 강에서 돌 하나를 건졌다고 한다. 돌에 「하중석각(河中石刻)」 한 수가 적혀 있었다. "새벽에 빗방울 빈 섬돌 적셔, 무심히 밤의 향기를 씻어내네. 우물가 오동 꽃 다 떨어져, 반은 은상에 있네(雨滴空階曉, 無心換石香. 井梧花落盡, 一半在銀床)." 주석에 보면 은상은 우물 주위의 난간이다. 어떤 사람은 녹로가(轆轤架: 오지그릇 만들 때, 발로 돌리며 모형과 균형 등을 잡는 데 쓰는 물레)라고 하는데, 『명의고(名義考)』에 보인다.

58 초루(譙樓): 속칭 고루(鼓樓)라고도 한다.

모든 광경이 한 눈에 들어왔다. 그래서 나는 다음 시를 지었다.

> 산을 두른 초목 위로 푸른 연기 자욱하고,
> 저 멀리[59] 새로 지은 성은 옛 성과 이어져 있네.
> 황폐한 사당의 노래하고 춤추던 정자에 이르러,
> 푸른 모직 담요[60] 위에서 장기[61] 구경했네.

파언필(巴彦弼) 공이 이곳을 지킬 때 참장(參將)[62] 해기운(海起雲)이 산기슭에 작은 보루를 튼튼하게 쌓아 의각(犄角)[63]을 이루자고 청했다. 그러자 파공이 말했다.

"그대는 야전(野戰)에는 능하지만, 병법을 잘 모르시오. 북산은 비록 성 안을 내려다 볼 수는 있으나, 적들이 혹여 그곳에 진을 친다면 포대를 구축해 우리 성을 아래에서 위로 공격할 수 있게 되오. 불은 성질상 위로 타오르니 형세가 적들에게 유리할 것이고, 산 아래와 산 위는 지세가 가까우니,

---

59 저 멀리: 원문은 '초체(迢遰)'이다.

60 모직 담요: 원문은 '구유(氍毹)'이다. 『풍속통의(風俗通義)』에 따르면, 모직으로 짠 담요를 구유라고 한다.

61 장기: 원문은 '기평(棋枰)'이다. 왕우칭(王禹偁)의 「봄날 남정천을 거닐며(春遊南靜川)」에 보면, "그림 병풍 같은 산봉우리, 장기판 같은 밭(峰巒開畫障, 畎畝列棋枰)."이라는 시구가 있다.

62 참장(參將): 명청 시대의 무관직으로, 총병(總兵)의 부장(副將)이다. 독자적으로 군영을 지휘하지는 못했지만, 일정 지역의 병력과 군무를 관리했다. 그 아래로는 유격, 수비, 천총, 파총 등이 있다.

63 의각(犄角): 『좌전(左傳)』에 따르면, "사슴을 잡는 일에 비유하자면, 진나라 군사가 사슴의 뿔을 잡고 있을 때 융인들은 다리를 잡아당겨 진나라 군사와 함께 사슴을 거꾸러뜨린 격입니다(譬如捕鹿, 晉人角之, 諸戎犄之, 與晉踣之)."라는 문장이 있고, "각(角)은 머리를 잡고 있는 것이고, 의(犄)는 다리를 넘어뜨리는 것이다."라고 주 달려 있다. 그래서 군진에서 서로 소리 내어 도와주는 것을 의각이라고 한다.

조준 또한 어렵지 않을 것이오. 적이 아무리 많다 해도 한 곳에 모일 수는 없소. 또 그 위에 작은 보루를 지을 경우 병력이 많으면 땅이 좁아 다 수용할 수 없고, 병력이 적으면 힘이 약해 지킬 수 없소. 그러면 결국 적의 손에 넘어갈 것이니, 이는 도리어 성채를 스스로 갖다 바치는 꼴이오."

그 말을 듣고 장군들이 모두 탄복했다. 그래서 일리에서 우물을 판 일을 기록하면서, 이 일도 뒤에 함께 덧붙여 기록한다.

伊犁城中無井, 皆汲水於河. 一佐領曰: "戈壁皆積沙無水, 故草木不生. 今城中多老樹, 苟其下無水, 樹安活?" 乃拔木就根下鑿井, 果皆得泉. 特汲須修綆耳. 知古稱雍州厚土水深, 灼然不謬. 徐舍人蒸遠, 曾預斯役, 嘗爲余言. "此佐領可云格物." 蒸遠能擧其名, 惜忘之矣.

後烏魯木齊築城時, 鑒伊犁之無水, 乃卜地通津, 以就流水. 余作是地雜詩有曰: "半城高阜半城低, 城内淸泉盡向西. 金井銀床無處用, 隨心引取到花畦." 紀其實也. 然或雪消水漲, 則南門爲之不開. 又北山支麓逼近譙樓, 登岡頂關帝祠戲樓, 則城中纖微皆見. 故余詩又曰: "山圍草木翠煙平, 迢遞新城接舊城, 行到叢祠歌舞處, 綠氍毹上看棋枰." 巴公彦弼鎭守時, 參將海起雲, 請於山麓堅築小堡, 爲犄角之勢. 巴公曰: "汝但能野戰, 汝不知兵. 北山雖俯瞰城中, 敵或結棚, 可築砲臺仰擊. 火性炎上, 勢便而利, 地勢逼近, 取準亦不難. 彼雖衆, 不能屯聚也. 如築小堡於上, 兵多則地狹不能容, 兵少則力弱不能守. 爲敵所據, 反資以保障矣." 諸將莫不嘆服. 因記伊犁鑿井事, 并附錄之於後.

18.

우미인화

우루무치는 샘이 달고 토지가 비옥하여 화초도 무성하게 핀다. 강서랍(江西蠟)[64]은 오색 꽃이 모두 피며, 꽃봉오리는 큰 술잔만하고, 꽃잎은 양국처럼 풍성하다.[65] 우미인화(虞美人花)[66]는 작약[67]만큼 크다. 대학사(大學士) 온공(溫公)이 창장시랑(倉場侍郎)으로 이곳을 지킬 때, 계단 앞에 우미인화 한 떨기가 있었는데, 갑자기 색이 이상하게 변했다. 꽃잎은 단사처럼 짙은 홍

64 강서랍(江西蠟): 강서랍(江西臘)이라고도 한다. 『우루무치잡시(烏魯木齊雜詩)』의 원주에 따르면, "이곳 꽃들은 계절을 가리지 않은 나무처럼 일찍 심으면 일찍 꽃을 피우고, 늦게 심으면 늦게 꽃을 피웠다. 그래서 새해 전야에도 관사에 여전히 강서랍이 심긴 화분이 있음을 알게 되었다(諸花皆早種早開, 晩種晩開, 不分節候木同. 知署歲除, 尙有盆種江西蠟)."라는 구가 있다.

65 풍성하다: 원문은 '위유(葳蕤)'이다.

66 우미인화(虞美人花): 여춘화(麗春花)라고도 한다. 『우루무치잡시』의 원주에 따르면, "우미인화는 크기가 작약만하고, 오색이 모두 있다. 절도유후(節度留侯)가 머무는 관청에 심은 우미인화가 성에서 최고(虞美人花, 巨如芍藥, 五色皆備. 使院所植, 猶爲一城之冠)."라고 한다.

67 작약: 원문은 '작약(芍藥)'이다. 『본초(本草)』에 보면, 작약은 봄에 피어나 붉은 싹이 무더기로 달린다. 세 개의 줄기에 다섯 장의 잎이 피는데, 목단처럼 가늘고 길며, 여름에 꽃을 피운다. 홍작약, 백작약, 자색 작약 등 여러 종류가 있다.

색으로 변했고, 꽃술은 앵무처럼 짙은 녹색을 띠었다. 해가 나면 마치 금성처럼 반짝 반짝 빛이 났다. 화공이라 해도 이와 같은 색을 그려낼 수 없었다. 얼마 뒤 온공은 복건 순무(福建巡撫)로 발탁되었다. 내가 그 꽃의 꼭지를 채색 실로 묶어 가을에 종자를 거두고 이듬해 심었지만, 꽃 색깔은 평소와 다를 바 없었다. 그제야 그해 핀 꽃이 상서로운 징조를 드러낸 것임을 알았는데, 양주(揚州)의 작약도 이따금 금띠를 두른 채[68] 핀다.

烏魯木齊泉甘土沃, 雖花草亦皆繁盛. 江西蠟五色畢備, 朵若巨杯, 瓣葳蕤如洋菊. 虞美人花大如芍藥. 大學士溫公以倉場侍郎出鎭時, 階前虞美人一叢, 忽變異色. 瓣深紅如丹砂, 心則濃綠如鸚鵡. 映日灼灼有光, 似金星隱耀. 雖畫設色不能及. 公旋擢福建巡撫去. 余以彩線繫花梗, 秋收其子, 次歲種之, 仍常花耳. 乃知此花爲瑞兆, 如揚州芍藥, 偶開金帶圍也.

---

68 금띠를 두른 채: 원문은 '금대위(金帶圍)'이다. 『후산총화(後山叢話)』에 보면, 작약은 붉은 꽃잎에 누른 색 띠를 두르고 있어 금대위라고 부른다고 한다. 본디 흔한 종류의 꽃이 아니다. 이 꽃이 피면 성내에서 재상이 나온다고 한다.

19.

방물장수 아무개

신동보(辛彤甫) 선생이 「기이시(記異詩)」 한 수를 지은 적이 있다.

> 육도의 일 누가 모호하다고 했는가?
> 사람과 양은 수레 바퀴통처럼 쉬지 않고 빨리 도네.
> 삼현금(三弦琴)[69] 타고 「변관조(邊關調)」 부르자,
> 푸른 노새 귀 쫑긋해 듣고 있는 것을 직접 보았네.

이 시는 강희 60년(1712) 신축년에 선생이 우리 집에 가정교사로 있을 때 지은 것이다. 처음에 마을의 한 방물장수[70]가 선조께 많은 돈을 빌린 뒤 갚지 않고 뒤에서 험담을 했다. 그러나 선조는 성품이 너그러워 그저 웃기만 하셨다. 어느 날 낮잠을 자고 일어난 선조께서 요안공에게 말씀하셨다.

---

69 삼현금(三弦琴): 중국 전통의 현악기이다.

70 방물장수: 원문은 '화랑(貨郞)'이다. 짐을 메고 다니면서 부녀자의 물품을 파는 사람을 말하는데, 화아(貨兒)라고도 한다. 명대 문가(文嘉)(1501~1583)의 『엄씨서화기(嚴氏書畫記)』에 보면, 북송 소한신(蘇漢臣)(1094~1172)의 「앵아희화랑도(嬰兒戲貨郞圖)」가 있다.

"오래 전에 죽은 방물장수 아무개가 갑자기 꿈에 다 보이고, 무슨 일인지?"

잠시 뒤에 마부가 말이 푸른 노새 한 마리를 낳았다고 알려왔다. 이에 모두들 "방물장수 아무개가 전에 진 빚을 갚은 것입니다."라고 하자, 선조께서 말씀하셨다.

"내게 빚진 사람이 많거늘, 어찌 방물장수 아무개만이 갚으러 왔단 말인가? 그가 빚진 사람이 많은데, 어찌 내게만 빚을 갚으러 왔단 말인가? 우연한 일치이니 괜히 말을 꾸미지 말라. 그 자손들이 들으면 부끄러움을 느낄 것이다."

그런데 마부가 장난삼아 '방물장수 아무개!' 하고 말을 부르면, 말은 머리를 쳐들고 성을 내는 듯한 기색을 보이곤 했다. 방물장수 아무개는 평소 삼현금을 타며 「변관조」 부르기를 좋아했다. 누군가 말 앞에서 그 곡을 연주하면, 말은 언제나 귀를 쫑긋 세우고 들었다고 한다.

辛彤甫先生「記異詩」曰: "六道誰言事杳冥? 人羊轉轂迅無停. 三弦彈出「邊關調」, 親見青驢側耳聽." 康熙辛丑館余家日作也. 初里人某貨郎, 逋先祖多金不償, 且出負心語. 先祖性豁達, 一笑而已. 一日午睡起, 謂姚安公曰: "某貨郎死已久, 頃忽夢之, 何也?" 俄圉人報馬生一青騾. 咸曰: "某貨郎償夙逋也." 先祖曰: "負我償者多矣, 何獨某貨郎來償? 某貨郎負人亦多矣, 何獨來償我? 事有偶合, 勿神其說. 使人子孫蒙恥也." 然圉人每戲呼某貨郎, 轉昂首作怒狀. 平生好彈三弦, 唱「邊關調」. 或對之作此曲, 輒聳耳以聽云.

20.

도필

옛날에는 죽간에 글자를 썼는데, 글자를 잘못 쓰면 칼로 깎아내고 다시 써야했기 때문에 이를 '도필(刀筆)'이라고 했다. 황정견(黃庭堅)은 서신을 '도필'이라고 했는데,[71] 이는 본래의 뜻과는 다르다. 오늘날에는 고소장을 써주는 사람을 도필이라 부르는데, 그들의 글이 마치 칼처럼 날카롭다는 데서 나온 또 다른 해석이다.

내가 복건독학(福建督學)으로 있을 때, 한 서생이 남을 무고했다가 변방으로 수자리 살러 갔다. 들은 바에 따르면, 그 일이 탄로 나기 직전 그는 남의 고소장을 써주고 있었는데, 갑자기 붓에서 '펑' 하는 소리가 나더니, 마치 도끼로 찍은 듯 붓대 가운데가 반으로 갈라졌다고 한다. 하지만 그는 이를 경고로 여기지 않고 대수롭지 않게 넘겼는데, 결국 화를 입고 말았다.

또 문안(文安) 사람 왕악방(王岳芳)이 해준 이야기이다.

그의 고향에 모함을 잘 하는 한 사람이 있었는데, 어느 날 원고를 막 쓰

---

71 황정견(黃庭堅)은…했는데: 『사고총목』에 따르면, 『산곡도필(山谷刀筆)』 20권은 송나라 황정견이 지었다고 한다. 실려 있는 것은 모두 서신으로, 대개 문집에서 서신만 따로 뽑아 만든 것이다. 『송사』「예문지」에 따르면, 양억(楊億)도 서신을 따로 간행했다고 하는데, 아마도 당시의 풍속인 것 같다. 여기서는 문체의 하나이다.

기 시작하자 기이하게도 글자가 모두 붉은 색으로 변했다고 한다. 살펴보니 붓끝에서 피가 흐르고 있었다. 그는 붓을 던지고 자리에서 일어나 다시는 그 일을 하지 않았으며, 마침내 편안한 죽음을 맞이했다.

나 역시 소송을 잘하는 한 사람을 보았는데, 그는 남의 일을 꾸며내기를 좋아했다. [어느 날] 그는 한 부자가 자신의 아내를 꾀어 숨겼다고 무고했다. 그 일로 부자는 거의 파산 지경에 이르렀지만, 사건은 여전히 해결되지 않았다. 그런데 그 고소꾼의 아내가 정말로 다른 사람에게 유괴당하는 일이 벌어졌다. 그러나 범인의 이름조차 알아내지 못했기에, 결국 그 소송에서 고소꾼은 아무런 도움이 되지 못했다.

古書字以竹簡, 誤則以刀削改之, 故曰'刀筆'. 黃山谷名其尺牘曰刀筆, 已非本義. 今寫訟牒者稱刀筆, 則謂筆如刀耳, 又一義矣. 余督學閩中時, 一生以導人誣告戍邊. 聞其將敗前, 方爲人搆詞, 手中筆爆然一聲, 中裂如劈. 恬不知警, 卒及禍.

又文安王岳芳言. 其鄉有搆陷善類者, 方具草, 訝字皆赤色. 視之, 乃血自毫端出. 投筆而起, 遂輟是業, 竟得令終. 余亦見一善訟者, 爲人畫策. 誣富民誘藏其妻. 富民幾破家, 案尚未結. 而善訟者之妻竟爲人所誘逃. 不得主名, 竟無所用其訟.

21.

선악의 업보

천도의 운행은 사람이 다 헤아릴 수 없다. 선악의 업보는 때에 따라 응답이 있기도 하고 그렇지 않기도 한다. 또 어떤 때는 곧바로 응답이 오기도 하고, 어떤 때는 천천히 드러나기도 하며, 또한 어떤 때는 뜻밖의 방식으로 나타나기도 한다.

내가 우루무치에 있을 때, 베쉬발릭(Beshbalik)[72]에서 유배되어 온 죄수 유윤성(劉允成)이 많은 빚을 견디지 못해 스스로 목을 매어 죽었다는 소식을 알려왔다. 내가 아전을 시켜 그의 호적을 말소할 때 보니, 원안(原案)에 "고리대금으로 남을 착취하고 사람을 죽음으로 몬 사건"이라고 적혀 있었다.

天道乘除, 不能盡測. 善惡之報有時應, 有時不應. 有時卽應, 有時緩應, 亦有時示巧應. 余在烏魯木齊時, 吉木薩報遣犯劉允成, 爲逋負過多, 迫而自縊. 余飭吏銷除其名籍, 見原案注語云: "爲重利盤剝, 逼死人命事."

---

72 베쉬발릭(Beshbalik): 원문은 '길목살(吉木薩)'이다. 역력파력(亦力把力), 별실팔리(別失八里)라고도 하는데, 청대 신강성 부원현(孚遠縣)에 해당한다.

22.

머리 없는 귀신

우루무치에서는 순검(巡檢)의 주둔지를 호도벽(呼圖壁)이라 부른다. '호도'는 번역하면 '귀(鬼)'라는 뜻으로, 호도벽은 '귀신이 있다(有鬼)'는 의미이다. 일전에 한 상인이 밤에 길을 가다가 어둠 속에서 나무 아래에 있는 사람의 그림자를 보았다. 귀신인가 생각하면서 그를 불렀더니, 그가 대답했다.

"저는 오늘 해질 무렵에 이곳에 도착했으나, 귀신이 두려워 감히 한 발짝도 나아가지 못한 채 길동무를 기다리고 있던 참이었습니다."

두 사람은 그렇게 함께 길을 가게 되었고, 점차 마음이 아주 잘 맞았다. 그 사람이 물었다.

"무슨 급한 일이 있기에 이 추운 밤에 길을 가십니까?"

상인이 대답했다.

"예전에 친구에게 돈 4천 냥을 빌린 일이 있소. 친구 부부가 모두 병들었다는 소문을 듣고, 혹여 밥도 약도 제대로 쓰지 못할까 염려되어, 그 빚을 갚으러 가는 길입니다."

그러자 그 사람이 갑자기 나무 뒤로 가더니 말했다.

"본래는 그대를 해쳐 제삿밥이나 얻을까 했으나, 지금 그대의 말을 듣고 보니 참으로 의로운 사람이군요. 내가 어찌 그대를 범할 수 있겠소? 바라건대 그대를 위해 앞장서 길을 인도해도 되겠습니까?"

상인은 마지못해 잠시 그가 이끄는 대로 따라 갔다. 대개 길이 험할 때면 그가 먼저 알려주었다. 잠시 뒤 이지러진 달이 희미하게 떠올라 사물을 약간 분별할 수 있게 되었다. 자세히 들여다보니 그는 머리가 없는 귀신이었다. 깜짝 놀라 걸음을 멈추는 순간, 귀신도 홀연히 사라졌다.

烏魯木齊巡檢所駐曰呼圖壁. '呼圖'譯言'鬼', '呼圖壁'譯言'有鬼'也. 嘗有商人夜行, 暗中見樹下有人影. 疑爲鬼, 呼問之, 曰: "吾日暮抵此, 畏鬼不敢前, 待結伴耳." 因相趁共行, 漸相款洽. 其人問: "有何急事, 冒涷夜行?" 商人曰: "吾夙負一友錢四千. 聞其夫婦俱病, 飮食藥餌恐不給, 故往送還." 是人却立樹背曰: "本欲祟公, 求小祭祀, 今聞公言, 乃眞長者. 吾不敢犯公? 願爲公前導, 可乎?" 不得已姑隨之. 凡道路險阻, 皆預告. 俄缺月微升, 稍能辨物. 諦視, 乃一無首人. 慄然却立, 鬼亦奄然而滅.

23.

적성산 노인

풍거원(馮巨源)이 적성(赤城)의 교유(敎諭)로 있을 때, 적성산(赤城山)[73]에 한 노인이 살고 있었는데, 그는 원대 사람이라고 전해졌다. 풍거원이 찾아가 뵙고는 그를 선인이라 부르자, 노인이 말했다.

"나는 선인이 아니오. 단지 토납도인(吐納導引)[74]을 실천하여 죽지 않았을 뿐입니다."

풍거원은 그에게 토납도인술에 대해 묻자, 노인이 대답했다.

"이것은 『단경(丹經)』[75]에서 벗어나지 않습니다. 그렇다고 해서 『단경』

73 적성산(赤城山): 직례성 적성현 동쪽 5리 떨어진 곳에 위치한다.

74 토납도인(吐納導引): 『장자』「각의(刻意)」에 보면, "심호흡을 하면서 낡은 공기는 토해내고 신선한 공기를 들이마시며, 곰이 나무에 매달리고 새가 날면서 발을 뻗히는 것 같은 체조를 하는 것은 오래 살려는 것이다(吹呴呼吸, 吐故納新, 熊經鳥申, 爲壽而已矣)."라는 구절이 있는데, 이것은 도인(道引)한 선비나 양형술(養形術)을 터득한 사람이나, 팽조(彭祖)처럼 장수한 사람들이 좋아하는 것이다. 또 『한서』「장량전(張良傳)」에 보면, "장량이 관중에 들어갔는데 체질적으로 병이 많아, 도인술을 행하면서 오곡을 먹지 않았다(良從入關, 性多疾, 卽道引不食穀)."라는 구절이 있는데, "'도(道)'는 '도(導)'로 읽히며 오곡을 물리치고 약을 먹지 않고 조용히 거하면서 기를 돌게 하는 것이다."라는 주가 달려 있다.

75 『단경(丹經)』: 도가에서 말하는 도법서(道法書)인데, 황백지술(黃白之術)이라고도 한다.

만으로 모두 이룰 수 있는 것도 아닙니다. 절도를 잘 분간하는 것은[76] 더욱 모호해, 진실로 구결을 전수받지 않고 그저 [겉으로 드러난] 법만 따르는 것은 마치 바둑을 둘 때 기보(棋譜)만을 의지해 상대와 겨루면 지기 쉬운 것과 같습니다. 또한 이는 과거의 처방에만 매달려 남을 치료하면 도리어 병을 위태롭게 만드는 것과도 같습니다. 그 가운데는 완급이 있고 선후의 차례가 있어 조금이라도 어긋나면 종기가 생기거나, 기가 막혀 수족이 뒤틀리기도[77] 하며, 심하면 정기가 흐트러지고 정신이 제자리에 머물지 못해 결국 미치게 되기도 합니다. 굳이 시비를 가리자면 그저 무익할 뿐입니다."

풍거원이 다시 물었다.

"용성(容成)[78]과 팽조(彭祖)[79]의 술법으로 수명을 연장할 수 있습니까?"

---

76 절도를 잘 분간하는 것은: 원문은 '분촌절도(分刌節度)'이다. 『한서』「원제기(元帝紀)」에 보면, "스스로 작곡을 하고 노래를 입혔는데, 절도에 맞아 떨어졌다(自度曲被歌聲, 分刌節度)."라는 문장이 있다.

77 수족이 뒤틀리기도: 원문은 '구련(拘攣)'으로, 수족이 굽어지는 병을 말한다.

78 용성(容成): 용성공은 옛날의 선인이다. 자칭 황제의 스승이라고 하는데, 음기를 채취하여 양기를 보충하는 기술을 강했다. 『한서』「예문지」에 따르면, 용성의 『음도(陰道)』 26권은 방중술을 이야기하고 있다고 되어 있다.

79 팽조(彭祖): 『신선전』에 보면, 팽조는 성이 전씨(籛氏)이고 이름이 갱(鏗)이라고 한다. 은(殷)나라 말년에 팽조는 이미 767세가 넘었지만, 조금도 늙지 않았다. 팽조는 채납술(採納術)에 뛰어났다. 일찍이 남녀가 서로 만나는 것은 천지가 상생(相生)하는 것과 같은 이치라고 말했다. 정신과 기력을 배양하는 것은 사람으로 하여금 그 조화로움을 잃지 않게 하기 위해서이다. 하늘과 땅은 교접(交接)의 도에 따라 만나기 때문에 끝이 없는 반면, 사람은 적당한 교접의 도를 잃으면 도리어 병만 기다리고 있어 사람이 몸을 다치게 하는 여러 가지 유해한 일을 피하고 음양의 조화로운 이치를 터득할 수 있다면, 이것이 바로 불사(不死)의 도이다. 하늘과 땅은 낮에는 헤어졌다가 밤에는 만나고, 또 1년에 360차례 만나는데, 그 때 정기가 화합하기 때문에 끊임없이 만물을 만들어 낼 수 있다. 사람이 능히 이것을 본받을 수 있다면 장생할 수 있다고 했다. 후인들이 채납술을 모아 적고는 『팽조경(彭祖經)』이라 불렀다. 자칭 유복자로 태어나 세 살 때 모친을 잃었다. 또한 견융(犬戎)의 난을 만나는 바람에 백여 년 동안 서역을 떠돌아 다녔으며, 아내 49명과 아들 54명을 잃었다고 한다.

그러자 노인이 대답했다.

"그것은 사도(邪道)입니다. 용성과 팽조의 술법을 제대로 터득하지 못한 사람은 화(禍)를 피할 수 없으며, 정말로 터득한 사람이라 해도 그저 남의 기를 북돋아주는 정도입니다. 기운이 지나치게 강하면 틀림없이 예상치 못한 큰 화를 입게 됩니다. 이는 마치 도리에 어긋나게 재물을 모으면 아주 빨리 부자는 되겠지만, 그 부를 오래 누릴 수는 없는 것과 같습니다. 그러니 공께서는 그런 것에 미혹되지 마시오."

풍거원이 또 물었다.

"복식을 하면 수명을 연장할 수 있다고 하던데, 그 방법은 어떻습니까?"

노인이 대답했다.

"단약은 병을 다스리고 기혈을 조절하거나 보충할 수는 있지만, 장생의 방법은 아닙니다. 방사들이 복용하는 약은 초목이나 금석에 불과합니다. 초목은 썩기 마련이고, 금석은 부서지기 마련입니다. 초목과 금석조차 스스로 보존하지 못하는데, 거기서 남은 기를 빌려 도리어 장수할 수 있다 생각하십니까?"

풍거원이 다시 물었다.

"신선은 정말로 죽지 않습니까?"

노인이 말했다.

"신선은 죽지 않을 수도 있지만, 때로는 죽기도 합니다. 무릇 살아 있는 것은 죽기 마련, 이것이 사물의 이치입니다. 기를 단련시켜 정신을 보존하는 것은 죽음을 거슬러 눌러주는 것입니다. 그 힘이 즉 거슬러 눌러주는 힘이 없어지지 않으면 기도 모이고 정신도 모입니다. 그 힘이 풀리기라도 하면 기가 소멸되고 정신도 소멸되며, 정신이 소멸되면 결국 죽습니다. 이는 마치 부자가 근검절약을 하면 오래도록 부유하지만, 근검절약하지 않으면 점차 가난해지고, 여기다가 사치와 방탕에 빠지면 가난에 이르게 되는 것과 같습니다. 저 신선이란 자들도 진실로 스스로를 보존하지 못할까 전전긍긍합니다. 내단(內丹)[80]을 한번 단련해 이루었다고 해서, 만겁이 지나도 무너지지 않는 것은 아닙니다."

풍거원이 제자의 예로서 청하자, 노인이 말했다.

"공께서는 도와 인연이 없는데, 하필 본업을 망치려 하십니까? 도를 배우지 않는 것이 좋습니다."

풍거원은 한탄하며 돌아왔다. 경주(景州) 사람 과노재(戈魯齋)가 나에게 이 이야기를 전하면서, 그 노인의 말은 진지하고 독실해 현혹된 것만 말하는 방사들과는 달랐다고 칭찬했다.

馮巨源官赤城教諭時, 言赤城山中一老翁, 相傳元代人也. 巨源往見之, 呼爲仙人, 曰: "我非仙. 但吐納導引得不死耳." 叩其術, 曰: "不離乎『丹經』. 而非『丹經』所能盡. 其分刌節度, 妙極微芒, 苟無口訣眞傳, 但依法運用, 如檢譜對弈, 弈必敗. 如拘方治病, 病必殆. 緩急先後, 稍一失調, 或結爲癰疽, 或滯爲拘攣, 甚或精氣瞀亂, 神不歸舍, 竟至於顚癇. 是非徒無益已也." 問: "容成·彭祖之術可延年乎?" 曰: "此邪道也. 不得法者, 禍不旋踵, 眞得法者, 亦僅使人壯盛. 壯盛之極, 必有決裂橫潰之患. 譬如悖理聚財, 非不驟富, 而斷無久享之理. 公毋爲所

80 내단(內丹): 도가에서 금석(金石)을 달구는 것을 외단(外丹)이라 하고, "용호비결과 단전호흡, 낡은 기운을 내보내고 신선한 새 기운을 들이마시는(龍虎胎息, 吐故納新)" 것을 내단이라 한다.

惑." 又問: "服食延年, 其法如何?" 曰: "藥所以攻伐疾病, 調補氣血, 而非所以養生. 方士所餌, 不過草木金石. 草木不能不朽腐, 金石不能不消化. 彼且不能自存, 而謂借其餘氣, 反長存乎?" 又問: "得仙者果不死歟?" 曰: "神仙可不死, 而亦時時可死. 夫生必有死, 物理之常. 煉氣存神, 皆逆而制之者也. 逆制之力不懈, 則氣聚而神亦聚. 逆制之力或疏, 則氣消而神亦消, 消則死矣. 如多財之家, 儉勤則長富, 不勤不儉則漸貧, 再加以奢蕩, 則貧立至. 彼神仙者, 固亦兢兢然, 恐不自保. 非內丹一成, 卽萬劫不壞也." 巨源請執弟子禮, 曰: "公於此道無緣, 何必徒荒其本業? 不如其已." 巨源悵然而返. 景州戈魯齋爲余述之, 稱其言皆篤實, 不類方士之炫惑云.

24.

의술을 넘어선 계선

돌아가신 아버지 요안공께서 해주신 이야기이다.

부계점[81]를 이용해 병을 치료하는 사람이 있었다고 한다. 계선은 자칭 “노중인(蘆中人)”[82]이라고 했다. 사람들이 물었다.

“설마 그대가 오상국(伍相國)이란 말이오?”

계선이 말했다.

“오상국은 그가 쓰던 은어일 뿐이고, 나는 사실 노중인을 호로 사용하

---

81 부계점: 원문은 ‘부계(扶乩)’이다. 『설문(說文)』에 보면, “의심이 나면 점을 쳐서 해결했다.”라고 한다. 부계(扶乩)는 부기(扶箕), 부란(扶鸞)이라고 한다. 점을 칠 때 쟁반 가운데 모래를 깔고, 받침대에 추(錐)를 걸었다. 두 사람에게 그것을 받쳐 들게 하고, 부적을 태워 신(神)을 불렀다. 신이 내리면 추가 절로 움직여 모래 위에 글자를 쓴다.

82 노중인(蘆中人): 오자서(伍子胥)이다. 이름은 원(員)이고, 춘추 전국시대의 초나라 사람이다. 부친 오사(吳奢)는 초나라 평왕(平王)을 섬기다가 참언으로 피살당했다. 오자서는 오나라로 달아나 오나라를 도와 초를 정벌했다. 『오월춘추(吳越春秋)』에 따르면, 오원이 오나라로 달아나던 중에 강가에 이르렀을 때 한 어부가 강을 건네주었다고 한다. 오자서의 얼굴에 굶주린 기색이 완연하자 “내 그대를 위해 음식을 가져오리다.”라고 말했다. 오자서는 이에 갈대 사이에 몸을 숨겼다. 잠시 후에 어부가 와서 노래하여 불렀다. “갈대밭에 있는 사람[蘆中人], 갈대밭에 있는 사람[蘆中人]이 어찌 궁사(窮士)가 아니겠는가?” 오자서는 나와서 밥을 먹었다. 이에 성과 이름을 알려달라고 하자 어부가 말했다. “이름은 알아 무엇하겠소? 내 그대를 노중인이라 부를 테니 그대는 나를 어장인(漁丈人)이라 부르시오.” 이에 오자서는 “진실로 부귀하게 된다하더라도 당신을 잊지 않겠소.”라고 했다고 한다.

고 있소.”

그의 약방문은 어떤 때는 효험이 있었고, 어떤 때는 그렇지 않았다. 그가 말했다.

“나는 병은 고칠 수 있지만, 목숨까지는 어찌할 수 없소.”

하루는 우희영(牛希英)의 집에 계선이 내려왔다. 원주: 요안공은 우장(牛丈)의 자를 희영 두 글자로 쓰고 있지만, 맞는지는 모르겠다. 우장은 휘가 환(瑍)으로, 돌아가신 큰 어머니 안(安)부인[83]의 사촌 여동생에게 장가들었다. 이때 어떤 사람이 기가 허하다고 하며 약방문을 청하자, 계선이 말했다.

“그대의 병은 약으로 다스릴 수 있는 것이 아닙니다. 욕망만 잘 자제하면 풀뿌리나 나무껍질을 먹는 것보다 훨씬 나을 것이오.”

또 어떤 사람이 아들을 낳게 해주는 약방문을 구하자, 이렇게 말했다.

“아들을 낳는 약방문은 있고, 또한 효험도 있을 것이오. 그러나 약방문이 있다는 것은 없는 것이나 마찬가지이고, 효험이 있다는 것도 없는 것과 같소. 태아는 정혈이 변해 생명으로 탄생하는 것이니, 그 속에는 불같은 욕정이 들어 있습니다. 이 태독(胎毒)이 폭발하면 천연두가 되는데, 열에 한두 명은 목숨을 잃기 마련이지요. 하물며 열약(熱藥)의 도움을 받아 억지로 생긴 생명이라면, 아이의 몸에 쌓인 독은 몇 배나 더 될 것이요. 그런 까닭에 천연두에 걸리면 백에 한 명도 살아남지 못하는 것이요. 사람들은 아이가

---

83 돌아가신 큰 어머니 안(安)부인: 기윤의 아버지 기용서(紀容舒)는 안국유(安國維)의 딸에게 장가들어 기윤의 형 기탁(紀晫)을 낳았다. 안씨 사후 기용서는 장설봉(張雪峰)의 둘째 딸 장씨에게 장가들었으나, 그녀가 일찍 죽었다. 기용서는 다시 장씨의 여동생에게 장가들어 기윤을 낳았다. 기윤이 안부인을 전모(前母)로 표현하고 있어 큰 어머니로 해석함을 밝힌다.

요절하면 단지 오래 살지 못한 것만 안타깝게 여길 뿐, 정작 그 아이가 태어나기 전부터 이미 죽음의 기운이 깃들어 있다는 사실을 모릅니다. 이런 경우, 아이는 태어나도 죽은 것과 마찬가지인데, 또한 아들을 낳아 대를 잇는 일이 뭐가 중요하겠습니까? 이치가 이토록 자명하건만, 안타깝게도 옛 현자들조차 이를 깨닫지 못했소. 나는 사람에게 보탬이 되는데 뜻을 두었기에, 이런 술법으로 다른 사람을 속이는 일은 차마 할 수 없습니다."

그의 말 속에 담긴 이치는 감히 의사들조차 못하는 말이다. 혹여 정말로 영민한 귀신이 붙기라도 한 것인가?

또 듣자니 유계잠(劉季箴) 선생이 일찍이 그와 의도(醫道)에 대해 논의한 적이 있었다고 한다. 계선이 말했다.

"공께서는 허한 기(氣)를 보하는 데 인삼을 즐겨 사용하고 있소. 무릇 허증(虛症)이란 그 원인이 각양각색인데 반해 인삼은 성질이 한가지이기 때문에 모든 증상을 다 다스릴 수 없소. 오장육부에 견주어 말하자면, 인삼은 단지 상초(上焦)와 중초(中焦)에만 이르고 하초에는 미치지 못하오.[84] 사람의 혈과 기[85]를 두고 보더라도, 인삼은 기에만 이르고 혈에는 이르지 못하오. 콩팥과 간, 음기의 허함을 인삼으로 보한다고 해서, 무슨 보탬이 되

84 단지…미치지 못하오: 『난경(難經)』에 따르면, 삼초(三焦)라는 것은 물과 곡식이 다니는 길이고, 기(氣)가 처음부터 끝까지 걸쳐 있다고 한다. 상초는 심장 아래 횡격막 윗부분이고, 중초는 위 내의 팔뚝 보다 높지도 낮지도 않은 중간 위치에 있다. 하초는 배꼽 아래에 있어, 방광의 상구에 해당한다.

85 혈과 기: 원문은 '영위(榮衛)'이다. 사람들은 혈(血)을 영(榮)이라 하고 기(氣)를 위(衛)라 한다. 『내경(內經)』에 보면, "혈과 기가 움직이지 않으면, 오장이 통하지 않는다(榮衛不行, 五臟不通)."라는 문장이 있다.

겠소? 보탬이 되지 않을 뿐만 아니라, 양기가 이미 과하면[86] 몸이 더 뜨거워지지 않겠습니까? 그래서 옛 약방문에서는 생삼(生蔘)과 숙삼(熟參)을 구분하였던 것이오. 그런데 오늘날에는 인삼을 캐자마자 바로 익혀버리니, 생삼을 어디서 구할 수 있겠소? 자고이래로 인삼은 산서성 상당(上黨)[87]에서 재배했는데, 상당삼은 중앙의 토기(土氣)를 품고 있어 성질이 따뜻하고 먼저 중초[88]에 들어갔소. 그러나 지금은 상당의 토기가 쇠하여 요삼(遼蔘)[89]만을 쓰는데, 요삼은 동방의 춘기(春氣)를 지녀 먼저 상부로 작용하오. 약에도 다 각각의 쓰임새가 있으니, 공께서는 진중하게 살피시기를 바랍니다."

유계잠은 그의 말에 수긍하지 않았다.

나는 의술을 잘 몰라 이 이야기를 있는 그대로 덧붙여 기록하면서, 훗날 이에 정통한 이가 나와 논의해 주기를 기다릴 뿐이다.

先姚安公言. 有扶乩治病者. 仙自稱蘆中人. 問: "豈伍相國耶?" 曰: "彼自隱語, 吾眞以此爲號也." 其方時效時不效. 曰: "吾能治病, 不能治命." 一日降牛丈希英家. 原註: 姚安公稱牛丈字作此二字, 音未知是否. 牛諱瑍, 娶前母安太夫人之從妹. 有乞虛損方者, 仙判曰: "君病非藥所能治. 但遏除嗜欲, 遠勝於草根樹皮." 又有乞種子方者, 仙判曰: "種子有方, 并能神效. 然有方與無方同, 神效亦與不效同. 夫

---

86 양기가 이미 과하면: 원문은 '항양(亢陽)'으로, 몸에 양기뿐이고 음기가 없어 현기증이 나는 병을 말한다.

87 상당(上黨): 『본초』에 따르면, 인삼은 상당산(上黨山) 골짜기에서 자라기 때문에 오늘날 당삼(黨參)이라고 부른다고 한다. 상당은 지금의 산서성 장자현(長子縣)을 말한다.

88 중초: 원문은 '중궁(中宮)'으로, 위 부근을 말한다.

89 요삼(遼參): 봉천(奉天), 길림(吉林), 고려(高麗) 등지에서 자란다. 길림삼 혹은 고려삼이라고도 한다.

精血化生, 中含欲火. 尙毒發爲痘, 十中必損其一二. 况助以熱藥, 搏結成胎, 其蘊毒必加數倍. 故每逢生痘, 百不一全. 人徒於夭折之時, 惜其不壽, 而不知未生之日, 已伏必死之機. 生如不生, 亦何貴乎種耶? 此理甚明, 而昔賢未悟. 山人志存濟物, 不忍以此術欺人也." 其說其理, 皆醫家所不肯言. 或眞有靈鬼憑之歟?

又聞劉季箴先生嘗與論醫. 乩仙云: "公補虛好用參. 夫虛證種種不同, 而參之性則專有所主, 不通治各證. 以藏府而論, 參惟至上焦中焦, 而下焦不至焉. 以榮衛而論, 惟至氣分, 而血分不至焉. 腎肝虛與陰虛, 而補以參, 庸有濟乎? 豈但無濟, 亢陽不更煎鑠乎? 且古方有生參熟參之分. 今採參者得卽蒸之, 何處得有生參乎? 古者參出於上黨, 秉中央土氣, 故其性溫厚, 先入中宮. 今上黨氣竭, 惟用遼參, 秉東方春氣, 故其性發生, 先升上部. 卽以藥論, 亦各有運用之權, 願公審之." 季箴極不以爲然. 余不知醫, 并附錄之, 待精此事者論定焉.

25.

저승에서 전해온 약방문

흡현(歙縣) 사람 장자원(蔣紫垣)은 헌현으로 흘러 들어와 정가장(程家莊)에 머물며 의술로 생계를 이어 나갔다. 그는 비상의 해독 처방을 가지고 있었는데, 그것을 쓰면 병이 말끔히 나았다.[90] 그러나 그를 부르면 반드시 많은 재물을 요구했으며, 요구한 대로 돈을 주지 않으면 환자가 죽을 때까지 그저 앉아서 지켜보기만 했다. 그러던 어느 날 그가 갑자기 죽었는데, [후에] 여관주인[91]의 꿈에 나타나 말했다.

"제가 재물에 눈이 멀어 9명의 목숨을 잘못되게 했소. 그 망자들이 저승 관리에게 이 사실을 알려, 저승 관리가 제게 9대에 걸쳐 비상을 먹고 죽

---

90 말끔히 나았다: 원문은 '십전(十全)'이다. 『주례』「천관(天官)·의사(醫師)」에 보면, 매년 말에 각 의사들의 업무평가를 해 그들의 봉록을 제정했다고 한다. 열 명 모두를 치료하면 최상의 봉급을 주고, 열 명 중에 한 명을 치료하지 못하면 그 다음 등급, 열에 두 명을 치료하지 못하면 그 다음 등급, 열에 세 명을 치료하지 못하면 그 다음 등급, 열에 네 명을 치료하지 못하면 가장 낮은 봉급을 주었다(歲終, 則稽其醫事, 以制其食. 十全爲上, 十失一次之, 十失二次之, 十失三次之, 十失四爲下)고 한다.

91 여관주인: 원문은 '거정주인(居停主人)'이다. 『송사(宋史)』「정위전(丁謂傳)」에 보면, 정위가 구준(寇準)을 멀리 유배 보내려 하자 같은 반열에 있는 사람들이 감히 아무 말도 못했다고 한다. 왕증(王曾)만이 임금의 말을 핑계삼아 묻자 정위가 돌아보면서 말했다. "집주인은 더 이상 말하지 말게." 여기서는 왕증이 구준에게 집을 빌려준 것을 가리킨다.

게 하라는 판결을 내렸소. 지금 곧 윤회할 예정인데, 귀졸에게 약간의 뇌물을 주고 그대를 보러왔소. 이 약방문을 그대에게 드릴 테니 누군가의 목숨을 한 명만 살려주시오. 그러면 제 업보도 한 대만큼 줄어듭니다."

말을 마친 그는 눈물을 흘리며 떠나가면서 말했다.

"후회하기에는 너무 늦었소."

그 약방문은 방풍(防風)[92] 1량을 가루로 갈아 물에 타서 복용하면 될 뿐 별다른 비법은 없었다. 또 심풍공(沈豐功)이 "냉수에 석청(石靑)을 타서 마시면 신기하게도 비독(砒毒)을 풀 수 있습니다."라고 하는 것을 들었다. 심공은 평생 허튼 소리를 하지 않았으니, 그 약방문도 틀림없이 효험이 있을 것이다.

歙人蔣紫垣, 流寓獻縣程家莊, 以醫爲業. 有解砒毒方, 用之十全. 然必邀取重貲, 不滿所欲, 則坐視其死. 一日暴卒, 見夢於居停主人, 曰: "吾以耽利之故, 誤人九命矣. 死者訴於冥司, 冥司判我九世服砒死. 今將轉輪, 賂鬼卒, 得來見君. 特以此方奉授, 君能持以活一人. 則我少受一世業報也." 言訖, 涕泣而去, 曰: "吾悔晚矣." 其方以防風一兩, 研爲末, 水調服之而已, 無他秘藥也. 又聞諸沈丈豊功曰: "冷水調石靑, 解砒毒如神." 沈丈平生不妄語, 其方當亦驗.

92 방풍(防風): 미나리과에 속하는 풀로, 뿌리는 풍을 고치는 데 사용한다.

26.

사냥꾼에게 도움을 청한 귀신

노유(老儒) 유정생(劉挺生)이 해준 이야기이다.

동성(東城)에 한 사냥꾼이 살고 있었다고 한다. 어느 날 한밤중에 잠을 자다가 깼는데, 창호지가 살랑대는 소리가 들렸다. 잠시 뒤 다시 창 아래서 부스럭거리는[93] 소리가 났다. 사냥꾼이 옷을 걸쳐 입고 버럭 소리를 지르자, 갑자기 누군가가 대답했다.

"나는 귀신이오. 일이 있어 그대를 찾아왔으니, 두려워 마시오."

사냥꾼이 무슨 일이냐고 묻자, 귀신이 대답했다.

"여우와 귀신은 자고이래로 함께 살 수 없습니다. 그래서 여우가 사는 묘혈에는 귀신의 묘가 없소이다. 제 묘는 마을 북쪽으로 3리 정도 떨어진 곳에 있었는데, 제가 자리를 비운 틈을 타 여우 무리가 몰려와 자리를 차지하고는, 도리어 저를 몰아내며 들어오지 못하게 했소. 여우와 싸우고 싶지만, 저는 본래 문사라 이기지 못할 게 뻔합니다. 토지신에게 하소연해 다행히 억울함을 푼다하더라도, 저들이 끝까지 보복하려 들 것인데, 그렇게 되면 또한 이기지 못할게 뻔합니다. 그대가 사냥을 나갈 때, 길을 반 리쯤 우

93 부스럭거리는: 원문은 '실솔(窸窣)'이다.

회해 그곳을 여러 번 지나가기만 하면 됩니다. 그러면 그들은 겁을 먹고 다른 곳으로 옮겨 갈 것입니다. 그러나 혹시 그들을 만나게 되더라도 급히 포획하지는 마십시오. 혹여 일이 새어나가 그들이 또 저를 원망할까 두렵습니다."

사냥꾼이 귀신의 말대로 했더니, 훗날 귀신이 다시 꿈에 나타나 고맙다고 인사를 전했다. 무릇 "까치가 지은 집에 구욕새가 살고 있는"[94] 이 상황은 귀신의 입장에서는 시비곡직이 아주 명백하다. 그렇지만 귀신은 자기 힘으로 이길 수 없자 피하고 다투지 않았으며, 설령 자기 힘으로 이길 수 있다하더라도 다시 깊이 생각하며 그 힘을 다 쓰지는 않았다. 또한 귀신은 요행히 이기기를 바라지도 않고, 크게 이기기를 바라지도 않았으니, 이것이 결국 이길 수 있었던 이유가 아니겠는가? 약한 자가 힘센 폭도를 만났을 때는, 이 귀신처럼 하면 된다.

老儒劉挺生言. 東城有獵者. 夜半睡醒, 聞窗紙窸窣作響. 俄又聞窗下窸窣聲. 披衣叱問, 忽答曰: "我鬼也. 有事求君, 君勿怖." 問其何事, 曰: "狐與鬼自古不并居. 狐所窟穴之墓, 皆無鬼之墓也. 我墓在村北三里許, 狐乘我他往, 聚族居之, 反驅我不得入. 欲與鬪, 則我本文士, 必不勝. 欲訟諸土神, 卽幸而得申, 彼終亦報復, 然又必不勝. 惟得君等行獵時, 或繞道半里, 數過其地. 則彼必恐怖而他徙矣. 然倘有所遇, 勿遽殪獲. 恐事機或泄, 彼又修怨於我也." 獵如其言, 後夢其來謝. 夫鵲巢鳩據, 事理本直. 然力不足以勝之, 則避而不爭, 力足以勝之, 又

---

94 까치가 지은 집에 구욕새가 살고 있는: 원문은 '작소구거(鵲巢鳩據)이다. 『시경』「소남(召南)」에 보면, "까치집에 구욕새가 살고 있네(維鵲有巢, 維鳩居之)."라는 구절이 있다. 즉 남이 애써 이룬 것을 가로채거나 차지하는 것을 비유할 때 사용하는 성어이다.

長慮深思, 而不盡其力. 不求幸勝, 不求過勝, 此其所以終勝歟? 孱弱者遇强暴, 如此鬼可矣.

27.

살아있는 혼

외삼촌 장건정(張健亭)이 해준 이야기이다.

창주목(滄州牧) 왕 아무개에게는 병에 걸려 고생하는 딸이 있었다고 한다. 어느 날 밤, 하인이 서재에 들어갔다가 그곳에서 왕 아무개의 딸이 달을 바라보며 혼자 꽃그늘 아래에 서 있는 것을 보고는 모골이 송연해져 돌아왔다. 여우 귀신이 왕 아무개의 딸로 둔갑한 것이라 생각한 하인이 개를 풀어 물게 하자, 그 순간 왕 아무개의 딸은 흔적도 없이 사라졌다. 그때 갑자기 방 안에서 병자의 말소리가 들렸다.

"방금 꿈에 서재에 가서 달구경을 했는데, 마음이 다 상쾌했어요. 그런데 느닷없이 맹호가 나타나 하마터면 죽을 뻔 했지 뭐예요. 지금도 가슴이 두근거리고 땀이 납니다."

하인은 자신이 살아 있는 혼을 보았음을 알게 되었다. 딸을 치료하던 의원이 이 말을 듣고 말했다.

"이것은 육체와 정신이 이미 분리된 상태입니다. 노나라의 명의 편작(扁鵲)[95]이 살아 돌아온다 해도 손쓸 수 없습니다."

---

95 편작(扁鵲): 원문은 '노편(盧扁)'이다. 춘추 때의 뛰어난 의사이다. 성은 진(秦)이고, 이름은

과연 얼마 지나지 않아 왕 아무개의 딸은 세상을 떠났다.

舅氏張公健亭言. 滄州牧王某, 有愛女嬰疾沉困. 家人夜入書齋, 忽見其對月獨立花陰下, 悚然而返. 疑爲狐魅託形, 嗾犬撲之, 倏然滅跡. 俄室中病者曰: "頃夢至書齋看月, 意殊爽適. 不虞猛虎至, 幾不得免. 至今猶悸汗." 知所見乃其生魂也. 醫者聞之, 曰: "是形神已離. 雖盧扁莫措矣." 不久果卒.

월인(越人)이다. 헌원(軒轅) 시대의 편작과 그 모습이 비슷하여 여전히 편작이라 불렸다. 집이 노(盧) 땅에 있어 노의(盧醫)라 불리었다. 『유양잡조(酉陽雜俎)』에 따르면, 노성(盧城)의 동쪽에 편작의 무덤이 있다고 한다.

28.

국화꽃 황금인

복건의 방죽(方竹)[96]과 연산(燕山)[97]에서 나는 감은 모양이 약간 네모나지만, 이들은 각각 하나의 고유한 품종이다. 산동성 익도(益都)에도 방백(方柏)이 있는데, 이는 어쩌다 생겨난 한 그루일 뿐이며, 다른 측백나무는 네모나지 않다. 내가 8~9세 때 외조부 댁 개지당(介祉堂)에서 네 동이의 국화를 보았는데, 꽃이 피면 모두 정방형이었고, 꽃잎은 마치 가위로 자른 듯 가지런했다. 천진(天津)의 사씨(査氏)에게서 얻은 것이라며, 황금인(黃金印)이라 불렀다. 돌아가신 아버지 요안공께서 그 뿌리를 얻어 집에 가져와 심으셨다. 이듬해 꽃이 피었는데 점차 둥글게 변하더니, 그다음 해에는 완전히 둥근 꽃이 피었다. 어떤 사람이 말했다.

"이 국화는 본래 일반 품종인데, 심는 사람이 특별한 방법으로 심은 것

---

96 방죽(方竹): 「민소기(閩小記)」에 보면, "복건의 용암시(龍岩市) 장정현(長汀縣) 영정구(永定區)와 소무시(邵武市) 태녕현(泰寧縣)에서 모두 방죽이 난다(閩汀之永定, 邵之泰寧, 皆産方竹)"라는 문장이 있는데, 방죽은 단면이 네모난 모양으로 생긴 대나무의 한 종류이다.

97 연산(燕山): 산맥이름으로, 직례성 계현(薊縣) 동남쪽에 위치한다. 서산(西山) 일대에서부터 구불구불 동쪽에 이르기까지 수백 리에 걸쳐 있으며, 옥전현(玉田縣)과 풍윤구(豊潤區)를 지나 해안에 이른다. 소철(蘇轍)의 「연산」에 보면, "긴 뱀처럼 생긴 연산, 천 리에 걸쳐 오랑캐와 한족을 갈라놓았네. 머리는 서산의 기슭을 물고, 꼬리는 동쪽 해안에 걸쳐 있네(燕山如長蛇, 千里限夷漢. 首銜西山麓, 尾掛東海岸)."라는 시구가 있다.

입니다. 검푸른 물감에 연꽃을 담가두면 꽃도 푸르게 피고, 먹물에 옥잠의 뿌리를 담가두면 꽃도 검게 핍니다."

이 역시 하나의 견해이다.

閩有方竹, 燕山之柿形微方, 此各一種也. 山東益都有方柏, 蓋一株偶見, 他柏樹則不方. 余八九歲時, 見外祖家介祉堂中, 有菊四盎, 開花皆正方, 瓣整齊如裁剪. 云得之天津查氏, 名黃金印. 先妣安公乞其根歸. 次歲花漸圓, 再一歲則全圓矣. 或曰: "花原常菊, 特種者別有法. 如靛浸蓮子則花青, 墨揉玉簪之根, 則花黑也." 是或一說歟.

29.

도학자

하인 송우(宋遇)는 임종이 가까워오자[98] 갑자기 눈을 뜨고 말했다.

"너희 형제들이 다 왔느냐? 언제면 되느냐?"

잠시 뒤, 혼자말로 중얼거렸다.

"18일이면 됩니다."

당시 우리 집에서 아이들을 가르치던 한 도학자가 이 말을 듣고는 빙그레 웃으며 말했다.

"헛소리입니다!"

그런데 송우는 정말로 18일에 세상을 떠났다. 그러자 그 도학자가 다시 웃으며 말했다.

"우연의 일치입니다."

함께 식사하던 신철섬(申鐵蟾)이 젓가락을 놓고는 길게 탄식하며 말했다.

"공께서는 정주지학(程朱之學)[99]에 참으로 독실한 분이십니다."

---

98 임종이 가까워오자: 원문은 '병혁(病革)'이다. 『예기』「단궁(檀弓)」(상)에 보면, "선생님의 병세가 위독하다(夫子之病革矣)"라는 문장이 있는데, 혁은 위독하다의 뜻이다.

99 정주지학(程朱之學): 원문은 '정주(程朱)'이다. 송나라 정호(程顥)는 자가 백순(伯醇)이고 낙양

家奴宋遇, 病革時忽張目曰: “汝兄弟輩來耶? 限在何日?” 既而自語曰: “十八日亦可.” 時一講學者館余家, 聞之哂曰: “譫語也!” 屆期果死. 又哂曰: “偶然耳.” 申鐵蟾方與共食, 投箸太息曰: “公可謂篤信程朱矣.”

(洛陽) 사람이며, 그의 동생 정이(程頤)는 자가 정숙(正叔)이다. 주희(朱熹)는 자가 원회(元晦)이고 무원(婺源) 사람이다. 모두 도학자로서 선비들이 그들을 정종(正宗)으로 받들었기에 세상에서는 이들을 정주(程朱)라 불렀다.

30.

절부열전

기이한 절개와 빼어난 열행(烈行)을 남기고도 그 이름이 묻혀 전해지지 않는 경우야 어찌 이루다 말할 수 있는가? 아버지 요안공께서 운대공(雲臺公)에게 들은 이야기라며 말씀해주셨다.

명나라 말에 한 부부가 전란을 피해 함께 달아났는데, 남편이 허리춤에 많은 돈을 차고[100] 있었다고 한다. 도적 한 명이 칼을 빼들고 급하게 그 뒤를 쫓아왔다. 그러자 부인이 갑자기 몸을 돌려 도적 앞에 우뚝 서더니 도적이 다가오자 그 허리를 와락 껴안았다. 그 바람에 도적이 칼로 부인을 찔렀는데, 피가 줄줄 흘러내렸지만 부인은 끝까지 손을 놓지 않았다. 그녀가 숨이 끊어져 쓰러졌을 때 남편은 이미 달아난 지 오래였다. 그 부인의 이름을 알 수 없는 것이 안타깝다.

또 진번공(鎭番公)에게서 들은 이야기 역시 해주셨다.

명나라 말기에 하북(河北) 등 다섯 성에 심한 기근이 들어 백정들이 인육을 내다팔 지경에 이르렀지만, 관에서도 이를 막을 도리가 없었다고 한다. 한 손님이 덕주(德州)와 경주(景州) 사이에 있는 객점에 들러 점심을 먹

---

100 허리춤에 많은 돈을 차고: 원문은 '요전(腰纏)'으로, 몸에 지니고 다니는 재물을 말한다.

다가, 한 젊은 부인이 아무것도 걸치지 않은 채 도마 위에 엎드려 있는 것을 보았다. 여자의 손과 발을 꽁꽁 묶어 놓고 막 물을 부어 씻으려던 참이었다. 겁에 질려 벌벌 떠는 여자의 모습은 차마 눈 뜨고 볼 수 없었다. 손님은 측은한 마음이 들어 값을 두 배로 치르고 여자를 산 다음 포승줄을 풀고 여자를 도와서 옷을 입혀주었다. 그때 손이 여자의 가슴에 살짝 닿았는데, 여자는 얼굴을 붉히며 말했다.

"당신의 도움으로 다시 목숨을 건졌으니, 죽을 때까지 천한 일을 해도 후회하지 않겠습니다. 하지만 하녀는 몰라도, 첩만은 절대 안 됩니다. 저는 단지 두 지아비를 섬기고 싶지 않아 이곳까지 팔려 왔습니다. 그런데 어찌 당신은 이리도 저를 천하게 대하십니까?"

그렇게 말한 뒤, 여자는 옷을 벗어 땅에 내던지고는 아무것도 걸치지 않은 채 다시 도마 위에 엎드려 눈을 감고 죽음을 기다렸다. 백정은 여자를 원망하며 산 채로 허벅지 살 한 점을 잘라냈다. 여자는 슬퍼 통곡할 뿐 전혀 후회하는 빛이라곤 없었다. 그녀의 이름을 알 수 없는 것이 안타깝다.

奇節異烈, 湮沒無傳者, 可勝道哉? 姚安公聞諸雲臺公曰. 明季避亂時, 見夫婦同逃者, 其夫似有腰纏. 一賊露刃追之急. 婦忽回身屹立, 待賊至, 突抱其腰. 賊以刃擊之, 血流如注, 堅不釋手. 比氣絶而仆, 則其夫脫去久矣. 惜不得其名姓.

又聞諸鎭番公曰. 明季河北五省皆大饑, 至屠人鬻肉, 官弗能禁. 有客在德州景州間入逆旅午餐, 見少婦裸體伏俎上. 綳其手足, 方汲水洗滌. 恐怖戰慄之狀, 不可忍視. 客心憫惻, 倍價贖之, 釋其縛, 助之著衣. 手觸其乳, 少婦赧然曰: "荷君再生, 終身賤役無所悔. 然爲婢媼則可, 爲妾媵則必不可. 吾惟不肯事二夫, 故鬻諸此也. 君何遽相輕薄耶?" 解衣擲地, 仍裸體伏俎上, 瞑目受屠. 屠恨之, 生割其股肉一臠. 哀號而已, 終無悔意. 惜亦不得其姓名.

31.

숨겨진 원한

숙녕(肅甯)의 왕태부인(王太夫人)은 요안공의 이모이다. 그녀가 해준 이야기로, 그 마을에 한 과부가 있었는데, 늙은 시어머니와 함께 7~8세 된 아들을 키우며 살고 있었다고 한다. 과부는 본디 예뻤던 터라 매파들이 자주 집을 드나들었지만, 재혼하려 하지 않았다. 때마침 아들이 홍역을 심하게 앓게 되어, 과부는 아무개 의원을 불러 진찰하게 했다. 의원은 이웃집 노파에게 은밀히 전했다.

"이 병은 내가 치료할 수 있소. 하지만 부인이 잠자리를 들지 않으면 결코 진료하러 가지 않겠소."

과부와 시어머니는 모두 화가 나 의원을 욕했다. 얼마 뒤 아이의 병이 악화되었다. 두 사람은 아이를 너무 사랑했기에 밤새도록 의논한 끝에 결국 눈물을 머금고 의원의 요구를 따를 수밖에 없었다. 그러나 뜻밖에도 치료가 늦어 아이를 살려낼 수 없었다. 과부는 원한을 품고 끈으로 목을 매 자살했다. 사람들은 그저 자식을 사랑해서 그렇게 된 것이라 생각하고 다른 이유는 전혀 의심하지 않았다. 시어머니도 그 일을 숨기고 감히 입을 열지 않았다. 얼마 뒤 의원은 죽었고, 그로부터 얼마 지나지 않아 의원의 자식도 죽었다. 실수로 의원의 집에 불이 나 작은 천 조각까지 모두 불탔다.

의원의 부인이 기루[101]로 흘러들어갔는데, 우연히 좋아하는 남정네에게 이 이야기를 털어놓았다고 한다.

肅甯王太夫人, 姚安公姨母也. 言其鄉有嫠婦, 與老姑撫孤子, 七八歲矣. 婦故有色, 媒妁屢至, 不肯嫁. 會子患痘甚危, 延某醫診視. 某醫與鄰媼密語曰: "是證吾能治. 然非婦薦枕, 决不往." 婦與姑皆怒誶. 既而病將殆. 婦姑皆牽於溺愛, 私議者徹夜, 竟飲泣曲從. 不意施治已遲, 迄不能救. 婦悔恨投繯殞. 人但以爲痛子之故, 不疑有他. 姑亦深諱其事, 不敢顯言. 俄而醫死, 俄而其子亦死. 室弗戒於火, 不遺寸縷. 其婦流落入青樓, 乃偶以告所歡云.

---

101 기루: 원문은 '청루(青樓)'이다. 한나라 세조는 누각을 푸른색으로 칠하고 청루라고 불렀는데, 훗날 사람들은 기생이 기거하는 곳을 청루라 칭했다. 두목(杜牧)의 「심회를 풀다(遣懷)」에 보면, "청루에서 박정한 남자라는 명성을 얻었네(贏得青樓薄倖名)."라는 시구가 있다.

32.

여소객의 꿈

포의(布衣) 여소객(余蕭客)[102]이 해준 이야기이다.

한 선비가 회계산(會稽山)[103]에서 살고 있었다고 한다. 어느 날 밤 산골짜기 너머에서 책을 읽고 외는 소리가 들려와 자세히 귀기울여보니, 모두 경문을 해석하는 것 같았다. 다음날 선비는 [소리의 근원을 찾아] 산골짜기를 넘어 찾아가보았으나, 어두컴컴할 뿐 종적이라곤 없었다. 며칠을 그 근처에서 배회하며 누군가를 마주치길 바랐다. 그때 갑자기 나무 끝에서 말소리가 들려왔다.

"그대가 옛 것을 좋아하니, 이곳에서 뵙기를 청합니다."

뒤를 돌아보는 순간 석실의 문이 활짝 열렸는데, 그 안에는 수십 명의 사람이 줄지어 앉아 있었다. 모두 책을 덮고 옷소매를 떨치며 나와 선비에게 인사했다. 선비가 책상 위를 들여다보니, 모두 경서의 주소본(註疏本)이었다. 제일 앞에 앉은 사람이 두 손을 모은 채 예를 표하며 말했다.

"옛날 공자의 오묘한 뜻은 경서에만 실려 전해지고 있습니다. 비록 구

---

102 여소객(余蕭客): 여소객(1732~1778)은 자가 중림(仲林), 고농(古農)이며, 강소성 오현(吳縣) 사람이다.

103 회계산(會稽山): 절강 소흥현(紹興縣) 동남쪽 12리 떨어진 곳에 있다.

본(舊本)이 남아 있고 문장이 사라지지 않았지만, 새로운 학설이 쏟아져 나오고 있어 이제 옛 것을 좋아하는 이가 드물어졌습니다. 앞선 성인들께서는 시간이 흐를수록 이 학문이 세상에서 점점 사라질까 두려워 귀록(鬼籙)을 모으고 유령(幽靈)을 불러들였습니다. 무릇 역대의 통유(通儒)와 정혼(精魂)들 가운데 살아 계신 분들은 모두 이곳에 모여 유문(遺文)을 고증하고 있습니다. 이들을 윤회시켜 인간세상에서 태어나게 하여 옛날 학문을 전수하고, 공자의 학문[104]이 전해지기를 바랍니다. 그대께서 오늘 보고 들은 것을 기록해, 동료들에게 공맹(孔孟)이 법으로 삼고 기대는 것은 금학(今學)이 아니라 고학(古學)에 있음을 알려주시길 바랍니다."

선비는 묻고 싶은 것이 있었다. 그런데 갑자기 꿈에서 깨어보니 노송 아래에 기대어 앉아있었다.

여소객은 이 이야기를 듣고 곡식을 싸 짊어지고 떠났다. 덩굴을 잡고 칡을 부여잡고 한 달 남짓을 그렇게 돌아다녔으나, 아무것도 보지 못하고 돌아왔다. 이 일은 주자영(朱子穎)이 서술한 경향각(經香閣)의 일[105]과 대의가 비슷하다. 어떤 사람이 말했다.

"여소객은 고의(古義)를 즐겨 이야기해 일찍이 『고경해구침(古經解鉤沉)』[106]을 찬술했소. 이 때문에 선비들이 그가 좋아하는 것을 빗대어 장난친

---

104 공자의 학문: 원문은 '행단(杏壇)'이다. 『장자』에 보면, "공자가 숲속에서 노닐다가 행단에서 쉬었다. 제자들이 글을 읽자, 공자는 거문고를 뜯으며 노래했다(孔子游乎緇帷之林, 休坐乎杏壇之上. 弟子讀書, 孔子弦歌鼓琴)."라는 구절이 있다. 행단은 유적지로, 오늘날 산동성 공묘전(孔廟殿) 앞에 있다. 원래 행단은 공자가 강의했던 곳을 지칭하나, 후에는 공자가 강의했던 유학으로 뜻이 확장되었다.

105 주자영(朱子穎)이 서술한 경향각(經香閣)의 일: 『난양소하록』(1)에 보인다.

106 『고경해구침(古經解鉤沉)』: 책 이름이다. 총30권으로 당나라 이전의 경서(『주역』 2권, 『상서』

것이오."

그러나 이 일은 알 수 없다. 또 어떤 사람은 "여소객이 이 이야기를 만들어내어 스스로 자신이 현유로 태어났음을 증명하려 했을 따름이오."라고 말했는데, 이 역시 알 수 없다.

余布衣蕭客言. 有士人宿會稽山中. 夜間隔澗有講誦聲, 側耳諦聽, 似談古訓詁. 次日越澗尋訪, 杳無踪跡. 徘徊數日, 冀有所逢. 忽聞木杪人語曰: "君嗜古乃爾, 請此相見." 回顧之頃, 石室洞開, 室中列坐數十人. 皆掩卷振衣, 出相揖讓. 士人視其案上, 皆諸經註疏. 居首坐者拱手曰: "昔尼山奧旨, 傳在經師. 雖舊本猶存, 斯文未喪, 而新說疊出, 嗜古者稀. 先聖恐久而漸絶, 乃搜羅鬼籙, 徵召幽靈. 凡歷代通儒精魂尚在者, 集於此地, 考證遺文. 以此轉輪生於人世, 冀遞修古學, 延杏壇一線之傳. 子其記所見聞, 告諸同志, 知孔孟所式憑, 在此不在彼也." 士人欲有所叩. 忽已夢醒, 乃倚坐老松之下. 蕭客聞之, 裹糧而往. 攀蘿捫葛, 一月有餘, 無所睹而返. 此與朱子穎所述經香閣事大旨相類. 或曰: "蕭客喜談古義, 嘗撰『古經解鉤沉』. 故士人投其所好以戲之." 是未可知. 或曰: "蕭客造此言以自託降生之一." 亦未可知也.

3권, 『모시(毛詩)』 2권, 『주례』 1권, 『의례』 2권, 『예기』 4권, 『좌전』 8권, 『공양전』, 『곡량전』, 『효경』, 『논어』 각 1권, 『맹자』 2권, 『이아』 3권)를 해설하고 전해오는 견해를 모아 엮은 책이다. 첫머리에 서록(敍錄) 1권이 있으며, 전대 유학자들의 이름과 벼슬, 고향 및 저서명까지 모두 적고 있다.

33.

왕수곤의 꿈

아버지 요안공께서 형부에서 벼슬살이할 때, 동료 왕수곤(王守坤)이 말했다.

“꿈에서 어떤 사람이 피를 뒤집어쓰고[107] 서 있는 것을 보았는데, 누구인지는 모르겠소. 왜 이렇게 하고 나를 찾아 왔을까요?”

진작매(陳作梅)가 말했다.

“이것은 그대가 항상 사람을 잘못 죽일까 걱정하며, 뭔가 만족스럽지 못한 것이 있어 두려움에 떨기 때문에 마음에서 생겨난 환영일 뿐이요. 본래 그런 귀신은 없으니, 그가 누구인지 어떻게 알겠소? 또한 7~8명이 함께 사건을 심리하는데, 어찌 유독 그대의 꿈에만 나타나겠소? 그대는 의심치 마시오.”

---

107 피를 뒤집어쓰고: 원문은 ‘욕혈(浴血)’이다. 『유양잡조(酉陽雜俎)』「어자(語資)」에 보면, 서경업(徐敬業)이 열 살 남짓 되었을 때 영공(英公)이 탄식하며 말했다고 한다. “이 아이는 관상이 좋지 않다. 장차 우리 집안을 망칠 놈이다.” 어느 날 영공은 사냥을 하면서 서경업에게 혼자 골짜기까지 사냥감을 쫓아가게 하고는 불을 놓아 그를 죽이려고 했다. 서경업은 불길이 자신을 향해 다가오자 타고 있던 말을 죽이고 배를 갈라 그 안으로 들어가 불길을 피했다. 불길이 지나간 뒤에 서경업은 피를 뒤집어쓴 채 나왔다고 한다.

불륜(佛倫)[108]이 말했다.

"그렇지 않습니다. 동료는 한 몸과 마찬가지라, 한 사람의 꿈에 나타났다면, 곧 다른 사람들의 꿈에도 보일 것이오. 우리들이 천하의 옥사를 처리할 때 천하의 모든 죄수를 고려할 수는 없소. 단지 종이에 쓰인 진술서에 근거해 생사를 판결하니, 어떻게 그 사람을 알 수 있겠소? 그러니 그대도 반드시 경계해야 하고 우리들도 모두 스스로 조심해야 하오."

요안공이 말했다.

"나는 불공의 말이 옳다고 생각하오."

姚安公官刑部日, 同官王公守坤曰: "吾夜夢人浴血立, 而不識其人. 胡爲乎來耶?" 陳公作梅曰: "此君恒恐誤殺人, 惴惴然如有所歉, 故緣心造象耳. 本無是鬼, 何由識其爲誰? 且七八人同定一讞牘, 何獨見夢於君? 君勿自疑." 佛公倫曰: "不然. 同事則一體, 見夢於一人, 卽見夢於人人也. 我輩治天下之獄, 而不能慮天下之囚. 據紙上之供詞, 以斷生死, 何自識其人哉? 君宜自儆, 我輩皆宜自儆." 姚安公曰: "吾以佛公之論爲然."

108 불륜(佛倫): 불륜(?~1701)은 만주 정백기(正白旗) 슈무루 할라(舒穆祿氏) 집안 출신으로, 청나라 때의 관리이다. 공부상서, 호부상서, 문연각대학사를 역임했다.

34.

함께 죽은 신랑 신부

태상(太常) 여함휘(呂含輝)가 해준 이야기이다.

도성의 한 부자가 아내를 맞이했는데, 부부가 모두 수려해 친척들은 마치 신선을 보는 듯했다. 마음가짐을 살펴보아도 두 사람은 서로를 진심으로 좋아하는 듯했다. 다음날 날이 훤히 밝았는데도 문이 열리지 않고, 불러도 아무 대답이 없었다. 그래서 창문에 구멍을 내어 들여다보니, 부부는 좌우에서 서로를 마주보며 목을 매고 죽어 있었다. 이불을 보니 이미 동침한 뒤였다. 계집종과 나이든 할멈이 말했다.

"어젯밤에는 옷을 다 벗었는데, 어째서 또 성복을 입은 채로 죽어 있을까?"

기이하도다! 이 사건은 고요(皐陶)[109]라 하더라도 명쾌하게 판결할 수 없다.

呂太常含輝言. 京師有富室娶婦者, 男女并韶秀, 親串皆望若神仙. 窺其意態, 夫婦亦甚相悅. 次日天曉, 門不啓, 呼之不應. 穴窗窺之, 則左右相對縊. 視其

109 고요(皐陶): 우(虞)나라 순임금의 신하로 옥관의 우두머리이다.

衾已合歡矣. 婢媼皆曰: "是昨夕已卸裝, 何又著盛服而死耶?" 異哉! 此獄雖皐陶不能聽矣.

35.

동향 태세의 말로

마을의 아전 송(宋) 아무개는 이른바 동향(東鄕) 태세(太歲)라 불리는 자였다. 그는 수려한 이웃집 아이를 아낀다며 갖은 수단으로 꾀어 가깝게 지냈다. [어느 날] 그 일이 아이의 부친에게 발각되자 송 아무개는 오히려 아이를 몰아붙여 목을 매어 죽게 만들었다. 그러나 이 모든 일이 은밀하게 진행되는 바람에 결국 아무도 이를 알아채지 못했다.

그러던 어느 날 밤, 송 아무개는 꿈속에서 저승으로 끌려갔는데, 죽은 아이가 그를 고소했다는 것이었다. 송 아무개는 변호했다.

"나는 다만 너를 어여삐 여겼을 뿐, 너를 죽일 생각은 없었다. 네가 죽은 것은 네 아버지 때문이지, 사실 나도 뜻밖이었다."

그러자 아이가 말했다.

"당신이 꾀어내지만 않았더라면 제가 무슨 연유로 당신에게 겁탈 당했겠습니까? 제가 겁탈당하지 않았다면 무엇 때문에 죽었겠습니까? 그 모든 화의 근본을 따져볼 때, 당신의 잘못이 아니라면 누구의 잘못이란 말입니까?"

송 아무개는 다시 번명했다.

"내가 꾀여내긴 했지만, 따라온 건 바로 너야. 웃으면서 내게 몸을 맡긴 사람이 누군데? 억지로 시킨 것도 아닌데, 허물을 내게 모두 돌리는 것은 이치상 맞지 않아."

그 말을 듣던 저승관리가 분노에 차 꾸짖었다.

"어린아이가 무지하여 네가 만든 함정에 걸려든 것을. 물고기를 낚아 배를 채우고, [이제 와] 도리어 물고기를 탓하는 것이냐?"

그러고는 책상을 내리치며 고함을 지르자, 송 아무개는 두려움에 떨며 놀라 벌떡 잠에서 깨어났다.

후에 관청의 상관이 뇌물수수죄로 파직되면서 송 아무개 역시 연루되어 사후조차 알 수 없는 처지에 놓이게 되었다. 그는 스스로 업보를 깨닫고, 꿈에서 겪은 일을 친구들에게 모두 털어놓았다. 사건이 정식으로 재구성되었으나, 겨우 사년도형(四年徒刑)[110]을 판결받자 그는 속으로 역시 꿈은 믿을 바가 못 된다고 생각했다. 그러나 삼 년 뒤 형기를 마치고 석방되어 집으로 돌아와 보니, 아들이 능욕당한 것을 한으로 여긴 이웃집 노인이 자신의 부인이 홀로 지내는 틈을 타 많은 뇌물을 주고 유혹해 이미 남편 앞에서도 몸 둘 바를 몰라 하는 신세가 되어 있었다.[111] 송 아무개는 사람들의 수군거림을 두려워하다가, 끝내 창피함을 이기지 못하고 스스로 목을 매어 죽었다. 그런 즉 앞서 요행으로 벌을 피했다 한들, 어찌 마땅히 받아야 할 대가는 여전히 남아 있었던 것이 아닌가! 이 일은 행동에 따른 업보가 마치 그림자처럼 끝내 사람을 따라다닌다는 사실을 보여준다.

---

110 사년도형(四年徒刑): 원문은 '성단(城旦)'으로, 사년도형이다. 대낮에는 도둑을 지키고, 저녁에는 장성을 쌓았다. 『사기』「진시왕본기(秦始王本紀)」에 보인다.

111 남편 앞에서도…되어 있었다: 『주역』「몽괘(蒙卦)」에 보면, "강직한 남자를 만나면 몸 둘 바를 모른다(見金夫不有躬)"라는 구절이 있다.

里胥宋某, 所謂東鄕太歲者也. 愛鄰童秀麗, 百計誘與狎. 爲童父所覺, 迫童自縊. 其事隱密竟無人知.

一夕夢被拘至冥府, 云爲童所訴. 宋辯曰: “本出相憐, 無相害意. 死由爾父, 實出不虞.” 童言: “爾不誘我, 何緣受淫? 我不受淫, 何緣得死? 推原禍本, 非爾其誰?” 宋又辯曰: “誘雖由我, 從則由爾. 回眸一笑, 縱體相就者誰乎? 本未强干, 理難歸過.” 冥官怒叱曰: “稚子無知, 陷爾機穽. 餌魚充饌, 乃反罪魚耶?” 拍案一呼, 慄然驚悟.

後官以賄敗, 宋名列案中, 禍且不測. 自知業報, 因以夢備告所親. 逮及獄成, 乃僅擬城旦, 竊謂夢境無憑也. 比三載釋歸, 則鄰叟恨子之被污, 乘其婦獨居, 餌以重幣, 己見金夫不有躬矣. 宋畏人多言, 竟慚而自縊. 然則前之幸免, 岂非留以有待! 示所作所受, 如影隨形哉.

36.

상아 비희상

옛날 하인 추명(鄒明)이 해준 이야기이다.

그가 예전에 단양현(丹陽縣)의 관청에 있을 때의 일이었다고 한다. 어느 날 한밤중에 뒷간에 가던 중 빈방 곁을 지나는데, 방 안에서 남녀가 뒤엉켜 노는 소리가 들렸다. 속으로 관아 안채의 계집종과 종놈이 이곳에서 밀회 중이라 생각했지만, 연루될까 두려워 조용히 방으로 돌아왔다. 후에, 달밤에 다시 그 소리를 듣고는 창문 틈으로 몰래 들여다보았는데, 안채에는 그런 사람들이 없었다. 게다가 엄동설한의 추위 속에서도 두 사람은 천 조각 하나 걸치고 있지 않았다. 혹시 여우 요물이 아닐까 싶어 창밖에서 가볍게 기침을 하자, 두 사람은 순식간에 흔적도 없이 사라졌다.

우연히 다른 하인들과 이 일에 대해 이야기하게 되었는데, 그때 밥 짓는 하인이 말했다.

"그 방은 전임 관리의 막료 아무개가 쓰던 곳인데, 그 사람은 상아로 만든 비희상(祕戲像) 한 벌을 가지고 있었네. 배 부분에 장치가 있어 저절로 움직였는데, 늘 침함(枕函)에 넣어두고 틈날 때마다 꺼내 가지고 놀곤 했지. 어느 날 비희상을 잃어버리고는 동료 막료가 숨겼다고 의심했지만 결국 끝내 찾지 못했지. 설마 그 비희상이 요사라도 부린 걸까?"

사람들은 방안을 샅샅이 뒤졌지만, 끝내 찾을 수 없었다. 모두들 사람에게 해를 끼치지 않았다고 여겨 더는 찾지 않았다. 아마도 늘 잠자리 옆에 놓아두며 사람의 정기를 받아, 세월이 흐르면서 정괴로 변한 것이 아닐까!

舊僕鄒明言. 昔在丹陽縣署. 夜半如厠, 過一空屋中, 有男女媟狎聲. 以爲內衙僮婢幽會於斯, 懼爲累, 潛蹤而返. 後月夜復聞之, 從窗隙竊窺, 則內衙無此人. 又時方沍凍, 乃裸無寸縷. 疑爲狐魅, 於窗外輕嗽, 倏然滅迹.

偶與同伴語及, 一火夫曰: "此前官幕友某所居, 幕友有雕牙秘戲像一盒. 腹有機輪, 自能運動, 恒置枕函中, 時出以戲玩. 一日失去, 疑爲同事者所藏, 終後無迹. 豈此物爲祟?" 徧索室中, 迄不可得. 以不爲人害, 亦不復追求. 殆常在茵席之間, 得人精氣, 久而幻化歟!

37.

고상한 여우

외조부 장설봉(張雪峰) 집에 모란꽃이 한창 피어 있었다. 어느 날 밤, 하인 이계(李桂)가 여자 두 명이 난간에 기대어 서 있는 것을 보았는데, 한 여자가 말했다.

"달빛이 참 좋네요."

다른 여자가 말했다.

"이곳에서 이런 꽃들을 보기란 아주 드문 일인데, 동씨(佟氏) 댁 뜰과 여기에만 몇 그루 있을 뿐이랍니다."

이계는 그들이 여우인 것을 알아채고 기와를 던져 맞추었는데, 그 순간 그들은 흔적도 없이 사라졌다. 잠시 뒤 어디선가 기와와 돌이 어지럽게 날아들어 격자창[112]이 모조리 깨졌다. 장설봉이 직접 가서 상황을 살피고는, 두 손을 모아 공손히 말했다.

"꽃을 감상하는 것은 운치 있는 일이지요. 달빛을 밟는 고상한 분들께서 하필 소인과 다투며 흥취를 깨시렵니까?"

그의 말이 끝나자, 사방이 조용해졌다. 장설봉은 탄식하며 "이 여우들

112 격자창: 원문은 '령(櫺)'이다.

은 세속에 물들지 않았구나!"라고 했다.

外祖雪峰張公家, 牡丹盛開. 家奴李桂, 夜見二女憑闌立, 其一曰: "月色殊佳." 其一曰: "此間絶少此花, 惟佟氏園與此數株耳." 桂知是狐, 擲片瓦擊之, 忽不見. 俄而磚石亂飛, 窗欞皆損. 雪峰公自往視之, 拱手曰: "賞花韻事. 步月雅人, 奈何與小人較量, 致殺風景?" 語訖寂然. 公嘆曰: "此狐不俗!"

38.

불빛 여우

소작농 장구보(張九寶)가 해준 이야기이다.

그가 예전 어느 여름날, 김을 다 매고 해가 지려 하자 사람들과 함께 밭 두둑에 앉아 있었다고 한다. 그때 율무기처럼 생긴 한 줄기 불빛이 서남쪽에서 날아와, 갑자기 땅에 떨어졌다. 창백한 여우 한 마리가 상처를 입고 피를 흘리며 쓰러져 숨을 헐떡이고 있었다. 급히 호미를 들어 내리치려 하자, 여우는 벌떡 일어나 다시 불빛으로 변해 동북쪽으로 달아났다.

후에 수레를 끌고 조강현(棗强縣)[113]에 물건을 팔러 갔다가 사람들이 말하는 것을 들었는데, 아무개 집 며느리가 여우에게 홀려 도사를 불러와 [주술로] 여우를 잡아 항아리[114] 속에 봉했다는 것이다. 그런데 아이들이 여우가 어떻게 생겼는지 궁금해 몰래 부적을 떼는 바람에, 결국 여우가 항아리를 깨고 달아나고 말았다. 날짜를 물어보니 여우가 땅에 떨어지는 것을 보았던 그날이었다. 이 도사의 주술은 가히 효험이 있다고 할 수 있으나, 어리석은 아이들이 훔쳐보는 것까지는 어떻게 할 수 없었다.

---

113 조강현(棗强縣): 직례성 소재의 현이다.

114 항아리: 원문은 '앵(罌)'으로, 배가 크고 주둥이가 작은 오지병을 말한다.

예로부터 사람들은 온 힘을 다해 성공 직전까지 갔다가도 무지한 사람들의 어리석은 아이들에 의해 일을 망치곤 했는데, 바로 이 일과 같다.

佃夫張九寶言. 嘗夏日鋤禾畢, 天已欲暝, 與衆同坐田塍上. 見火光一道如赤練, 自西南飛來, 突墮於地. 乃一狐, 蒼白色, 被創血流, 卧而喘息. 急擧鋤擊之, 復努力躍起, 化火光投東北去.

後牽車販鬻至棗强, 聞人言某家婦爲狐所媚, 延道士劾治, 已捕得封罌中. 兒童輩私揭其符, 欲視狐何狀, 竟破罌飛去. 問其月日, 正見狐墮之時也. 此道士咒術, 可云有驗, 然無奈騃稚之竊窺. 古來竭力垂成, 而敗於無知者之子手, 類如斯也.

39.

귀신의 오지랖

노복 유기(劉琪)가 해준 이야기이다.

그의 처남 아무개가 예전에 밤에 방에 혼자 누워 있었는데, 침상이 북쪽 창가 쪽에 있었다고 한다. 한밤중에 누군가 손으로 몸을 더듬는[115] 것 같아 도둑인가 하고 깜짝 놀라 일어나 자세히 살펴보니, 팔이 남쪽 창문에서부터 더듬어 들어오는데, 길이가 1길쯤 되어 보였다. 아무개는 본래 담이 큰 사람이라 급히 그 팔을 잡았다. 그 순간 갑자기 나머지 한쪽 팔이 격자창을 깨고 들어와 곧장 그의 뺨을 후려치는데, 너무 아파 견딜 수 없었다. 반격하려고 했으나, 이미 붙잡았던 팔을 빼내 돌아간 뒤였다. 창밖에서 "이제는 귀신이 두려우냐?"라는 큰 소리가 들렸다. 그 순간 어제 저녁에 숲속에서 바람을 쐬며 동료들에게 자신은 귀신이 두렵지 않다고 한 말이 기억났다.

귀신은 무엇 때문에 사람을 두려움에 떨게 만드는가? 귀신이 사람을 두려움에 떨게 할 수 있다고 해서, 귀신에게 또한 무슨 영화(榮華)가 있겠는가? [귀신이 두렵지 않다는] 이 한마디 말 때문에 트집을 잡아 싸워 이

---

115 몸을 더듬는: 원문은 '문손(捫搎)'이다.

기고자 한다면, 이 귀신은 쓸데없이 일을 벌인다고 할 수 있다. 구문달(裘文達)[116]공께서 일찍이 이렇게 말했다.

"사람들이 나를 두려워하게 하는 것은 사람들이 나를 공경하게 하는 것만 못하다. 존경은 본디 사람의 본심에서 나오는 것이지 억지로 구할 수 있는 것이 아니다."

안타깝게도 이 귀신은 이 말을 들어보지 못한 것 같다.

老僕劉琪言. 其婦弟某, 嘗夜獨卧一室, 榻在北牖. 夜半覺有手捫搎, 疑爲盜, 驚起諦視, 其臂乃從南牖探入, 長殆丈許. 某故有膽, 遽捉執之. 忽一臂又破櫺而入, 徑批其頰, 痛不可忍. 方回手支拒, 所捉臂已掣去矣. 聞窗外大聲曰: "爾今畏否?" 方憶昨夕林下納凉, 與同輩自稱不畏鬼也.

鬼何必欲人畏? 能使人畏, 鬼亦何榮? 以一語之故, 尋釁求勝, 此鬼可謂多事矣. 裘文達公嘗曰: "使人畏我, 不如使人敬我. 敬發乎人之本心, 不可强求." 惜此鬼不聞此語也.

116 구문달(裘文達): 구왈수(裘曰修)이다. 구왈수(1712~1773)는 자가 숙도(叔度)이며, 청강(淸江) 서신건(西新建) 사람으로, 공부상서랑(工部尙書郞)을 지냈으며, 시호는 문달이다.

40.

붉은 신발의 여우

황족 요화(瑤華) 도인이 말했다.

“몽골의 아무개 부마[117]가 예전에 활로 여우 한 마리를 잡았는데, 뒤쪽 두 발에 붉은 신발이 신겨져 있었다고 합니다. 신발은 여염집 아낙네들이 신는, 굽이 있는 전족과 다를 바 없었습니다.”

그 이야기를 들은 소재(少宰: 吏部侍郎) 심운초(沈雲椒)가 말했다.

“태복(太僕) 이경당(李敬堂)이 젊은 시절 호녀와 왕래했다고 합니다. 그의 부친이 이웃집 여자로 의심해 그녀가 왕래하는 길에 재를 뿌려놓았습니다. 뜰에 난 발자국은 짐승의 발자국이었지만, 서실 문밖에 난 발자국은 아주 가늘고 뾰족한 것이 아무개 부마가 잡은 여우와 전혀 다를 바가 없었습니다. 이경당이 사모했던 여우는 몇 년 살다가 떠나갔다 합니다. 이경당이 ‘언제 다시 만날 수 있는가?’라고 묻자, ‘그대의 벼슬이 삼품에 이르면 틀림없이 오겠습니다.’라고 했답니다.”

이 말은 당시 사람들 사이에 널리 알려져 있었는데, 후에 정말 그 예언대로 되었다.

---

117 부마: 원문은 ‘액부(額駙)’로, 만주어로 부마를 엑부(efu)라고 한다.

宗室瑤華道人言: “蒙古某額駙嘗射得一狐, 其後兩足著紅鞋. 弓彎與女子無異.” 又沈少宰雲椒言: “李太僕敬堂, 少與一狐女往來. 其太翁疑爲鄰女, 布灰於所經之路. 院中足印作獸迹, 至書室門外, 則足印作纖纖樣矣, 某額駙所射之狐, 了無他異. 敬堂所眷之狐, 居數載別去. 敬堂問: ‘何時再晤?’ 曰: ‘君官至三品, 當來迎.’” 此語人多知之, 後果驗.

41.

대도의 재주

외숙조(外叔祖) 장설당(張雪堂)[118]이 해준 이야기이다.

그가 17~18세 때 친구 몇 명과 달밤에 소모임을 가졌다고 한다. 때마침 바닷게[119]가 살이 통통하게 올랐고, 새로 빚은 술[120]도 익었다. 술에 흥건하게 취해 있을 때 갑자기 어떤 사람이 자리 앞에 나타났다. 초립을 쓰고 석람삼(石藍衫)을 걸친 채, 발에는 테를 둘러 장식한 구름무늬 신[雲履]을 신고 있었다. 그는 두 손을 모아 읍하며 이렇게 말했다.

"제가 비록 비천한 몸이오나, 한손에는 술잔을, 다른 손에는 게 집게발을 들고[121] 먹는 것을 매우 좋아합니다. 말석이라도 앉을 수 있을까요?"

---

118 장설당(張雪堂): 기윤의 외조부인 장설봉(張雪峰)의 동생이다.

119 바닷게: 원문은 '상해(霜蟹)'로, 서리가 내릴 무렵의 바닷게를 말한다.

120 새로 빚은 술: 원문은 '신추(新篘)'로, 술을 뜨거나 거르는데 사용하는 기구이다. 육유(陸游)의 「야좌소음(夜坐小飮)」에 보면, "달고 찬 여지 수고로이 멀리서 가져오고, 잘 익은 맛 좋은 술 기꺼이 새로 내리네(丹荔甘寒勞遠致, 玉醅醇冽喜新篘)."라는 시구가 있다.

121 한손에는 술잔을, 다른 손에는 게 집게발을 들고: 원문은 '파주지오(把酒持螯)'이다. 『진서』「필탁전(畢卓傳)」에 보면, 필탁이 일찍이 사람들에게 "술 수백 곡을 배에 가득 채우고, 사시사철 감미로운 음식을 양쪽에 차려두고, 오른 손에는 술잔 들고, 왼손에는 게 집게발 쥐고, 술 실은 배에서 떠다닌다면 일평생 족하겠습니다(得酒滿數百斛船, 四時甘味置兩頭, 右手持酒杯, 左手持蟹螯, 拍浮酒船中, 便足了一生矣)."라고 했다고 한다.

모두가 놀라 허둥대는 사이, 그는 잠시 읍하고 앉았다. 이름을 물었으나, 그는 웃기만 할 뿐 대답하지 않았고, 그저 술을 과하게 마시며 게를 먹을 뿐, 말 한마디 하지 않았다. 취하도록 술을 마시고 배부르도록 게를 먹은 뒤에 그는 벌떡 일어나 말했다.

"오늘 여러분과 만난 것도 다 전생의 인연 덕분입니다. 훗날을 기약할 수도 없어, 언제 그대들의 마음에 보답할 수 있을지 모르겠습니다."

말을 마치고는 몸을 솟구쳐 뛰어올랐는데, 지붕의 기와에서도 소리 하나 나지 않았고, 어디로 사라졌는지도 알 수 없었다. 그가 앉았던 의자 위에 물건 하나가 빛나고 있었는데, 다름 아닌 백금 덩어리였다. 대충 [계산해 보니] 그날 먹은 음식값 정도 되었다. 누군가는 '신선'이라고 했고, 누군가는 '술사'라고 했으며, 또 누군가는 '강호의 도적'이라고 했다.

나는 강호의 도적이라는 설이 그래도 가깝다고 생각한다. 어렸을 때 이금량(李金梁)의 무리를 본 적이 있었는데, 그 솜씨가 이 정도는 되었다. 또 듣자하니 두이동(竇二東)의 무리 원주: 두이동은 헌현의 대도이다. 형은 두대동(竇大東)으로, 모두 이름은 잊힌 채 아명으로 전해진다. 다른 책에는 두이돈(竇爾敦)으로 되어 있는데, 와전된 것 같다. 는 밤마다 남의 집에 숨어들어 여자들이 잠들기를 기다렸다가 칼로 위협하며 소리를 지르지 못하게 하고, 또한 이불 채로 말아서 옆구리에 낀 채 수십 가옥을 뛰어넘곤 했다고 한다. 새벽 종이 울릴 무렵이면 이불을 말은 그대로 되돌려 보내 보쌈당한 사람도 꿈을 꾼 듯 어리둥절해했다. 어느 날, 보쌈당한 여자의 집에서 방에 미리 매복해 있다가 도적이 여자를 돌려주러 왔을 때 갑자기 나와서 공격했다. 그는 한 손으로 칼을 휘둘러 싸우면서도 다른 손으로는 여자를 침상 위로 내던졌다. 그러고는 바람처럼 빠르게, 번갯불처럼 순식간에 사라지고 없었다. 당대(唐代)

의 『검협전(劍俠傳)』에 나오는 그런 검객[122]의 무리가 아닐까!

外叔祖張公雪堂言. 十七八歲時, 與數友月夜小集. 時霜蟹初肥, 新篘亦熟. 酣洽之際, 忽一人立席前. 著草笠, 衣石藍衫, 躡鑲雲履. 拱手曰: "僕雖鄙陋, 然頗愛把酒持螯. 請附末坐可乎?" 衆錯愕不測, 姑揖之坐. 問姓名, 笑不答, 但痛飮大嚼, 都無一語. 醉飽後蹶然起曰: "今朝相遇, 亦是前緣. 後會茫茫, 不知何日得酬高誼." 語訖, 聳身一躍, 屋瓦無聲, 已莫知所在. 視椅上有物粲然, 乃白金一餠. 約略敵是日之所費. 或曰仙也, 或曰術士也, 或曰劇盜也. 余爲劇盜之說爲近之. 小時見李金梁輩, 其技可以至此. 又聞竇二東之黨, 原註: 二東獻縣劇盜. 其兄曰大東, 皆逸其名, 而以乳名傳. 他書記載或作竇爾敦, 音之轉耳. 每能夜入人家, 伺婦女就寢, 脅以刀, 禁勿語, 併衾褥捲之, 挾以越屋數十重. 曉鐘將動, 仍捲之送還, 被盜者惘惘如夢. 一夕失婦家, 伏人於室, 俟其送還, 突出搏擊. 乃一手揮刀格鬪, 一手擲婦於床上. 如風旋電掣已無蹤. 殆唐代劍客之支流乎!

122 당대(唐代)의 『검협전(劍俠傳)』에 나오는 그런 검객: 원문은 '당대검객(唐代劍客)'이다. 당나라 사람이 쓴 『검협전』 2권이 있는데, 모두 당대의 검객을 기록하고 있다.

42.

기문둔갑

기문둔갑(奇門遁甲)[123]에 관련된 책은 도처에 많이 남아 있지만, 대부분은 진전(眞傳)이 아니다. 진전은 구결(口訣) 몇 마디에 불과하고 글로 남기지 않는다. 덕주(德州)의 송청원(宋淸遠) 선생이 해준 이야기이다.

그가 예전에 한 친구를 찾아갔다고 한다. 원주: 송청원이 예전에 그 친구의 이름을 말해 주었으나, 시간이 지나면서 잊어버렸다. 송청원이 비온 뒤 길이 진창이라며 아무개의 당나귀를 빌려 타고 갔는데, 거처는 멀지 않았다. 친구가 하루 묵고 가라고 잡으며 말했다.

"달이 빛나는 좋은 밤에 희극 한 편 보지 않겠나?"

그리하여 걸상 10여 개를 가져다가 뜰에 종횡으로 배열하고, 송청원과 함께 불을 밝히며 당상(堂上)에서 술을 마셨다.

이경 뒤, 어떤 사람이 담을 넘어 들어와 계단 앞을 돌았다. 매번 걸상이

---

123 기문둔갑(奇門遁甲): 『사고전서총목(四庫全書總目)』에 보면, "둔갑은 낙서(洛書)를 모방했다." 라는 문장이 있다. 기문둔갑술은 술수의 일종으로, 음양의 변화에 따라 몸을 숨기고 길흉을 택하는 용병술을 말한다.

있으면 빙빙 돌면서[124] 한참 동안 힘쓰더니 걸상을 뛰어넘었다.[125] 그러고는 처음부터 차례대로 위로 100~200번 뛰더니 걸상을 뛰어넘었다. 또 방향을 바꿔 거꾸로 가며 위로 100~200번 뛰었다. 마침내 극도로 피곤해져 땅에 쓰러졌는데, 날이 이미 밝아 있었다. 친구는 그를 당상으로 데려와 어디서 왔냐고 힐문했다. 그러자 그 사람이 머리를 조아리며 말했다.

"사실 저는 좀도둑입니다. 집에 들어온 뒤에 층층이 쌓인 낮은 담장만 보였는데, 뛰어넘을수록 끝이 보이지 않았습니다. 당황해서 뒤로 물러났는데 역시 끝이 보이지 않았습니다. 결국 지쳐서 사로잡히게 되었으니, 제 목숨은 당신의 손에 달려 있습니다."

친구는 웃으면서 그를 보내주었다. 그리고는 송청원에게 말했다.

"어제 밤에 이 도둑이 들 것을 미리 알고 있었기 때문에, 작은 기술로 장난 좀 쳤네."

"무슨 술법인가?"

"기문법(奇門法)이라는 것이네. 다른 사람들은 이를 배우면 화를 부를까 두렵네만, 자네는 사람됨이 단정하고 조심성이 있으니 배우기를 원한다면 내 당장 자네에게 가르쳐 줌세."

송청원이 배우고 싶지 않다며 사양하자, 친구는 깊이 탄식하며 말했다.

"배우기를 원하는 사람은 전해줄 수 없고, 전해줄 수 있는 자는 배우기를 원치 않으니, 이 술법은 아마도 명맥이 끊어질 것 같네."

무엇인가를 잃어버린 것처럼 탄식하며 송청원을 전송했다.

---

124 빙빙 돌면서: 원문은 '반산(蹣跚)'으로, 빙빙 도는 모양을 말한다.

125 뛰어넘었다: 원문은 '곡용(曲踊)'이다. 『좌전』「희공(僖公)」 28년에 보면, "위로 여러 번 뛰고(曲踊三百)."라는 문장에 "펄쩍 뛰어넘다."라는 주가 달려 있다.

奇門遁甲之書, 所在多有, 然皆非眞傳. 眞傳不過口訣數語, 不著諸紙墨也. 德州宋先生淸遠言. 曾訪一友. 原註: 淸遠嘗擧其姓名, 歲久忘之. 淸遠稱雨後泥濘, 借某人一騾騎往, 則所居不遠矣. 友留之宿曰: “良夜月明, 觀一戱劇可乎?” 因取凳十餘, 縱橫布院中, 與淸遠明燭飮堂上.

二鼓後, 見一人越垣入, 環轉階前. 每遇一凳, 輒蹣跚, 努力良久, 乃跨過. 始而順行, 曲踊一二百度. 轉而逆行, 又曲踊一二百度. 疲極踣卧, 天已向曙矣. 友引至堂上, 詰問何來. 叩首曰: “吾實偷兒. 入宅以後, 惟見層層皆短垣, 愈越愈不能盡. 窘而退出, 又愈越愈不能盡. 困頓故見擒, 死生惟命.” 友笑遣之. 謂淸遠曰: “昨卜有此偷兒來, 故戱以小術.” 問: “此何術?” 曰: “奇門法也. 他人得之, 恐召禍, 君眞端謹, 如願學, 當授君.” 淸遠謝不願, 友太息曰: “願學者不可傳, 可傳者不願學, 此術其終絶矣.” 意若有失, 悵悵送之返.

43.

편애

한 명문세족의 자제가 있었는데, 일자(日者)[126]는 그에게 크게 귀하게 될 운명이라고 했고, 관상가 역시 크게 귀하게 될 상이라고 했다. 그러나 노년에 관직이 겨우 육품(六品)에 그쳤다. 하루는 부계점을 치며 벼슬길이 기구한 이유를 물었다. 계선이 이렇게 썼다.

"일자의 점이 잘못된 것도 아니고, 관상가도 잘못 보지 않았소. 다만 모친의 편애 때문에 관직과 녹봉이 삭감되어 이렇게 되었을 따름입니다."

그는 절하며 물었다.

"편애라는 것은 진실로 피하기 어렵습니다. 그런데 어찌하여 관직과 녹봉이 삭감되었단 말입니까?"

계선은 또 이렇게 썼다.

"『주례』에서 '계모는 어머니와 같으니, 전처의 자식을 마땅히 친자식처럼 대해야 하며, 서자는 적모를 위해 삼년상을 받드니, 서자 역시 친자식처럼 대해야 한다.'라고 했습니다. 그런데 인정이란 것이 흉악하여 스스로 선

126 일자(日者): 점을 칠 때 시(時)와 일(日)을 보는 사람을 일자라 하는데, 『사기』「일자열전(日者列傳)」의 주석에 보인다.

을 정해놓고 자신이 낳은 자식과 그렇지 않은 자식을 대할 때 물과 불처럼 서로 용납하지 못합니다. 또한 사심이 한번 일면 온갖 계교가 생겨납니다. 사소하게는 먹고 자는 문제에서부터, 크게는 재산과 전답에까지 이릅니다. 어느 하나라도 친자식에게는 후하고, 자기가 낳지 않은 자식에게는 박하기 마련인데, 이것은 조물주의 금기를 건드리는 일입니다. 심지어 어떤 경우는 이간질하고 거짓말을 하며, 몰래 음모를 꾸미고 서로를 욕하며 예법에 따르지 않기도 합니다. 그로 인해 어려움에 처한 사람은 남몰래 울게 만들고, 곁에서 본 사람조차 이를 갈게 하면서도 도리어 자기 자식이 억울함을 당했다고 투덜댑니다. 귀신이 매섭게 쏘아보고, 돌아가신 조상이 원통해하는데도 화가 그 자식에게 미치지 않는다면, 어떻게 하늘의 이치가 공정하다 할 수 있겠습니까? 또한 사람이 누릴 수 있는 복은 정해져 있는 법입니다. 따라서 이쪽이 남으면 저쪽이 줄어드는 것이 자연스러운 이치입니다. 당신이 집안에서 강제로 더 많은 몫을 누렸다면, 벼슬길은 암암리에 줄어듭니다. 당신은 형제들 가운데에서도 많은 이익을 취했습니다. 만사란 양쪽 다 좋을 수는 없는데, 또 하필 벼슬살이가 순탄치 않다고 원망하십니까?"

그 사람은 두려워서 물러났다.

후에 친척 중 한 부인이 그 이야기를 듣고 말했다.

"이 계선의 말은 틀렸습니다. 전처의 자식은 많은 나이만 믿고 동생의 것을 꿀꺽 삼켰고, 첩이 낳은 자식은 어머니의 총애만을 믿고 형을 업신여겼습니다. 어머니가 그의 버팀목이 되어주지 않았다면 살해당하지[127] 않았

127 살해당하지: 원문은 '어육(魚肉)'이다. 『사기』「장의열전(張儀列傳)』에 보면, "다른 사람에게

을까요?"

요안공이 말했다.

"질투에서 나온 말이기는 하지만, 이런 일이 없다고도 할 수는 없다. 세상의 인심은 끊임없이 변하기 마련이니, 집안을 다스리는 자가 냉정한 마음으로 처리하는 것이 좋다."

有故家子, 日者推其命大貴, 相者亦云大貴. 然垂老官僅至六品. 一日扶乩, 問仕路崎嶇之故. 仙判曰: "日者不謬, 相者亦不謬. 以太夫人偏愛之故, 削減官祿至此耳." 拜問: "偏愛固不免. 然何至削減官祿?" 仙又判曰: "『禮』云'繼母如母, 則視前妻之子當如子, 庶子爲嫡母服三年, 則視庶子亦當如子.' 而人情險惡, 自設町畦, 所生與非所生, 釐然如水火不相入. 私心一起, 機械萬端. 小而飮食起居, 大而貨財田宅. 無一不所生居於厚, 非所生者居於薄, 斯已干造物之忌矣. 甚或離間讒搆, 密運陰謀, 詬誶罵陵, 罔循理法. 使罹毒者呑聲, 旁觀者切齒, 猶嘵嘵稱所生者之受抑. 鬼神怒視, 祖考怨恫, 不禍譴其子, 何以見天道之公哉? 且人之受享, 只有此數. 此贏彼縮, 理之自然. 旣於家庭之內, 强有所增, 至於仕官之途, 陰有所減. 子獲利於兄弟多矣. 物不兩大, 亦何憾於坎坷乎?" 其人悚然而退. 後親串中一婦聞之, 曰: "悖哉此仙. 前妻之子, 恃其年長, 無不呑噬其弟者, 庶出之子, 恃其母寵, 無不陵轢其兄者. 非有母爲之撑拄, 不盡爲魚肉乎?" 姚安公曰: "是雖妒口, 然不可謂無此事也. 世情萬變, 治家者平心處之可矣."

참살당하지 말게나(毋爲人所魚肉也)."라는 문장이 있다. 후에 참살당하는 것을 비유하는 말로 사용되었다.

44.

좆값의 무게

집안 할아버지 황도(黃圖) 공이 해준 이야기이다.

순치(順治)[128]·강희(康熙)[129]연간에 천하는 비로소 안정되었지만, 인심은 아직 하나로 모이지 않았다고 한다. 아무개 갑은 몰래 오삼계(吳三桂)[130]의 첩자가 되어, 용맹하고 강직하며 지략이 있는 아무개 을을 끌어들여 함께 반역을 모의했다. 얼마 지나지 않아 원흉[131]들은 처형되고 불의한 무리들[132]은 축출되었다. 그때 갑과 을도 마음을 고쳐먹고 후회하며 더 이상 반역을

128 순치(順治): 청나라 제3대 황제 세조 애신각라복림(爱新觉羅福临)의 연호(1644~1661)이다.

129 강희(康熙): 청나라 제4대 황제 성조 애신각라현엽(愛新覺羅玄燁)의 연호(1661~1722)이다.

130 오삼계(吳三桂): 오삼계(1612~1678)는 명대 고우(高郵) 사람으로, 자는 장백(長白)이다. 숭정제(崇禎帝) 때의 총병(總兵)으로 산해관(山海關)을 지켰다. 이자성(李自成)이 북경을 함락시키자, 숭정제는 매산(媒山)에서 자살했다. 이에 오삼계는 청나라에 투항하고, 청병을 이끌고 입관했으며, 후에 평서왕(平西王)에 임명되어 운남을 지켰다. 강희 12년(1673), 스스로 철번(撤藩)하고 기의했다. 오삼계는 반란을 일으키고 주(周)를 세운 뒤 스스로 황제라 불렀다.

131 원흉: 원문은 '효경(梟獍)'으로, 효조(梟鳥)과 파경(破獍)을 가리킨다. 효조는 자라서 어미 새를 잡아먹고, 파경은 자라서 돌아와 아비를 잡아먹는다고 알려져 있다. 여기서는 난당, 원흉의 의미로 사용되었다.

132 불의한 무리들: 원문은 '경예(鯨鯢)'이다. 『좌전』「선공(宣公)」 12년에 보면, "고대의 영명한 군왕은 불경한 무리를 토벌하고 불의한 자들을 죽인 뒤 무덤을 만들어 큰 치욕을 주었다(古者明王伐不敬, 取其鯨鯢而封之, 以爲大戮也)."라는 문장이 있다. 여기서 경예는 큰 물고기의 이름으로, 불의한 사람을 비유하고 있다.

꾀하지 않았다. 그런데 두 사람이 주고받은 비밀편지는 모두 을이 가지고 있었고, 서신에는 을의 이름이 없었다. 을은 이를 폭로해 가족들까지 모두 죽이겠다고 갑을 협박했다. 갑은 어쩔 수 없이 딸을 을에게 시집보내고, 그를 데릴사위로 맞아들였다. 을은 자신의 뜻을 이루자 더욱 교만해져 사람의 도리도 더 이상 지키지 않았다. 집안의 여자들은 거의 다 건드리고, 심지어 장모까지도 건드렸다. 딸의 어린 동생은 열 서너 살밖에 되지 않았지만, 그 역시 피해갈 수 없었다. 모두 눈물을 삼키고 모욕을 당하면서도 그의 뜻을 어길까 벌벌 떨며 두려워했다. 갑은 억울하고 마음이 편치 않아 늘 집 밖으로 피해 다녔다.

하루는 전답 사이를 거닐다가 우연히 한 노인을 만나 이야기를 나누게 되었다. 인근 마을에 이런 노인이 없었기에 갑은 이상한 생각이 들었다. 노인이 말했다.

"당신을 속이지 않겠소. 나는 천호(天狐)[133]입니다. 당신에게 죄가 있기는 하지만, 을이 지나치게 몰아붙이는 것을 보고 공평치 않다는 생각이 들었소. 오늘 밤, 내가 당신의 비밀 편지를 훔쳐 돌려드리리다. 을은 협박할 것이 없으니, 내쫓지 않아도 스스로 물러날 것이오."

그러고는 10여 장의 편지를 갑에게 건네주었다. 갑이 확인해 보니 정말 [자신이 쓴] 편지들이었다. 그는 곧장 편지를 찢어 삼키고 집으로 돌아가 사실대로 을에게 말했다. 을은 갑의 딸이 편지를 훔칠 것에 대비해 몰래 철병 속에 넣어 다른 곳에 묻어 두었다. 이에 몰래 가서 살펴보니 정말로 편

---

133 천호(天狐): 「원중기(元中記)」에 따르면, 여우는 천년이 지나면 하늘과 통하게 되는데, 이를 천호라 불렀다고 한다.

지가 사라지고 없었다. 을은 곧바로 딸을 데리고 허둥지둥 달아났다.[134] 딸은 날마다 을과 욕하며 다투다가 얼마 지나지 않아 헤어졌다.[135] 후에 그 일이 차츰 드러나 두 집안은 모두 마을 사람들의 멸시를 받게 되었으며, 결국 각자 가솔을 이끌고 멀리 달아났다.

명나라 말기에 혼란이 극에 달하자, 본조(청나라)는 천하를 정비하고[136] 백성들을 혼란에서 구해냈다. 갑은 청나라의 산물을 먹고 그 땅을 밟으며[137] 살아온 지 이미 30여 년이 넘었다. 오삼계는 조정의 명을 거역했을 때 자기 손으로 계왕(桂王)[138]을 죽였으니, 결코 "초나라의 세 집"[139]이라 불러서는 안 된다. 그런 즉 오삼계와 내통한 갑 역시 "[주나라에 대항하는] 은나

---

134 허둥지둥 달아났다: 원문은 '낭창(踉蹌)'이다. 앞서 출판된 『열미초당필기』 ❶의 274쪽 주석 167번의 양창은 '낭창'의 오기임을 밝히는 바이다.

135 헤어졌다: 원문은 '비리(仳離)'이다. 『시경』「왕풍(王風)·중곡유퇴(中谷有蓷)」에 보면, "집 떠나온 여인이 있어(有女仳離)."라는 시구가 있고, "비(仳)는 이별하다의 뜻이다."라고 주 달려 있다.

136 천하를 정비하고: 원문은 '탕척홍로(蕩滌洪鑪)'이다. 두보의 「소릉을 지나며(行次昭陵)」에 보면, "태종의 분부로 온 나라가 편안해지니, 조물주가 마치 천지를 길러내는 것과 흡사하네(指揮安率土, 盪滌撫洪鑪)."라는 시구가 있다. 홍로는 본래 큰 솥을 말하지만, 여기서는 천지의 의미이다.

137 청나라의 산물을 먹고 그 땅을 밟으며: 원문은 '식모천토(食毛踐土)'이다. 『좌전』「소공(昭公)」 7년에 보면, "영토 안에 군주의 땅이 아닌 곳이 어디이며, 나라의 산물을 먹는 이 가운데 누군들 군주의 신하가 아니겠습니까(封略之內, 何非君土, 食土之毛, 誰非君臣)?"라는 구절이 있다.

138 계왕(桂王): 주유랑(朱由榔)은 명나라 신종(神宗)의 손자이다. 명이 망하자 신하들이 주유랑을 받들어 조경(肇慶)에서 즉위했다. 후에 전쟁에서 패하자 미얀마로 달아났다. 평서왕(平西王) 오삼계가 군대를 이끌고 미얀마를 정벌해 주유랑을 사로잡아 죽였다.

139 초나라의 세 집: 원문은 '초지삼려(楚之三廬)'이다. 『사기』「항우기(項羽紀)」에 보면, "초나라에 세 집만 남아 있었어도 진나라를 멸망시키는 나라는 초나라이다(楚雖三廬, 亡秦必楚)."라는 문장이 있는데, 초나라 사람들이 진나라를 원망해 세 집만 남아 있어도 오히려 진나라를 멸망시킬 수 있다는 뜻이다.

라의 고집스러운 유민"[140]이라고 해서는 안 된다. 그의 온 집안이 함께 몰살당해도 원망해서는 안 된다. 을은 갑을 따라 오삼계에게 투항했다가 결국 그 집안의 여자들을 겁탈했는데, 이는 선량한 이를 독살한 것에 견주어도 죗값은 줄어들지 않는다. 그런데 애초에 을 역시 반역을 공모했던 자이므로, 죗값은 갑과 다르지 않다. 또 무기를 쥐고 사람들을 위협하며 마음대로 흉폭하고 방탕하게 굴었으니, 사실 갑보다 더 큰 죗값을 치러야 마땅하다. 후에 와서 응보를 받았는지 증명할 길은 없지만, 천도가 밝은 이상 [죄를 짓고도] 요행으로 죗값을 피할 길은 없을 것이다.

族祖黃圖公言. 順治康熙間, 天下初定, 人心未一. 某甲陰爲吳三桂諜, 以某乙驍健有心計, 引與同謀. 既而梟獍伏誅, 鯨鯢就築. 亦既洗心悔禍, 無復逆萌. 而往來秘札, 多在乙處, 書中故無乙名. 乙脅以訐發, 罪且族滅. 不得已以女歸乙, 贅於家. 乙得志益驕, 無復人理. 迫淫其婦女殆徧, 乃至女之母不免. 女之幼弟, 才十三四亦不免. 皆飲泣受汚, 惴惴然恐失其意. 甲抑鬱不自聊, 恒避於外.

一日散步田間, 遇老父對語. 怪附近村落無此人. 老父曰: "不相欺. 我天狐也. 君固有罪, 然乙逼君亦太甚, 吾竊不平. 今盜君秘札奉還. 彼無所挾, 不驅自去矣." 因出十餘紙付甲. 甲驗之良是. 卽毁裂吞之, 歸而以實告乙. 乙防甲女竊取, 密以鐵瓶瘞他處. 潛往檢視, 果已無存. 乃踉蹌引女去. 女日與詬誶, 旋亦仳離. 後其事漸露, 兩家皆不齒於鄉黨, 各攜家遠遁.

---

140 은나라의 고집스러운 유민: 원문은 '은지완민(殷之頑民)'이다. 『서경(書經)』에 보면, "[주나라에 대항하는] 은나라의 고집스런 유민을 위로해 낙읍으로 옮겼다(毖殷頑民, 遷於洛邑)."라는 구절이 있다. 완민은 은나라의 고집스런 유민을 말하지만, 여기서는 청나라에 항복하지 않는 명나라의 유민을 가리킨다.

夫明季之亂極矣, 聖朝蕩滌洪鑪, 拯民水火. 甲食毛踐土, 已三十餘年. 當吳三桂拒命之時, 彼已手戮桂王, 斷不得稱楚之三戶. 則甲陰通三桂, 亦不能稱殷之頑民. 卽闔門并戮亦不寃. 乙從而汚其閨幃, 較諸荼毒善良, 其罪似應未減. 然乙初本同謀, 罪原相埒. 又操戈挾制, 肆厥凶淫, 罪實當加甲一等. 雖後來食報, 無可證明, 天道昭昭, 諒必無幸免之理也.

45.

망량

아버지 요안공께서는 외삼촌 진덕음(陳德音)의 집에서 글을 읽었다. 어느 날 아침 일찍 일어났는데, 사람들이 시끄럽게 떠드는 소리가 들렸다. 알고 보니 품팔이꾼 장민(張珉)이 어젯밤 마을 밖에서 수박밭을 지키다가, 아침 일찍 정신을 잃고 말을 하지 못하고 있다는 것이었다. 사람들이 물을 가져다가 목을 축이는 등 온갖 방법을 다해 돌보자, 저녁에서야 정신을 차리고 말했다.

"이경 이후 멀리 수풀 밖에서 불빛이 보이더니 점점 가까이 다가왔습니다. 불빛이 거의 수박밭에 이르렀을 때 보니 키가 10길이 넘는 거인이었습니다. 거인은 손에 방 한 칸 크기의 등불을 쥐고 있었습니다. 그는 초막[141] 앞에 서서 한참을 엎드려 들여다보고 있었습니다. 저는 놀란 나머지 기절해버려 거인이 언제 떠나갔는지 모릅니다."

어떤 사람은 그것을 '망량(罔兩)'[142]이라 하고, 또 어떤 사람은 '주야신(主夜神)'이 틀림없다고 말했다. 『박물지』의 기록에 따르면, 주야신의 주문은

---

141 초막: 원문은 '단초(團焦)'이다. 『북제서(北齊書)』「신무제기(神武帝紀)」에 보면, "읍 사람 방창응이 초막에서 머물렀다(邑人龐蒼鷹止團焦中)."라는 구절이 있다.

142 망량(罔兩): 산도깨비이다. 사람을 가르치는 소리를 좋아하고 사람을 미혹한다.

'바산타 바얀티(Vasanta - vayanti)'[143]인데, 이 주문을 외우면 악몽을 물리치고, 공포심도 사라진다고 한다. 그러나 주야신이 응답하지 않고 도리어 기이한 모습으로 나타나면 사람들은 공포에 떤다. 생각건대 망량에 더 가까운 것 같다.

姚安公讀書舅氏陳公德音家. 一日早起, 聞人語喧闐曰: 客作張珉, 昨夜村外守瓜田, 今早已失魂不語. 灌救百端, 至夕乃蘇, 曰: "二更以後, 遙見林外有火光, 漸移漸近. 比至瓜田, 乃一巨人, 高十餘丈. 手執燭籠, 大如一間屋. 立團焦前, 俯視良久. 吾駭極暈絶, 不知其何時去也." 或曰罔兩, 或曰當是主夜神. 案『博物志』載, 主夜神咒曰'婆珊婆寅底', 誦之可以辟惡夢, 止恐怖. 不應反現異狀, 使人恐怖. 疑罔兩爲近之.

143 바산타 바얀티(Vasanta - vayanti): 원문은 '바산바인저(婆珊婆寅底)'이다. 『유양잡조(酉陽雜俎)』에 보면, 당나라 옹익견(雍益堅)이 "주야신이 주문을 외면 공덕이 생긴다. 밤길을 가다 잠이 들면 공포나 악몽을 멈추게 할 수 있다. 주문은 '바산타 바얀티'이다(主夜神咒, 持之有功德. 夜行及寐, 可已恐怖惡夢. 咒曰: '婆珊婆寅底')."라고 했다고 한다.

46.

고요(鼓妖)

아버지 요안공께서 또 해주신 이야기이다.

어느 날 밤, 친구 몇 명과 함께 외숙(진덕음)의 서재에서 자면서 불을 끄고 잠자리에 들었다고 한다. 그때 갑자기 침상 앞에서 대포 소리 같은 큰 굉음이 났다. 집과 기와가 모두 흔들려 방 안에 있던 사람들은 놀라 덜덜 떨며 말문을 닫은 채 아무 소리도 내지 못했다. 며칠 동안 귀가 멍한 사람도 있었다. 때는 추운 시월이라 천둥이 칠 리도 없었고, 또 불꽃의 충격이 없는 것으로 보아 천둥 같지도 않았다. 요안공과 같은 해에 급제한 고이소(高爾玿)가 말했다.

"이것은 고요(鼓妖)[144]로, 상서로운 징조가 아닙니다. 집주인은 마땅히 덕을 쌓아 재앙을 물리쳐야 합니다."

---

144 고요(鼓妖): 『한서』「오행지(五行志)」에 보면, 애제(哀帝) 건평(建平) 2년에 어사대부 주박(朱博)이 승상이 되었다고 한다. 천자가 그를 맞이해 조서를 내릴 즈음에 종소리 같은 큰 굉음이 났다. 그리하여 황문시랑(黃門侍郎) 양웅(楊雄)과 이심(李尋)에게 물어보았더니 이심이 대답했다. "「홍범(洪範)」에 따르면 이른바 고요입니다. 고요는 형체는 없고 소리만 있는데, 어디서 소리가 나는지는 모르겠습니다." 양웅 역시 고요라 생각했다고 한다. 『전한연의』에 따르면, 고요는 군주가 총명하지 못하고, 사람들이 미혹되어 헛된 명성을 지닌 자가 승진하면 이런 재해가 일어났다고 한다.

진덕음도 하루 종일 두려워하며 매사에 조심하고 또 조심했다. 그해 집안에서는 목을 매 자살한 사람이 나온 것 이외에 별다른 변고는 없었는데, 아마도 조심하고 두려워한 덕분이 아니었을까!

姚安公又言. 一夕與親友數人, 同宿舅氏齋中, 已滅燭就寢矣. 忽大聲如巨砲發於床前. 屋瓦皆震, 滿堂戰慄, 噤不能語. 有耳聾數日者. 時冬十月, 不應有雷霆, 又無焰光衝擊, 亦不似雷霆. 公同年高丈爾昭曰: "此爲鼓妖, 非吉徵也. 主人宜修德以禳之." 德音公亦終日栗栗, 無一事不謹慎. 是歲家有縊死者, 別無他故, 殆戒懼之力歟!

47.

귀신을 무서워하지 않는 강삼망

요안공께서 돌아가신 증조부 기윤생(紀潤生)[145] 공에게서 들은 이야기이다.

경성(景城)에 강삼망(姜三蟒)이란 사람이 있었는데, 사람이 용감하면서도 우직했다고 한다. 하루는 사람들이 송정백(宋定伯)이 귀신을 팔아 돈을 벌었다는 이야기[146]를 하는 것을 듣고는, 무척 기뻐하며 말했다.

"내 오늘에서야 귀신을 잡을 수 있다는 사실을 알게 되었네. 매일 밤 귀신 한 놈씩을 잡아 침을 뱉어 양으로 만든 다음 새벽에 푸줏간에 끌고 가서 팔 수 있다면, 하루치 술과 고기값은 족히 벌겠지."

그리하여 강삼망은 밤마다 몽둥이를 들고 포승줄을 손에 쥔 채 몰래 주

145 기윤생(紀潤生): 기윤의 증조 기옥(紀鈺)이다. 기옥(1632~1716)은 자가 윤생으로, 고수주동지(考授州同知)를 지냈다.

146 송정백(宋定伯)이…이야기: 『수신기(搜神記)』에 보면, 송정백이 밤길을 가다가 귀신을 만났다고 한다. 귀신이 누구냐고 묻기에 자신도 귀신이라고 속여 말했다. 그리하여 송종백은 결국 귀신과 함께 길을 갔는데, 피곤해서 서로 업어 주기로 했다. 송종백이 귀신에게 무엇을 가장 두려워하냐고 묻자 귀신이 인간의 침이 가장 두렵다고 했다. 그리하여 송정백은 귀신을 머리에 이고 시장에 도착했는데, 귀신이 양으로 변했다. 송정백은 귀신이 다시 변할 까 두려워 얼른 침을 뱉고는 양을 1500냥에 팔아버렸다. 양을 산 사람이 양을 묶어두었는데, 이튿날 양은 보이지 않고 포승줄만 남아 있었다고 한다.

인 없는 무덤으로 가서, 마치 여우와 토끼를 기다리는 사냥꾼처럼 귀신을 기다렸다. 그러나 결국 귀신을 만나지 못했다. 이에 강삼망은 평소 귀신이 잘 나타난다는 소문난 곳에 가서 술에 취해 잠든 척하면서 귀신을 유인했으나, 고요하기만 할 뿐 아무 것도 보지 못했다. 어느 날 저녁, 수풀 너머에서 도깨비불 몇 개가 보이자 좋아라 뛰면서 달려갔지만, 그곳에 도착하기도 전에 사라져버렸다. 강삼망은 원통한 마음으로 발길을 돌렸다. 그는 한 달도 넘게 이 짓을 했지만, 결국 아무것도 잡지 못한 채 그만두었다.

대개 귀신이 사람을 괴롭힐 때는 항상 두려움을 틈타서 그리한다. 그러나 강삼망은 자신이 귀신을 잡을 수 있다고 확신했기 때문에 그에게 귀신은 이미 아무것도 아니었다. 그의 기염만으로도 충분히 귀신을 두려움에 떨게 할 수 있었기 때문에 오히려 귀신이 그를 피해 달아난 것이다.

姚安公聞先曾祖潤生公言. 景城有姜三莽者, 勇而戇. 一日, 聞人說宋定伯賣鬼得錢事, 大喜曰: “吾今乃知鬼可縛. 如每夜縛一鬼, 唾使變羊, 曉而牽賣於屠市, 足供一日酒肉資矣.” 於是夜夜荷梃執繩, 潛行墟墓間, 如獵者之伺狐兎. 竟不能遇. 卽素稱有鬼之处, 佯醉寢以誘致之, 亦寂然無睹. 一夕, 隔林見數燐火, 踊躍奔赴, 未至間, 已星散去. 懊恨而返. 如是月餘, 無所得, 乃止.

蓋鬼之侮人, 恒乘人之畏. 三莽確信鬼可縛, 意中已視鬼蔑如矣. 其氣焰足以慴鬼, 故鬼反避之也.

48.

살구꽃 요정

익도(益都) 사람 주천문(朱天門)이 해준 이야기이다.

한 서생이 도성의 운거사(雲居寺)에 세 들어 살고 있었는데, 열네댓 살쯤 되어 보이는 소년이 절에 가끔 드나들었다고 한다. 서생은 본래 탕자였기에, 소년을 꾀어 잘해주며 붙잡아 함께 묵어가게 했다. 동이 틀 무렵, 한 객이 문을 열고 들어왔다. 서생은 궁색하기도 하고 부끄럽기도 했으나, 객은 아무 것도 보지 못한 듯했다. 잠시 뒤, 스님이 차를 들고 들어왔는데, 그 역시 아무것도 보지 못한 듯했다. 이상한 생각이 든 서생은 객이 나간 뒤 소년을 끌어안고 물었다. 소년이 말했다.

"두려워 마십시오. 저는 살구꽃 요정입니다."

서생이 깜짝 놀라 말했다.

"네가 나를 호렸느냐?"

"정(精)과 매(魅)는 다릅니다. 산소(山魈)나 여귀(厲鬼)는 초목에 붙어서 사람에게 해를 끼치므로 매(魅)라 하는 것입니다. 하지만 천년이 넘은 나무는 꽃이 안으로 모여 오래도록 기운이 쌓이면 사람의 형체를 이루는데, 도가에서 말하는 결성태(結聖胎)[147]와 같기에 이를 정(精)이라 하는 것입니다. 매(魅)는 사람에게 해를 끼치지만, 정(精)은 사람에게 해를 끼치지 않습니다."

"꽃 요정(花妖)은 대부분 여자이거늘, 너는 어찌 유독 남자가 되었느냐?"

"살구나무는 암수가 있는데, 저는 본래 수꽃 즉 웅행(雄杏)이었습니다."

"그런데 어찌 암컷처럼 행동하느냐?"

"전생의 인연 때문입니다."

"사람과 초목사이에 어찌 인연이 있을 수 있느냐?"

소년은 한참 부끄러워하더니 말했다.

"사람의 정기를 빌리지 않으면 몸을 단련할 수 없기 때문입니다."

"그렇다면 결국 나를 호린 것이구나."

서생이 베개를 밀치고 벌떡 일어나자, 소년도 화를 내며 나갔다.

서생은 위험한 상황 속에서 깨달음을 얻었으니,[148] 아주 지혜로운 사람이라 할 수 있다. 아마도 그는 주천문의 제자인 것 같다. 그래서인지 주천문은 그의 이름을 굳이 밝히려 하지 않았다.

益都朱天門言. 有書生僦住京師雲居寺, 見小童年十四五, 時來往寺中. 書

147 결성태(結聖胎): 도가에서 오랜 수련을 통해 단전에 힘의 자리가 맺히는 것을 결성태라고 한다. 성단(成丹)이라고도 하는데, 무게 중심이 맨 아래쪽으로 향하도록 해서 부동심을 얻는 것을 말한다.

148 위험한 상황 속에서 깨달음을 얻었으니: 원문은 '현애륵마(懸崖勒馬)'로, 위험에 처했을 때 깨닫는 것을 말한다. 현애는 매우 험준한 낭떠러지를 말한다.

生故蕩子, 誘與狎, 因留共宿. 天曉有客排闥入. 書生窘愧, 而客若無睹. 俄僧送茶入, 亦若無睹. 書生疑有異, 客去, 擁而固問之. 童曰: "公勿怖. 我實杏花之精也." 書生駭曰: "子其魅我乎?" 童曰: "精與魅不同. 山魈厲鬼依草附木而爲祟, 是之謂魅. 老樹千年, 英華内聚, 積久而成形, 如道家之結聖胎, 是之謂精. 魅爲人害, 精則不爲人害也." 問: "花妖多女子, 子何獨男?" 曰: "杏有雌雄, 吾故雄杏也." 又問: "何爲而雌伏?" 曰: "前緣也." 又問: "人與草木安有緣?" 慙沮良久曰: "非借人精氣, 不能煉形故也." 書生曰: "然則子魅我耳." 推枕遽起, 童亦艴然去. 書生懸崖勒馬, 可謂大智慧矣. 其人蓋天門弟子. 天門不肯擧其名云.

49.

신철섬

신철섬(申鐵蟾)은 이름이 조정(兆定)이고, 양곡현(陽曲縣)[149] 사람이다. 건륭 25년(1760) 경신년 거인(擧人)으로, 지현을 지냈으며, 우리 집안일을 가장 오랫동안 돌봤다. 건륭 55년(1790) 경술년 가을 섬서(陝西)에서 임용되었을 때, 그는 갑자기 내게 편지를 보내 이별을 고해왔다. 그러나 편지의 내용이 황당하고 분명치 않아 가슴이 답답하고 목이 메었으며, 무슨 말을 하는지 도무지 알 수 없었다. 신철섬은 뜻을 이루지 못한 사람도 아니어서, 더욱 의아할 뿐 이해할 수 없었다.

얼마 지나지 않아 그의 부음을 접했다. 그로부터 얼마 후 찬선(贊善)[150] 소이운(邵二雲)[151]을 만나고서야 신철섬이 서안(西安)에서 몇 달 동안 병을 앓았다는 사실을 알게 되었다. 병이 나은 뒤 그는 산에 올라 사냥을 하고 돌아와 [그날부터] 눈앞에 공처럼 둥근 물체가 풍륜(風輪)처럼 빙빙 도는

149 양곡현(陽曲縣): 산서성 태원시(太原市) 관할 현이다.

150 찬선(贊善): 동궁의 속관으로, 시강(侍講)을 맡아했다. 당나라 때 설치되어 명·청대에도 그대로 이어졌다.

151 소이운(邵二雲): 소진함(邵晉涵)이다. 소진함(1743~1796)은 자가 이운, 호는 남강(南江)으로, 절강성 여조(餘兆) 사람이다. 『사고전서』를 편찬할 때, 해박한 사학 지식 덕분에 사부(史部)를 책임 편찬했다.

것이 보였는데, 눈을 감아도 보였다고 한다. 며칠이 지나자 둥근 물체가 갑자기 쪼개지더니, 그 속에서 계집종 두 명이 나왔는데 자칭 선녀라며 그를 초대했다. 그의 혼은 자신도 모르게 그들을 따라갔다. 경루(瓊樓) 패궐(貝闕)에 이르러 보니, 절세가인의 한 여인이 있었다. 여인은 시집오겠다고 했으나, 신철섬은 이런 집에서 사는 것이 익숙하지 않다고 핑계를 대며 한사코 거절했다. 그러자 여인이 화를 내며 나가라고 손을 휘두르는 바람에 깜짝 놀라 잠에서 깨어났다. 한 달 남짓 뒤, 다시 예전처럼 둥근 물체 두 개가 터지면서 계집종 두 명이 나타나 또다시 그를 초청하기에 따라갔다. 이번에는 이미 다른 집이 지어져 있었는데, 아주 그윽하고 조용하여 그의 마음에 들었다. "이곳은 어디입니까?" 하고 묻자, 그들은 "불상(佛桑)"이라고 하며 당의 현판 제목을 써줄 것을 부탁했다. 그래서 그는 예서(隸書)[152]로 '불상향계(佛桑香界)' 네 글자를 써주었다. 여인이 이전처럼 거듭 모시고 싶다는 뜻을 내비추자, 신철섬은 끝내 자제하지 못하고 마침내 정을 통했다.[153] 이때부터 그는 밤마다 꿈속에서 그곳을 찾아갔다. 시간이 흐르자 여인은 대낮에도 찾아오며 그에게 친구들과 소식을 전하지 말라고 했다. 그의 병세는 점점 더 깊어졌다. 당시 방사 이 아무개가 적환(赤丸)[154]을 먹였지만, 약을 토하고는 끝내 죽고 말았다.

---

152 예서(隸書): 원문은 '팔분서(八分書)'이다.

153 정을 통했다: 원문은 '정정(定情)'이다. 『악부고제요해(樂府古題要解)』에 보이는 「정정시(定情詩)」는 동한(東漢) 번흠(繁欽)이 지은 것이다. 「정정시」에서는 한 여인이 노리개를 연인에게 주며 마음을 표현했다고 서술하고 있다. 후대에 오면서 남녀가 서로 신표를 주고받으며 서로의 애정이 변치 않음을 약속하는 것을 정정이라 했다. 정정시는 약혼할 때 짓던 시를 말한다.

154 적환(赤丸): 한대에 역귀를 몰아낼 때 사용했던 붉은 구슬을 말한다.

이 일은 참으로 기이하다. 나는 그제야, 그가 예전에 보낸 편지가 마음의 병이 생겼을 무렵에 쓴 것이었음을 깨달았다. 신철섬은 남달리 총명하고 시를 잘 지었으며, 예서에도 뛰어났다. 그 덕에 유림(儒林)에서도 명성이 자자했고, 스스로도 풍류를 즐기는 사람이라 여겼다. 사람을 사귐에 의기가 구름처럼 높아, 천하가 그의 편지로 가득 찼을 정도였다. 그러나 중년이 되어 갑자기 신선을 흠모해, 마침내는 괴질에 걸려 정신이 흐려진 채 세상을 떠났다. 요물은 사람의 마음에서 비롯되며, 환상은 마음에서 생겨난다. 신철섬은 재기(才氣)가 높고 도량이 넓었으나 기이한 것을 좋아하다 몸을 망쳤으니, 참으로 안타깝다.

申鐵蟾, 名兆定, 陽曲人. 以庚辰擧人, 官知縣, 主余家最久. 庚戌秋在陝西試用, 忽寄一札與余訣. 其詞恍惚迷離, 抑鬱幽咽, 都不省爲何語. 而鐵蟾固非不得志者, 疑不能明也.

未幾訃音果至. 既而見邵二雲贊善, 始知鐵蟾在西安病數月. 病愈後, 入山射獵, 歸而目前見二圓物如球, 旋轉如風輪, 雖瞑目亦見之. 數日, 忽暴然裂, 二小婢從中出, 稱仙女奉邀. 魂不覺隨之往. 至則瓊樓貝闕, 一女子色絶代. 通詞自媒, 鐵蟾固謝, 託以不慣居此宅. 女子薄怒揮之出, 霍然而醒. 越月餘, 目中見二圓物如前爆出, 二小婢亦如前仍邀之往. 已別構一宅, 幽折窈窱, 頗可愛. 問: "此何地?", 曰"佛桑", 請題堂額. 因爲八分書'佛桑香界'字. 女子再申前請, 而意不自持, 遂定情. 自是恒夢游. 久而女子亦晝至, 禁鐵蟾弗與所親通. 遂漸病劇. 時方士李某以赤丸餌之, 嘔逆而卒.

其事甚怪. 始知前札, 乃得心疾時作也. 鐵蟾聰明絶特, 善詩歌, 又工八分. 馳騁名場, 翛然以風流自命. 與人交, 意氣如雲, 郵筒走天下. 中年忽慕神仙, 遂生是魔障, 迷罔以終. 妖以人興, 象由心造. 才意高廣, 翻以好異隕生, 可惜也夫.

50.

최장의 옛집

최장(崔莊)[155]의 옛집 청사(廳事)[156] 서쪽에는, 남쪽과 북쪽에 각각 세 칸짜리 건물이 있으며, 주위는 꽃과 대나무로 덮여 있어 아주 그윽하고 외졌다. 선조께서 살아계실 때, 하인 장운회(張雲會)가 밤에 차를 들고 오다가 나무 아래에 머리를 길게 늘어뜨린 여자가 몰래 숨어 있는 것을 보았다. 여자가 담장을 향해 등을 돌리고 서 있었기에, 그는 속으로 집안의 어린 계집종이 밀회를 즐기려 하는 줄 알고, 얼른 다가가 팔을 잡아 껴안으려 했다. 여자가 갑자기 얼굴을 돌리는데 분칠한 듯 하얗고, 눈, 코, 입, 귀가 없었다. 장운회는 놀라 절규하며 그 자리에서 쓰러졌다. 사람들이 불을 들고 왔을 때, 여자는 이미 사라지고 없었다. 누군가는 "옛날부터 그런 요괴가 있었다." 고 했고, 또 누군가는 "장운회가 순간 현기증을 일으킨 것이다."라고 했으며, 또 누군가는 "교활한 계집종이 갑자기 저지당하자 달아나지 못하고, 흰 수건으로 얼굴을 가려 귀신인 척하며 위기를 모면하려 했던 것"이라고 했다. 어느 말이 맞는지 모두 알 수 없었다. 그런데 이때부터 의심이 풀리

155 최장(崔莊): 청대 하북성 헌현(獻縣) 경성(景城) 동쪽 3리에 위치한 진(鎭)이다.

156 청사(廳事): 본래는 '청사(聽事)'로, 옛날에 사무를 처리하는 관서를 '청사'라고 불렀다.

지 않자, 밤에 이 뜰을 지키는 사람들은 늘 전전긍긍했으며, 밤에 간혹 소리가 나기도 했다. 아마도 사람들이 이곳을 꺼려하며 살지 않게 된 이후, 여우나 귀신이 [그 틈을 타] 들어와 자리를 잡은 듯하다.

또한 집 동쪽에 있는 건물은 명나라 융경(隆慶)[157] 초에 세워진 것이다. 우측에 있는 작은 방에는 도깨비가 산다고들 하는데, 해를 끼치지는 않았지만, 계집종과 나이 든 할멈이 간혹 보았다고 한다. 아버지 요안공께서 어느 날 찢어진 책을 살펴보다가 대상자 아래서 이리 두 마리를 붙잡았는데, 사람들은 모두 그것이 도깨비라고 하였다. 요안공께서 말씀하셨다.

“이리가 머리를 숙이고 동자에게 붙잡혔으니 결코 도깨비일 리는 없다. 그러나 집 안에 인적이 없으면 들짐승이 [그 틈을 타] 보금자리를 트게 마련이니, 도깨비가 있는 것도 당연하다. 이것이 바로 ‘텅 빈 굴에 바람이 분다.’[158]라는 뜻이다.”

후에 서쪽 관사는 종형 기탄거(紀坦居)[159]에게 물려주었으나, 지금은 종질 기여동(紀汝侗)에게 전해졌다. 또 건물의 절반은 작고한 형 기청호(紀晴湖)[160]에게 주었는데, 지금은 종질 기여분(紀汝份)에게 상속되었다. 자손들이

---

157 융경(隆慶): 명나라 제12대 황제 목종(穆宗) 주재후(朱載垕)의 연호(1567~1572)이다.

158 텅 빈 굴에 바람이 분다: 원문은 ‘공혈래풍(空穴來風)’이다. 이 말은 『장자』「제물론(齊物論)」에 나오는데, 사마표(司馬彪)의 주에 따르면, 오동나무 열매가 유방처럼 둥글게 생겼는데, 거기서 잎이 나고 자라면 마치 키처럼 모양이 둥글고 넓적해져 새들이 즐겨 그곳에 둥지를 틀었다고 한다. 즉 어떤 소문이 생기려면 그럴 만한 이유나 근거가 있음을 의미한다. 그러나 지금은 근거 없는 소문이나 뜬소문을 비유하는 데 자주 사용된다.

159 기탄거(紀坦居): 기윤의 종형 기역(紀易)이다. 기역(1720~1783)은 자가 탄거로, 기용아의 둘째 아들이며, 기소의 친동생이다. 저서로는 『근언집(近言集)』 4권이 있다.

160 기청호(紀晴湖): 기윤의 이복형 기탁(紀晫)이다. 기탁(1706~1777)은 자가 청호로, 기용서의 맏아들이다. 부공생(附貢生)을 지냈다.

날로 번창하여 집에 빈 공간이 없게되자, 도깨비는 굳이 쫓아내지 않아도 스스로 물러갔다.

崔莊舊宅, 廳事西有南北屋各三楹, 花竹翳如, 頗爲幽僻. 先祖在時, 奴子張雲會夜往取茶具, 見垂鬟女子潛匿樹下. 背立向墻隅, 意爲宅中小婢, 於此幽期, 遽捉其臂, 欲有所挾. 女子突轉其面, 白如傅粉, 而無耳目口鼻. 絶叫仆地. 衆持燭至, 則無睹矣. 或曰舊有此怪, 或曰張雲會一時目眩, 或曰實一黠婢, 猝爲人阻, 弗能遁, 以素巾幕面, 僞爲鬼狀, 以自脫也. 均未知其審. 然自是群疑不釋, 宿是院者, 恒凛凛, 夜中亦往往有聲. 蓋人避弗居, 斯鬼狐入之耳.

又宅東一樓, 明隆慶初所建. 右側一小屋, 亦云有魅, 雖不爲害, 然婢媼或見之. 姚安公一日檢視廢書, 於簏下捉得二獾, 衆曰: “是魅矣.” 姚安公曰: “獾弭首爲童子縛, 必不能爲魅. 然室無人迹, 至使野獸爲巢穴, 則有魅也. 亦宜斯皆‘空穴來風’之義也.”

後西廳析屬從兄垣居, 今歸從侄汝侗. 樓析屬先兄晴湖, 今歸侄汝份. 子侄日繁, 家無隙地, 魅皆不驅自去矣.

51.

믿음의 대가

갑과 을은 서로 사이가 좋았다. 갑은 을을 불러 집안 살림을 맡겼고, 자신이 순무로 있을 때에도 정치 일을 보좌하게 하며 그의 말만을 옳다 여겨 따랐다. 그러나 시간이 흘러 을이 자신의 재산을 모두 꿀꺽 삼키자[161] 비로소 그의 간교함을 깨닫고, 점점 싫어하는 내색을 하게 되었다. 이에 을은 갑의 비밀을 빌미로 협박하며 도리어 위해를 가했다. 화를 이기지 못한 갑은 성황신에게 소장을 올려 그를 고소했다. 밤에 꿈에 성황신이 나타나 말했다.

"을의 사악함이 이와 같거늘. 공은 어찌 그를 믿고 의심하지 않았는가?"

"그는 매사에 제 뜻에 꼭 맞았습니다."

성황신은 한숨을 내쉬며 말했다.

"사람이 매사에 나의 뜻에 맞게 행동한다면 정말 두려워해야 하거늘. 그런데 공은 두려워하기는커녕 도리어 기뻐했으니, 그가 공을 속이지 않

161 꿀꺽 삼키자: 원문은 '건몰(乾沒)'로, 재물을 꿀꺽 삼키는 것을 말한다. 『사기』「장탕전(張湯傳)」 주에 보인다.

으면 누구를 속이겠소? 그가 저지른 악행이 넘쳐나니 종국에는 반드시 응보를 받을 것이오. 공이 스스로 화를 자초한 것과 다름없으니, 굳이 고소할 필요는 없소이다."

이 이야기는 갑이 요안공에게 직접 들려준 것이다. 이 일은 옹정 말년에 일어났으며, 갑은 운남성[162] 사람이고, 을은 절강성[163] 사람이었다.

甲與乙相善. 甲延乙理家政, 及官撫軍, 并使佐官政, 惟其言是從. 久而貲財皆爲所乾沒, 始悟其奸, 稍稍譙責之. 乙挾甲陰事, 遽反噬. 甲不勝憤, 乃投牒訴城隍. 夜夢城隍語之曰: "乙險惡如是, 公何以信任不疑?" 甲曰: "爲其事事如我意也." 神喟然曰: "人能事事如我意, 可畏甚矣. 公不畏之, 而反喜之, 不公之紿而紿誰耶? 渠惡貫將盈, 終必食報. 若公則自貽伊戚, 可無庸訴也." 此甲親告姚安公者. 事在雍正末年, 甲滇人, 乙越人也.

162 운남성: 원문은 '전(滇)'이다.

163 절강성: 원문은 '월(越)'이다.

52.

향옥(香玉)

『두양잡편(杜陽雜編)』에 실린 이보국(李輔國)의 향옥(香玉) 벽사(辟邪)에 대한 이야기[164]는 아주 괴이하다. 사람들은 대개 그것을 황당무계한 소설이라 여기지만, 실제로 세상에는 향옥이 존재한다.

돌아가신 외조모께서 푸른 옥으로 만든 선추(扇墜)[165]를 가지고 계셨는데, 조화순(曹化淳)[166]의 유물이라고 말씀하셨다. 명대의 궁궐 창고에서 몰래 가지고 나왔다고 하는데, 모양은 아주 소박했다. 선추모양을 따라 용[167] 두 마리가 서로 꼬리를 감고 있고, 핏방울이 몇 방울 얼룩져 스며있으며, 색은 마치 녹인 밀랍처럼 보였다. 손으로 문질러 열을 내면 침향(沈香)[168] 같은 향

---

164 『두양잡편(杜陽雜編)』에…이야기: 이보국은 당나라의 환관(宦官)이다. 『두양잡편』에 보면, 숙종(肅宗)이 이보국에게 향옥으로 만든 벽사 두 개를 내렸다고 한다. 각각 높이가 1자 5치 정도 되며 그 정교한 솜씨는 사람이 만든 것 같지 않았다. 향옥의 향기는 수백 보 밖에서도 맡을 수 있었다. 쇠함이나 돌함에 넣어 둔다 해도 향기를 가릴 수 없다.

165 선추(扇墜): 부채의 손잡이에 다는 장식을 말한다.

166 조화순(曹化淳): 명나라 말기의 환관이다.

167 용: 원문은 '리(螭)'로, 누런 빛깔의 용이다. 어떤 사람들은 뿔 없는 용을 리(螭)라고 했는데, 사람들이 조각할 때 그 모양을 본떠서 만들었다고 한다.

168 침향(沈香): 『본초강목』에 따르면 침향나무를 도끼로 찍어 홈타기를 만들어 두면 오랜 세월을 지나는 동안 빗물에 젖으면서 향이 뭉친다. 이 가운데 굳고 검으며 속이 꽉 차서 물

기가 퍼졌으나, 그렇지 않으면 향기가 나지 않았다. 이보국의 향옥도 이에 지나지 않는데, 이야기를 기록한 자가 말을 꾸며냈을 따름이다. 돌아가신 어머니께서 몰래 외조모께 그것을 달라고 하자, 외조모께서 말씀하셨다.

"내가 죽으면 네게 주마."

후에 외조모께서 돌아가신 뒤, 외삼촌은 어머니가 그 옥을 가지고 있을 것이라 생각했고, 어머니는 그것을 외삼촌이 가지고 있을 것으로 여겼다. 위씨(衛氏) 이모가 말했다.

"어머니께서 살아 계실 때 이 옥을 항상 차고 몸에서 떼어 놓지 않으셨는데, 아마도 황천으로 가지고 가신 모양이다."

그러나 병시중을 들었던 계집종들은 염할 때 이 옥을 보지 못했다고 했다. 그래서 위씨 이모가 그것을 가지고 있을지도 모른다고 생각했으나, 지금 이모가 돌아가신 지 오래되었고, 위씨 집안도 오래전에 쇠락했다.[169] 집에서 보관하고 있던 골동품은 전당 잡혀 거의 다 팔렸지만, 이 물건을 내다 파는 것은 보지 못했다. 결국 그 옥이 어디로 사라졌는지 알 수 없었다.

『杜陽雜編』記李輔國香玉辟邪事, 殊怪異. 多疑爲小說荒唐, 然世間實有香玉. 先外祖母有一蒼玉扇墜, 云是曹化淳故物. 自明內府竊出, 製作朴略. 隨其形爲雙螭糾結狀, 有血斑數点, 色如鎔蠟. 以手摩熱嗅之, 作沈香氣, 如不摩熱則不香. 疑李輔國玉, 亦不過如是, 記事者點綴其詞耳. 先太夫人嘗密乞之, 外祖母

에 가라앉은 것을 침향이라고 한다.

169 쇠락했다: 원문은 '식미(式微)'이다. 『시경』「패풍(邶風)」에 보면, "쇠미하고 쇠미하거늘 어찌 돌아가지 않는고(式微式微, 胡不歸)?"라는 시구가 있는데, 여기서 식(式)은 발어사이다.

曰: “我死則傳汝.” 後外祖母歿, 舅氏疑在太夫人處, 太夫人又疑在舅氏處. 衛氏姨母曰: “母在時佩此不去身, 殆攜歸黃壤矣.” 侍疾諸婢皆言殮時未見. 因此又疑在衛氏姨母處, 今姨母久亡, 衛氏式微已甚. 家藏玩好典賣絶盡, 未見此物出鬻. 竟不知其何往也.

53.

깨진 시요 자기 조각

어떤 사람이 시요(柴窑)[170] 자기 조각을 가지고 와서는 수백 냥을 달라고 했다. 갑옷에 장식하면[171] 전장에서도 화기(火器)를 피할 수 있다고 했지만, 그 말이 사실인지 아닌지는 알 수 없었다. 내가 말했다.

"어째서 그 물건을 줄에 매달고 총으로 쏘아보지 않는가? 정말 화기를 막는다면 깨지지 않을 테니, 수백 냥도 많지 않을 걸세. 하지만 박살난다면 그 말은 틀린 것이 되니 수백 냥을 요구해서는 안 되네."

그 사람은 팔기를 꺼려하며 말했다.

"공께서는 감별가도 아니시면서 흥을 깨는 말씀을 하십니다."

그러고는 곧장 물건을 품에 넣고 떠났다. 뒤에 들으니 어느 부잣집에 팔고 100냥을 받았다고 한다.

무릇 군자는 그럴듯한 방법으로 속일 수는 있지만, 도가 아닌 것으로

---

170 시요(柴窑): 『격고요론(格古要論)』에 보면, 시요 도자기(柴窑器)는 북쪽 하남성 정주(鄭州)에서 난다고 한다. 세상에 전해오는 바에 따르면, 후주(後周) 세종이 시씨(柴氏) 즉 시영(柴榮)이기 때문에 시요라고 한다.

171 장식하면: 원문은 '감(嵌)'으로, 사물을 새겨 넣는 것을 말한다.

속이기는 어렵다.[172] 천둥이 치듯 포화가 쏟아지는 속에서 어찌 이 작은 기와 조각 하나로 막아낼 수 있겠는가? 또한 우과천청(雨過天靑)[173] 빛깔의 시요 도자기는 윤이 나서 반질반질하고[174] 색이 고운데, 곰곰이 따져보면 이것은 사람의 솜씨이지 신공(神功)에서 나온 것이 아니다. 어찌 깨어진 뒤에도 도리어 이와 같은 영험함을 간직할 수 있단 말인가? 내가 「구와연가(舊瓦硯歌)」를 지었는데, 그 대의는 다음과 같다.

> 동작대(銅雀臺)[175]터는 남김없이 무너졌거늘,
> 어찌 남은 기와는 이렇게도 많은지.
> 기이한 것을 좋아하는 문사들 또한,
> 허튼 소리에 스스로 속고 있음을 내심 알고 있다네.

시요 자기 조각도 이와 같은 종류일 뿐이다.

有客攜柴窑片磁, 索數百金. 云嵌於胄, 臨陣可以辟火器, 然無知有確否. 余曰: "何不繩懸此物, 以銃發鉛丸擊之? 如果辟火, 必不碎, 價數百金不爲多. 如

---

172 무릇 군자는…어렵다: 『맹자』「만장장구(萬章章句)」(상)에 보인다.

173 우과천청(雨過天靑): 시요를 만들 때 담당관리가 어떤 색깔을 사용할지를 묻자, 후주 세종 시영이 "비 개인 뒤의 맑은 하늘이 구름을 뚫고 나온 그곳의 색을 시요의 색으로 만들라(雨過天靑雲破處, 這般顔色作將來)."라고 대답했다고 한다.

174 반질반질하고: 원문은 '유(泑)'로, 요기(窑器)의 색깔과 빛이 반질반질한 것을 말한다.

175 동작대(銅雀臺): 위(魏)나라 무제(武帝)가 지은 것이다. 유적은 지금의 하북성 임장현(臨漳縣) 서남쪽에 있다. 그곳의 기와로 벼루를 만들 수 있다. 『문방사보(文房四譜)』에 따르면, 옛 와연(瓦硯)은 상주(相州: 지금의 하북성 임장현 일대)에서 나, 마을 사람들이 동작대를 파면 와연이 종종 나왔다. 며칠 동안 물을 담아 두어도 새지 않았다고 한다.

碎, 則辟火之說不確, 理不能索價數百金也.” 鬻者不肯, 曰: “公於賞鑒非當行, 殊殺風景.” 卽懷之去. 後聞鬻於貴家, 竟得百金. 夫君子可欺以其方, 難罔以非其道. 砲火橫衝, 如雷霆下擊, 豈區區片瓦所能禦? 且雨過天青, 不過泑色精妙耳, 究由人造, 非出神功. 何斷裂之餘, 靈尙有如是耶? 余作「舊瓦硯歌」有云: “銅省臺址頹無遺, 何乃剩瓦多如斯. 文士例有好奇癖, 心知其妄姑自欺.” 柴片亦此類而已矣.

54.

활석도령

가욕관(嘉峪關)[176] 밖에 위치한 활석도령(闊石圖嶺)은 하미(Hami)[177]와 바르콜[178]을 가르는 분계령이다. 활석도를 번역하면 비석[碑]이다. 당나라 태종(太宗) 때, 후군집(侯君集)[179]이 고창국(高昌國)을 평정한 뒤 산마루에 비석을 세웠다. 그곳을 지키던 부장이 벽돌을 쌓기 시작하면서 사람들에게 그 비문을 읽지 못하게 했다. 비문을 읽으면 곧바로 바람이 불고 눈이 내린다고 했는데, 여러 번 시도한 결과 정말 그랬다. 아마도 산신과 목석에 붙은 정

176 가욕관(嘉峪關): 감숙성 주천현(酒泉縣) 서쪽에 위치한다. 이곳은 서역으로 이어지는 중요한 길목이다.

177 하미(Hami): 원문은 '합밀(哈密)'로, 신강성의 현 이름이다. 위구르어로 하(哈)는 높은 곳에 올라 멀리 바라보는 것을 말하고, 미(密)은 망루이다. 그 땅에 요대(瞭臺)가 있기 때문에 부쳐진 이름이다.

178 바르콜: 원문은 '파이고이(巴爾庫爾)'로, 성 이름이다. 바르콜은 신강진 서현을 다스렸으며, 바르콜의 못에서 이름을 얻었다. 파이(巴爾)는 있다[有]의 뜻이고, 고이(庫爾)는 못[池]의 뜻이다. 성 북쪽에 못이 있는 데서 부쳐진 이름이다. 후에 시대가 흐르면서 중국어 명칭인 바리쿤(巴里坤)으로 불렸다.

179 후군집(侯君集): 당나라 유주(幽州) 삼수(三水) 사람이다. 재주가 뛰어났으며, 태종을 따라 정벌을 나가 공을 세웠다. 당시 고창국이 불복해서 후군집은 교하도(交河道) 행군(行軍) 대총관(大總管)을 제수 받고 출전해 그들을 토벌하고 비석을 세워 공을 기록하고 돌아왔다. 이 일은 태종 정관 14년(640)에 일어난 일이다. 고창은 지금의 신강성 투루판 땅이다.

령이 괴이함을 드러내 제사를 요구한 것 같은데, 이치상 있을 법한 일이다.

바르콜에는 한나라 순제(順帝) 때 배잠(裴岑)이 북흉노 호연왕(呼衍王)[180]을 격파하고 세운 비석이 있는데,[181] 비석은 성 서쪽으로 십리 떨어진 호수[182]에 있다. 사람들이 마음대로 탁본을 해도 별다른 이상한 현상은 전혀 없었다. 다만 이 호수에 냉용(冷龍)이 산다고 전해진다. 성에서는 밤에 대포소리를 내어서는 안 되는데, 만약 밤에 대포소리가 나면 냉용이 움직여 날씨가 몹시 추워졌다. 하지만 이 역시 상식적으로 추론할 수 없는 일이다.

嘉峪關外, 有闊石圖嶺, 爲哈密巴爾庫爾界. 闊石圖譯言碑也. 有唐太宗時侯君集平高昌碑在山脊. 守將砌以磚石, 不使人讀. 云讀之則風雪立至, 屢試皆不爽. 蓋山神木石有精, 示怪異以要血食, 理固有之.

巴爾庫爾又有漢順帝時裴岑破呼衍王碑, 在城西十里海子上. 則隨人搨摹, 了無他異. 惟云海子爲冷龍所居. 城中不得鳴夜砲, 鳴夜砲則冷龍震動, 天必奇寒. 是則不可以理推也.

---

180 호연왕(呼衍王): 흉노의 귀족왕호로, 서한 시대에 출현했다. 호연씨는 흉노의 4대 귀족 중 하나로, 혼인관계를 통해 오랫동안 선우와 세력을 다투었다. 동한 이후 북흉노가 분열하면서 서역의 요충지를 관할했다.

181 바르콜에는…있는데: 『관중금석기(關中金石記)』에 따르면, 돈황태수 배잠의 공덕비는 영화(永和) 2년(137) 8월에 세워졌으며, 예서로 적혀 있다고 한다.

182 호수: 원문은 '해자(海子)'로, 북방에서는 호수를 해자라고 부른다.

55.

수백 살의 이씨 노인

이씨 노인은 어디 사람인지 알 수 없다. 자칭 나이가 이미 수백 살이 되었다고 하지만, 확인할 방법은 없다. 그의 말은 지루하고 황당한 것이 거의 명대 필기소설에 나오는 "성신(醒神)"[183] 같은 인물이다.

예전에 내가 돌아가신 스승 전문민(錢文敏)[184] 공의 집에서 지낼 때, 그를 만난 적이 있다. 그는 부록술과 약을 써서 병을 치료했는데, 때때로 효험이 있었다. 전문민공의 차남은 도성의 수월암(水月菴)에서 지내고 있었는데, 어느 밤에 술에 취해 돌아오다 길을 막아서는 여귀 수십 명을 만나자, 미쳐 날뛰며 스스로 배를 갈랐다. 내가 진유재(陳裕齋)와 예여강(倪餘疆)[185]과 함께

183 성신(醒神): 명대 주국정(朱國楨)의 『용담소품(湧幢小品)』 권 29에 따르면, 그 사람은 훤칠한 체격에 수염이 많이 나 있었는데 자칭 160세나 되었다고 한다. 그의 제자들은 그가 옛날 위(威)나라의 영백(寧伯)으로, 도를 배워 죽지 않고 다시 인간 세상에 나타났다고 했다. 그는 가는 곳마다 사람들의 이목을 끌었다. 호주(湖州)의 모록문(茅鹿門) 선생은 그를 진선처럼 받들고 '성신옹'이라 칭하며, 그가 인간의 길흉과 세상을 알 수 있다고 전했다. 그러나 후에 그의 말이 효험이 없다는 사실이 알려지자, 성신은 모록문을 떠나 남경에 머물렀다. 성신은 밤에 길을 가다가 넘어져 허리를 다쳐 죽었다고 한다.

184 전문민(錢文敏): 전문민(1720~1772)은 이름이 유성(維城)이고 자는 유안(幼安)이며 강소 무진(武進) 사람이다. 관직은 형부 좌시랑에 이르렀다. 죽은 뒤 상서(尙書)에 추증되었으며, 시호는 문민이다.

185 예여강(倪餘疆): 예승관(倪承寬)이다. 예승관(1712~1783)은 자가 여강이고, 호는 경당(敬堂)이며, 절강성 인화(仁和: 지금의 항주시) 사람이다. 건륭 19년(1754) 진사과 3등으로 급제하여

가서 보니, 그의 몸은 피로 흥건하게 젖은 채 겨우 숨만 붙어 있어, 거의 살 가망이 없어 보였다. 그때 이씨 노인이 갑자기 혼자 전문민공의 아들을 둘러업고 가서 반 달 동안 치료한 끝에 상처가 봉합되자, 사람들은 모두 그를 경이롭게 여겼다. 그런데 전문민공은 축유술(祝由術)[186]로 병을 치료할 수 있다고 잘못 믿고, 손가락에 난 혹을 잘라내다가 상처가 덧나서 결국 죽었다. 이씨 노인이 치료는 했지만, 결국 효험은 없었다.

대개 부록을 태워 병을 치료하는 기술은 효험이 있을 때도 있고 없을 때도 있다. 돌아가신 스승 유문정(劉文正)[187] 공께서는 "신선이란 확실히 존재하지만, 오늘날 약을 파는 도사는 아니다. 보살 또한 분명 존재하지만, 오늘날 불경을 설법하는 선승(禪僧)은 아니다."라고 하셨는데, 이것이야말로 천고의 공평한 지론이다.

李老人不知何許人. 自稱年已數百歲, 無可考也. 其言支離荒杳, 殆前明醒神之流. 曩客先師錢文敏公家, 余曾見之. 符藥治病, 亦時有小驗. 文敏次子寓京師水月菴, 夜飮醉歸, 見數十厲鬼遮路, 因發狂自劙腹. 余偕陳裕齋·倪餘疆往視, 血肉淋漓, 僅存一息, 似萬萬無生理. 李忽自來舁去, 療半月而創合, 人頗以爲異. 然文敏公誤信祝由, 割指上疣贅, 創發病卒. 李療之, 竟無驗.

蓋符籙燒煉之術有時而效, 有時而不效也. 先師劉文正公曰: "神仙必有, 然非今之賣藥道士. 佛菩薩必有, 然非今之說法禪僧." 斯眞千古持平之論矣.

한림원 편수가 되었으며, 태상시경(太常寺卿)까지 지냈다.

186 축유술(祝由術): 원문은 '축유(祝由)'로, 주문으로 병을 고치는 치료법이나 그런 일을 하는 사람을 말한다.

187 유문정(劉文正): 이름은 통훈(統勛)이고, 자는 연청(延淸)이며, 산동성 제성(諸城) 사람으로, 동각대학사(東閣大學士)를 지냈다.

56.

양훤의 예언

주사(主事) 양훤(楊諼)은 건륭 49년(1784) 갑진년 내가 시험을 주관할 때 뽑은 선비이다. 그는 관상, 팔자(八字)[188], 오성(五星)[189]을 보는데, 모두 효험이 있었다. 형부에서 벼슬하고 있을 때, 그는 완오산(阮吾山)[190]과 함께 일했다. 어느 날 갑자기 다른 사람에게 말했다.

"나의 관상법으로 보건대, 완오산은 반달 안에 틀림없이 형부시랑이 될 걸세. 그런데 지금 형부에는 결원이 없으니, 무슨 까닭인지?"

이튿날 청사에 가서 상사를 알현한 뒤 몰래 동료 관원에게 말했다.

"두공(杜公)의 자리가 곧 비게 될 걸세."

---

188 팔자(八字): 점치는 방법은 당나라 이허중(李虛中)에게서 시작되었다. 사람의 태어난 연월일시가 만나는 일진(日辰)과 간지(干支)로서 상생(相生)하고, 이기고 쇠하고 죽는 것을 짐작한다. 사람이 장수할지, 요절할지, 신분이 높을지 낮을지, 이익이 있을지 없을지를 짐작함에 백발백중이다. 후세 사주팔자로 점치는 사람들의 시조가 되었다. 그러나 이허중은 연월일을 사용했을 뿐 시는 사용하지 않았는데, 시는 송나라 서자평에 와서 함께 사용하기 시작했다. 이로부터 팔자라는 명칭이 생겨나게 되었다.

189 오성(五星): 태어났을 때의 오성의 위치로 길흉을 점치는 법을 말한다.

190 완오산(阮吾山): 완규생(阮葵生)이다. 완규생(1727~1789)은 자가 보싱(寶諴), 호는 오산으로, 강소성 산양(山陽) 사람이다. 형부주사, 감찰어사, 형부우시랑 등을 지냈다. 저서로는 『다여객화(茶餘客話)』 등이 있다.

얼마 지나지 않아 두응대(杜凝臺)[191]는 과연 일리로 폄적되었다.

하루는 그가 급히 휴가를 내어 돌아오더니, 내게 이별을 고했다.

"어찌 이리 급하게 서두르는가?"

"집에서 아들이 혼자 늙으신 아버지를 모시고 있는데, 지금 팔자를 따져보니 아들이 아무 일에 죽는다고 나왔습니다. 아버지께서 지나치게 상심하실까 염려되어 급히 돌아가려고 합니다."

이때는 아직 그의 아들이 죽기 전이었다. 훗날 그의 고향 사람에게 수소문해 보니, 정말 그의 말대로 되었는데 더욱 기이한 일이다. 내가 예전에 "운명은 정해져 있다는 서자평(徐子平)[192]의 견해와 운명은 바꿀 수 있다는 감여가(堪輿家)[193]의 견해 중에 어느 것이 맞는가?"라고 물어 보았다. 그러자 그는 이렇게 대답했다.

"길지를 얻는 것도 운명이요, 묘지를 흉한 곳에 잘못 쓰는 것도 운명이라, 이치는 매 한가지 입니다."

이 말로 보건대 그는 가히 이치에 통달했다고 할 수 있다.

楊主事蕿, 余甲辰典試所取士也. 相法及推算八字五星皆有驗. 官刑部時, 與阮吾山共事. 忽語人曰: "以我法論, 吾山半月內當爲刑部侍郎. 不缺員, 是何故

---

191 두응대(杜凝臺): 두옥림(杜玉林)이다. 두옥림(1728~1787)은 자가 응대이며, 강소 금궤(金匱) 사람으로 건륭 19년에 진사로 합격해 형부주사(刑部主事)에 임명되었다. 후에 일리에 폄적되었다가 석방되어 돌아오는 길에 병사했다.

192 서자평(徐子平): 원문은 '자평가(子平家)'이다. 점을 칠 때 시를 본 서자평을 지칭하거나 시를 이용해 점을 치는 사람들을 가리킨다.

193 감여가(堪輿家): 감은 천도(天道), 여는 지도(地道)로, 즉 천문과 지리를 살피는 옛날 점술가를 이르는 호칭이다. 그러나 지금은 집과 묫자리를 보는 사람을 감여라고 한다.

耶?" 次日堂參後, 私語同官曰: "杜公缺也." 既而杜凝臺果有伊犁之役.

一日, 倉皇乞假, 歸來辭余. 問: "何匆遽乃爾?" 曰: "家惟一子侍老父, 今推子某月當死. 恐老父過哀, 故急歸耳." 是時尚未至死期. 後詢其鄉人, 果如所說, 尤可異也. 余嘗問: "以子平家謂命有定, 堪輿家謂命可移, 究誰爲是?" 對曰: "能得吉地, 卽是命, 誤葬凶地, 亦是命, 其理一也." 斯言可謂得其通矣.

57.

팽기의 딸

창길(昌吉)에 유배 온 죄수 팽기(彭杞)에게는 열일곱 살 된 딸이 있었는데, 아내와 함께 폐병을 앓고 있었다. 아내가 먼저 죽고 딸도 숨이 넘어가기 직전이었다. 그러나 팽기는 경작해야 할 관전(官田)이 있었기 때문에 딸을 돌볼 수가 없어, 죽든 말든 그냥 숲속에 내버려두었다. 그녀의 신음소리가 너무나 애처로워 보는 사람들이 다 슬퍼했다. 같은 죄수였던 양희(楊熺)가 팽기에게 말했다.

"너무 잔인하시오. 세상에 어찌 이런 일이 있을 수 있단 말이오? 내가 데려가 치료하고, 만일 죽게 되면 내가 장례를 치러주고, 살아나면 내 아내로 삼겠소."

팽기는 "좋소." 하고는 문서를 써 그에게 건넸다. 반년이 지났으나, 딸은 끝내 자리에서 일어나지 못했다. 임종을 앞두고 딸은 양희에게 말했다.

"그대의 크신 은혜에 마음[194] 깊이 감동했습니다. 제가 그대와 부부의 인연을 맺은 것은 늙으신 아버지의 허락이 있었기 때문입니다. 그래서 함께 밥을 먹고 잠자리에 드는 것도 꺼리지 않았고, 만지시거나 쓰다듬으셔도

194 마음: 원문은 '심비(心脾)'이다. 심장과 비장을 말하지만, 통칭해서 마음을 말한다.

피하지 않았습니다. 하지만 제가 병이 들고 초췌해, 한 이불에 들 수 없었던 것이 너무도 부끄러웠습니다. 만약 제가 죽어서도 귀신이 되지 못한다면, 또 무슨 말을 할 수 있겠습니까? 만약 혼백에 지각이 있다면 반드시 받들어 은혜에 보답하겠습니다."

목이 메도록 울고 나서 마침내 눈을 감았다. 양희는 눈물을 흘리며 장례를 치렀다. 그날 이후로 밤마다 꿈속에 딸이 찾아와 함께 뒤엉켜 놀며 즐거운 시간을 보냈는데, 마치 살아 있는 사람처럼 생생했지만, 깨어나 보면 아무도 없었다. 한밤중에 그녀를 불러도 끝내 오지 않다가, 눈을 감고 잠들면 어김없이 나타나 옷깃을 풀고는 그와 함께 몸을 섞었다. 이렇게 왔다 갔다 하며 시간이 흐르자 꿈에서도 그것이 꿈인 줄 알게 되었다. 그래서 그 모습을 드러내지 않는 이유를 묻자, 딸이 말했다.

"귀신들의 말을 들으니, 사람은 양기이고 귀신은 음기라서 음기가 양기를 침범하면 사람에게 반드시 해가 된다고 합니다. 다만 사람이 잠들면 양기가 거두어지고 음기 상태로 들어가기 때문에 귀신과 서로 만날 수 있습니다. 비록 정신이 서로 닿는다 하더라도, 육신이 접촉하지 않으면 해가 없다고 합니다."

이 일은 건륭 32년(1767) 정해년 봄에 시작되어, 건륭 36년(1771) 신묘년 봄까지 4년의 시간이 흘렀다. 내가 돌아온 이후에는 결국 어떻게 되었는지 모른다.

무릇 노충(盧充)이 황금주발을 얻은 이야기는 예로부터 전해져 내려오는 이야기이고,[195] 송옥(宋玉)의 작품에 나오는 요희(瑤姬)는 초나라 회왕(懷

---

195 노충(盧充)이…이야기이고: 『수신기』에 보면, 노충의 집 서쪽에 최소부의 묘가 있었다고

王)이 우연히 한번 만난 여인이다.[196] 꿈속에서 날마다 서로 만나는 일은 책에서도 좀처럼 보기 어려운 일이다.

昌吉遣犯彭杞, 一女年十七, 與其妻皆病瘵. 妻先歿, 女亦垂盡. 彭有官田耕作, 不能顧女, 乃棄置林内, 聽其生死. 呻吟凄楚, 見者心惻. 同遣者楊熺語彭曰: "君大殘忍. 世寧有是事? 我願舁歸療治, 死則我葬, 生則爲我妻." 彭曰: "大善." 卽書劵付之. 越半載竟不起. 臨歿語楊曰: "蒙君高義, 感沁心脾. 緣伉儷之盟, 老親慨諾. 故飮食寢處, 不畏嫌疑, 搔抑撫摩, 都無避忌. 然病骸憔悴, 迄未能一薦枕衾, 實多愧負. 若歿而無鬼, 夫復何言? 若魂魄有知, 當必有以奉報." 嗚咽而終. 楊涕泣葬之. 葬後, 夜夜夢女來狎昵歡好, 一若生人, 醒則無所睹. 夜中呼之終不出, 才一交睫, 卽弛服橫陳矣. 往來既久, 夢中亦知是夢. 詰以不肯現形之由, 曰: "吾聞諸鬼云, 人陽而鬼陰, 以陰侵陽, 必爲人害. 惟睡則斂陽而入陰, 可以與鬼相見. 神雖遇而形不接, 乃無害也." 此丁亥春事, 至辛卯春四年矣. 余歸之後, 不知其究竟如何. 夫盧充金碗, 於古嘗聞, 宋玉瑤姬, 偶然一見. 至於日日相覿, 皆在夢中, 則載籍之所希睹也.

한다. 노충은 어느 날 한 집으로 들어갔다가 최소부를 만났다. 최소부는 자신의 어린 딸을 노충에게 주어 아내로 삼게 했다. 삼 일 뒤에 최소부가 노충에게 말했다. "그대는 이제 돌아가도 좋소. 내 딸이 아들을 낳으면 마땅히 그대에게 돌려주겠소." 그로부터 4년 뒤 3월 3일, 물가에서 거닐고 있을 때 갑자기 최씨가 아이를 안고 와서 노충에게 주었다. 이때 황금주발과 시도 함께 주었다.

196 송옥(宋玉)의…한번 만난 여인이다: 『양양기구전(襄陽耆舊傳)』에 보면, 적제(赤帝)의 딸을 요희라고 불렀다고 한다. 시집도 가기 전에 죽어 무산(巫山)의 남쪽에 장사지내고 무산신녀라 불렀다. 초나라 회왕이 고당(高唐)에 놀러 갔다가 꿈속에서 한 신과 만났는데, 자칭 무산신녀라고 했다. 그리하여 마침내 누각을 짓고 조운관(朝雲觀)이라 불렀다고 한다. 「고당부(高唐賦)」와 「신녀부(神女賦)」는 이 일을 기록한 것이다.

58.

귀신의 중매

맹씨(孟氏) 성을 가진 한 노부인이 청명절에 성묘를 다녀오던 길에, 목이 말라 근처 인가에 물을 얻으러 들어갔다. 그때 마침 나무 아래 서 있는 한 여인을 보았는데, 자태가 매우 곱고 아름다웠다. 물을 달라고 해서 마신 노부인은 그녀를 불러 함께 앉아 이야기하게 되었는데, 마음이 아주 잘 맞았다. 노부인이 부모 형제가 어떻게 되느냐고 묻자, 여인은 조리 있게 대답했다. 그래서 노부인은 농담 삼아 "결혼은 하셨는가? 내가 아가씨를 위해 중매 서리다."라고 하자, 여인은 얼굴을 붉히며 자리를 피해 안으로 들어가서는 불러도 나오지 않았다. 그런데 이미 날이 저문 뒤라 인사도 하지 못하고 돌아오는 수밖에 없었다.

반년 뒤에 누군가 노부인의 아들에게 중매를 서겠다고 나섰는데, 물어보니 바로 그때 만났던 여인이었다. 노부인은 크게 기뻐하며 급히 재촉해 두 사람을 혼인시켰다. 시집온 뒤 노부인이 며느리의 어깨를 어루만지며 말했다.

"몇 달 못 본 사이에 더 자랐구나."

그러자 여인은 깜짝 놀라 어떻게 대답해야 할지 몰라 했다. 노부인은 자세히 사연을 묻고 나서야, 여인이 열 살 때 어머니를 여의고 외가에서

5~6년을 자라며 지냈고, 혼인 예물[197]을 받은 후에야 본가로 돌아왔다는 사실을 알게 되었다. 노부인이 성묘하러 왔을 당시에는 애초에 집에 온 적도 없었다. 여인의 집은 본디 한미한 가문이었고, 게다가 몹시 궁색했으며, 노부인이 그날 본 것처럼 그렇게 총명하지도 않아, 애초에 성사되기 어려운 혼사였다. 어떤 귀신이 사람의 몸을 빌어 좋은 인연을 맺어주었는지 모르겠다. 또한 귀신이 어떤 의도로 모습을 바꿔 좋은 짝을 맺어주었는지 모르겠다. 세상에는 이치로 따질 수 없는 일이 있기 마련인데, 이 일 역시 그중 하나이다.

有孟氏嫗淸明上冢歸, 渴就人家求飮. 見女子立樹下, 態殊婉孌. 取水飮嫗畢, 仍邀共坐, 意甚款洽. 嫗問其父母兄弟, 對答具有條理. 因戱問: "已許嫁未? 我爲汝媒." 女面赧避入, 呼之不出. 時已日暮, 乃不別而行.

越半載, 有爲嫗子議婚者, 詢之卽前女. 大喜過望, 急促成之. 於歸後, 嫗撫其肩曰: "數月不見, 汝更長成矣." 女錯愕不知所對. 細詢始末, 乃知女十歲失母, 鞠於外氏五六年, 納幣後始歸. 嫗上冢時, 原未嘗至家也. 女家故小姓, 又頗窘乏, 非嫗親見其明慧, 姻未必成. 不知是何鬼魅託形以聯其好. 又不知鬼魅何所取義, 必託形以聯其好. 事有不可理推者, 此類是矣.

197 혼인 예물: 원문은 '납폐(納幣)'로, 여자 집에 예물을 보내는 것을 납폐라고 한다. 옛날에는 납징(納徵)이라 불렀다.

59.

강등의 이유

교하현(交河縣)[198]의 소두남(蘇頭南)은 옹정 11년(1733) 계축년에 회시(會試)를 치른 뒤 돌아오는 길에 백구하(白溝河)[199]에 이르러 한 주막에서 친구를 만났다. 친구는 막 파직당한 터라 거나하게 술을 마신 뒤, 적적하고 억울한 심경을 말하며 선악의 인과응보가 없다고 원망했다. 그때 무릎까지 내려오는 기복(騎服)[200]을 단단히 졸라맨 옷차림의 사람이 말을 나무에 매어두고 다가와 마주보며 앉았다. 옆에서 한참 듣고 있다가 친구에게 절을 하고 말했다.

"그대는 인과응보가 분명하지 않다고 의심하십니까? 무릇 색을 즐기는 사람은 병을 얻기 마련이고, 도박을 즐기는 사람은 집안을 망치기 마련인데, 이는 자연스러운 이치입니다. 남의 재물을 빼앗는 자는 목숨을 잃기 쉽고, 사람을 죽인 사람도 죽임을 당하니 마련이니, 이 역시 당연한 이치입

198 교하현(交河縣): 지금의 교하진(交河鎭)이다. 1073년에 설립되었다가 금나라 대정(大定) 7년(1167)에 현으로 이름이 바뀌면서 하간에 귀속되었다.

199 백구하(白溝河): 직례성 신성현(新城縣) 남쪽에 위치한다. 원류는 역현(易縣) 서산(西山) 용화전(龍華店)에서 나오는데, 물이 대단히 맑고 깨끗해서 백구라고 한다.

200 무릎까지 내려오는 기복(騎服): 원문은 '습고(褶袴)'로, 바지 위에 덧입는, 무릎까지 내려오는 기복을 말한다.

니다. 마찬가지로 색을 좋아는 데도 그 정도가 심한 사람과 그렇지 않은 사람이 있고, 도박을 좋아하더라도 솜씨가 있는 이와 그렇지 않은 이가 있으니, 결과가 같을 수는 없습니다. 마찬가지로 남의 재산을 빼앗는 일에도 주범과 종범이 있고, 사람을 죽이는 일에도 우발적 살인과 고의적 살인이 있습니다. 이런 경우는 이치에 따라 구분해 논의해야 하며, 그 사이의 정황은 매우 미묘합니다. 그 사이의 공과 죄에 대한 보상은 때로는 직접적인 응답 없이 주어지기도 합니다. 죄와 복은 끝이 없으며, 응보가 있긴 하지만 즉각적으로 드러나지 않기도 합니다. 이 모든 것을 비교해 보면 더욱 미세합니다. 그런데 그대는 눈앞에 보이는 것에만 사로잡혀 천도가 분명하지 않다고 의심하니, 어찌 잘못된 것이 아니겠습니까? 그대는 또한 무엇 때문에 천도를 원망하십니까? 그대는 본래 9품 이하의 벼슬[201]을 할 팔자인데 7품 벼슬까지 했습니다. 그대는 꾀가 많고 남의 안색을 살피는데 능하며, 나아갈 때와 물러날 때를 잘 알고, 다른 사람을 몰아내는 데도 뛰어나 결국 8품 벼슬로 내려앉은 것입니다. 8품 벼슬을 할 때 그대는 스스로 지모가 뛰어나고 치밀해서 9품에서 승진했다고 생각했겠지만, 바로 그 치밀한 지모 때문에 7품에서 8품으로 내려앉았다는 사실은 몰랐을 것입니다."

그러고는 친구의 귀에 대고 무어라 속삭이더니, 말을 다 하고는 큰 소리로 외쳤다.

"그대는 모두 잊으셨습니까?"

친구는 깜짝 놀라 등에 식은땀을 흘리며 "어떻게 그렇게 세세하게 아

---

201 9품 이하의 벼슬: 원문은 '유외(流外)'이다. 당나라 관제에 따르면, 9품 이상은 유내(流內)라 부르고, 9품 이하의 사람은 유외라 불렀다. 명청시대에는 이를 미입류(未入流)라고 불렀다.

실 수 있습니까?"라고 묻자, 그가 웃으며 대답했다.

"어찌 나만 알겠습니까? 삼계제천(三界諸天)[202]의 모든 신들 가운데, 그것을 모르는 이가 누가 있겠습니까?"

그러고는 고개를 돌려 말을 타고 갔는데, 누런 먼지가 뭉게뭉게 피어오르더니 순식간에 사라지고 없었다.

交河蘇斗南, 雍正癸丑會試歸, 至白溝河, 與一友遇於酒肆中. 友方罷官, 飮醉後, 牢騷抑鬱, 恨善惡之無報. 適一人褶袴急裝, 繫馬於樹, 亦就對坐. 側聽良久, 揖其友而言曰: "君疑因果有爽耶? 夫好色者必病, 嗜博者必敗, 勢也. 劫財者必誅, 殺人者必抵, 理也. 同好色而禀有强弱, 同嗜博而技有工拙, 則勢不能齊. 同劫財而有首有從, 同殺人而有誤有故. 則理宜別論, 此中之消息微矣. 其間功過互償, 或以無報爲報. 罪福未盡, 或有報而不卽報. 毫釐比較, 益微乎微矣. 君執目前所見, 而疑天道難明, 豈不傎乎? 且君亦何怨天道? 君命本當以流外出身, 官至七品. 以君機械多端, 伺察多術, 工於趨避, 而深於擠排, 遂削官爲八品. 遷八品之時, 自謂以心計巧密, 由九品而升, 不知正以心計巧密, 由七品而降也." 因附耳而語, 語乞, 大聲曰: "君忘之乎?" 因駭汗浹背, 問何以能知微, 笑曰: "豈獨我知? 三界孰不知?" 掉頭上馬, 惟見黃塵滾滾然, 斯須滅迹.

---

202 삼계제천(三界諸天): 원문은 '삼계(三界)'이다. 『불경』에 따르면 삼계제천이 있는데, 첫째는 욕계(欲界)로, 이곳에 있는 천인들은 모두 정욕이 있다. 둘째는 색계(色界)로, 이곳에 있는 천인들은 모두 정욕은 없고 형상만 있다. 셋째는 무색계(無色界)로, 이곳의 천인들은 색은 없고 무상락(無上樂)만 있다.

60.

뒷일도 생각해야 하는 법

건륭 7년(1742) 임술년과 건륭 8년(1743) 계해년 사이, 마을의 남녀가 종종 이상한 병에 걸렸다. 남자들은 엉덩이[203]뼈에서 꼬리가 생겨났는데, 사슴뿔 같기도 하고, 산호가지 같기도 했다. 여자들은 음부에 이상한 덩어리가 솟았는데,[204] 포도송이 같기도 하고 영지버섯 같기도 했다. 이를 치료할 수 있는 자가 있었는데, 한번 잘라내면 곧바로 나았고, 치료하지 않으면 결국 죽고 말았다. 마을에 어떤 요망한 사람이 우물 속에 약을 타 넣고 그 물을 마신 이들이 이 병에 걸리면 고쳐주고 돈을 뜯어냈다는 소문이 떠돌았다. 그때 내각학사 영공(永公)이 하간(河間) 태수로 있었다. 누군가 그 의원을 붙잡아 조사해달라고 하자, 영공이 말했다.

"이 일은 의심은 가지만 증거가 없습니다. 또한 마을에 우물이 두세 곳밖에 없으니 단단히 지켜보면 더 이상 술수를 사용할 수 없습니다. 이 사람을 체포해 심문하면, 병을 고칠 사람도 사라질 테니, 도리어 이 병으로 죽는 사람이 늘어날까 걱정입니다. 무릇 일을 처리할 때는 반드시 뒤의 일까

---

203 엉덩이: 원문은 '고(尻)'로, 척추골이 끝나는 곳이다.

204 여자들은…솟았는데: 부인병의 하나로, 『의종금감(醫宗金鑑)』에 보인다.

지 잘 고려해야 하니, 너무 조급해하지 마십시오.”

그는 한사코 허락하지 않았다. 괴질은 얼마 지나지 않아 점차 줄어들었다. 마을 사람 중에 어떤 사람들은 영공이 이 사태를 진정시켰다고 생각했고, 어떤 사람들은 간사한 사람을 그냥 놓아주었다고 생각했다.

후에 내가 우루무치에 있을 때, 소가 부족해 소 값이 폭등했다. 농민들이 크게 걱정하자 도축을 금지했더니, 소 값이 떨어졌다. 하지만 소 판매업자들은 소 값이 싸졌다는 소식에 모두 소를 팔려고 하지 않았다. 이듬해 소 값이 두 배로 오르자 도축 금지령이 풀렸고, 그로부터 점차 소 값은 평년 수준을 되찾았다. 또 깊은 산중에서 금을 도굴하는 사람이 거의 수백 명이나 되었다. 이들을 체포하자니 민란이 일어날까 걱정되었고, 그대로 두자니 후환을 키울까[205] 걱정되었다. 그리하여 계책을 내어 양곡 수송로를 차단하자, 배가 고파진 도굴자들은 사방으로 흩어졌다. 그러나 흩어진 후 더욱 곤궁해져서 모두 도둑이 되었다. 순찰을 하며 그들을 잡아들였지만, 결국 그 수는 날로 늘어만 갔다. 그렇게 반년이 지나서야 비로소 그들을 소탕할 수 있었다.

이에 천하의 일은 그저 하나만 알고 둘은 모르면 눈앞의 효과는 거둘 수 있지만, 그 뒤에 후환이 남는다는 것을 알 수 있다. 그때 비로소 영공의 깊은 생각에 탄복했는데, ‘뒷일도 잘 고려해야한다’는 그의 한마디는 정말 백 리 밖까지 내다보는[206] 말이다.

---

205 후환을 키울까: 원문은 ‘양옹(養癰)’이다. 『후한서』「풍연전(馮衍傳)」에 보면, “종기를 놔두면 악창이 되니 재앙은 이로부터 시작된다(養癰長疽, 自生禍殃).”라는 구절이 있다.

206 백리 밖까지 내다보는: 원문은 ‘침언백리(瞻言百里)’이다. 『시경』「대아(大雅)·상유(桑柔)」에 보면, “성인께서는 백리 저 멀리도 바라보시나(維此聖人, 瞻言百里)”라는 시구가 있다.

乾隆壬戌癸亥間, 村落男婦, 往往得奇疾. 男子則尻骨生尾, 如鹿角如珊瑚枝. 女子則患陰挺, 如葡萄如芝菌. 有能醫之者, 一割立愈, 不醫則死. 喧言有妖人投藥於井, 使人飮水成此病, 因以取利. 内閣學士永公時爲河間守. 或請捕醫者治之, 公曰: "是事誠可疑, 然無實據. 一村不過三兩井, 嚴守視之, 自無所施其術. 倘一逮問, 則無人復敢醫此證, 恐死者多矣. 凡事宜熟慮其後, 勿過急也." 固不許. 患亦尋息. 郡人或以爲鎭定, 或以縱奸.

後余在烏魯木齊, 因牛少價昂. 農者頗病, 遂嚴禁屠者, 價果減. 然販牛者聞牛賤, 不肯復來. 次歲牛價乃倍貴, 弛其禁, 始漸平. 又深山中盜採金者, 殆數百人. 捕之恐激變, 聽之又恐養癰. 因設策斷其糧道, 果飢而散出. 然散出之後, 皆窮而爲盜. 巡防察緝, 竟日紛紛. 經理半載, 始得靖. 乃知天下事, 但知其一, 不知其二, 有收目前之效, 而貽日後之憂者. 始服永公熟慮, 其後一言, 眞瞻言百里也.

저자 소개

기윤(紀昀, 1724~1805)

청대의 대표적인 학자이자 유머대사로, 호는 효람(曉嵐), 자는 춘범(春帆), 시호는 문달(文達)이다. 직례성 하간부 헌현 출신으로, 건륭 21년(1756)에 진사에 급제한 뒤 한림원 편수관으로 관계에 발을 들여놓았다. 귀주 도균부 지부를 거쳐, 한림원 시독학사, 예부상서, 협판대학사 등의 요직을 역임했으며, 유득공, 박제가, 홍량호 등 조선 사신들과의 시문 교류를 통해 동아시아 문인의 풍류를 나누기도 했다. 건륭 33년(1768), 사돈 노견증의 국고 유용 사건에 연루되어 우루무치로 유배되었으나, 3년 뒤 복귀하여 『사고전서』, 『역대직관지』, 『하원기략』 등 국책 편찬 사업을 주관하였다. 저서로는 『열미초당필기』와 『기문달공유집』 등이 있다.

역주자 소개

이민숙(李玟淑)

한국외국어대학교에서 중국고전소설로 박사학위를 받았다. 현재 한림대학교 인문학연구소 학술연구교수로 재직 중이며, 한국외국어대학교에도 출강하고 있다. 고서적 읽는 것을 좋아해, 틈틈이 중국 전통 시대의 글을 번역해 출간하고 있다. 특히 필기문헌에 실려 있는 중국 전통문화를 이해하고 재구성하는 것에 관심이 많다. 저서로는 『중화미각』(공저), 『중화명승』(공저), 『이야기로 보는 중국기예』(공저), 역서로는 『태평광기』(공역), 『우초신지』(공역), 『풍속통의』(공역), 『강남은 어디인가: 청나라 황제의 강남 지식인 길들이기』(공역), 『임진기록』(공역), 『녹색모자 좀 벗겨줘』(공역), 『열미초당필기』(선역), 『해국도지』(공역), 『영환지략』(공역) 등이 있다.